本书得到国家自然科学基金项目——土地征收的福利效应与政策优化研究：以农户分化为视角（71864001）的资助
本书亦为广西高等学校高水平创新团队及卓越学者计划、广西一流学科（培育）——应用经济学、自治区级协同创新中心——海陆经济一体化协同创新中心的创新性成果

镜湖文库
JINGHU LIBRARY
广西财经学院经济与贸易学院

镜湖文库

JINGHU LIBRARY

土地征收的福利效应与政策优化研究：以农户分化为视角

欧胜彬 苏雪晨 著

中国经济出版社
CHINA ECONOMIC PUBLISHING HOUSE
·北京·

图书在版编目（CIP）数据

土地征收的福利效应与政策优化研究：以农户分化为视角／欧胜彬，苏雪晨著. -- 北京：中国经济出版社，2019. 12
（广西财经学院镜湖文库）
ISBN 978-7-5136-5989-5

Ⅰ. ①土… Ⅱ. ①欧… ②苏… Ⅲ. ①农村-土地征用-补偿-研究-中国 Ⅳ. ①F321. 1

中国版本图书馆 CIP 数据核字（2019）第 295482 号

责任编辑　彭　欣
责任印制　马小宾
封面设计　赵　飞

出版发行　中国经济出版社
印 刷 者　北京九州迅驰传媒文化有限公司
经 销 者　各地新华书店
开　　本　710mm×1000mm　1/16
印　　张　15. 25
字　　数　217 千字
版　　次　2019 年 12 月第 1 版
印　　次　2019 年 12 月第 1 次
定　　价　92. 00 元
广告经营许可证　京西工商广字第 8179 号

中国经济出版社 **网址** www. economyph. com **社址** 北京市东城区安定门外大街 58 号 **邮编** 100011

本版图书如存在印装质量问题，请与本社销售中心联系调换（联系电话：010-57512564）

序　言

中共十九届四中全会指出，要实施乡村振兴战略，坚持农业农村优先发展，深化农村土地制度改革，着力解决城乡发展不平衡、农村发展不充分问题。农村土地制度是国家的基础性制度，实施“乡村振兴战略”，离不开农村土地制度的支撑和保障。农村土地制度改革牵一发而动全身。习近平总书记多次强调指出，农村土地制度改革要把实现好、维护好、发展好最广大人民根本利益作为一切工作的出发点和落脚点。

2019 年 8 月 26 日，全国人大常委会通过的《中华人民共和国土地管理法》（修正案），吸收了农村土地征收、集体经营性建设用地入市、宅基地制度改革（“三块地”改革）试点经验，强调要建立兼顾国家、集体、个人的土地增值收益分配机制，给予被征地农户公平合理补偿，以确保被征地农户利益不受损，原有生活水平不降低，长远生计有保障。由此实现了我国农村土地制度重大创新，对于“乡村振兴战略”的实施具有重大意义。

随着我国城镇化的快速发展，农户分化已成为农村的一个典型特征。对于征地补偿安置来说，尽管各地存在一定差异，但至少同一村庄会执行同一个政策。这种安排尚缺乏对不同类型农户生存和发展差异的深入考虑。那么，如何平衡“农户异质”与“政策同质”之间的关系，已成为我国征地制度改革中亟待解决的理论和现实问题。

广西财经学院欧胜彬教授一直关注农村土地征收、农户福利、土地制度与政策等方面的学术前沿，并积极开展相关研究。目前，他主持了国家自然科学基金、教育部人文社会科学规划基金等多项课题研究，积累了丰富的研究素材。该书是在其博士论文基础上，结合了前述研究最新成果撰写而成的。

该书主要思路：以农户分化为视角，构建农户福利评价模型，对征地前后农户福利变化进行评价。在此基础上，实证分析土地征收对不同类型农户福利变化的影响及其差异。然后，根据实证分析结果，提出不同类型农户福利提升的差异化路径。作为其博士生导师，看了样稿后，我认为该书具有以下三个方面特点。

一是深入探讨了土地征收对农户福利变化的影响机理。从土地产权理论出发，剖析农户分化、土地征收与农户福利之间的内在逻辑关系，以此构建理论分析框架。在此基础上，围绕征地的三个构成要件，即征地范围、征地程序和征地补偿标准，系统分析土地征收对农户福利变化的影响机理，在学术思想创新方面做出贡献。

二是以农户分化为视角，进一步分析了土地征收对不同类型农户福利变化的影响差异。基于马斯洛的需求层次理论，从农户家庭的基本需求与发展目标出发，构建农户可行能力的概念框架，形成农户福利构成详细清单。运用阿马蒂亚·森的可行能力理论，构建被征地农户福利评价指标体系，分析不同类型农户在土地征收过程中对土地依赖性的差异，以此考察农户分化如何导致征地前后农户福利变化差异的规律。在研究视角上具有一定的特色。

三是提出了不同类型农户福利提升的差异化路径，对典型案例——南宁“那黄模式”进行深入分析。通过对调研区域的地方政府、村委会、被征地农户和产业公司深入调研，获取了丰富的调研材料，并结合 Hansen 门槛回归模型分析，研究不同类型农户福利提升的差异化路径，即政策优化。然后，通过剖析典型案例——南宁“那黄模式”的做法，总结其通过构建“多元化”政策目标，进行“套餐化”政策设计，使被征地农户实现“有住、有租、有铺、有保”安居生活的成功经验，并对案例形成的政策绩效进行经济学解释。

综上所述，该书成果系统揭示了土地征收对农户福利变化的影响机理，剖析农户分化如何导致征地前后农户福利变化产生差异，并通过人性化政策设计，把农户不愿意接受的单一货币补偿转化为愿意接受的“政策套餐”，为征地制度改革提供崭新的思路和方法。这既对于实现被征地农户“利益不受损、原有生活水平不降低、长远生计有保障”的政策目标具有积极意义，也有利于推动我国农村土地制度改革，促进乡村振兴战略的深入实施。

当然，我国农村发展日新月异，面对我国独特的国情和农情，从客观上说，我们不可能做到对每个农户都设计不同政策，但能兼顾到不同类型农户已是一种突破。鉴于我国征地制度仍处于不断丰富和完善阶段，本书只是阶段性成果，希望作者能继续深耕，形成更有分量的创新性成果。

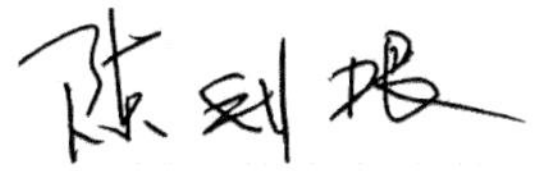

南京农业大学　党委书记

南京农业大学中国土地问题研究中心

二级教授、博士生导师

二〇一九年十二月八日

目　录

第一章　绪　论

第一节　研究背景与意义

一、研究背景

中共十九大报告指出，中国特色社会主义进入新时代，社会主要矛盾已经转化为人民日益增长的美好生活需要和不平衡不充分的发展之间的矛盾。在这一重大历史判断下，中共十九大首次提出“实施乡村振兴战略”，强调要多谋民生之利、多解民生之忧，改善民生水平，增进民生福祉。要实施乡村振兴战略，必须破除体制机制弊端，突破利益固化藩篱。因此，乡村振兴战略的落地实施，是解决我国社会主要矛盾，深化农村土地制度改革，使人民群众的获得感、幸福感、安全感更加充实的重要内容。

2019 年中央一号文件对新一轮农村改革作出了部署。如何处理好农民与土地之间的关系无疑是深化农村改革的主线。如何继续深化农村土地制度三项改革，即将农村土地征收、集体经营性建设用地入市和宅基地制度改革推向深入，总结试点经验，巩固扩大改革成果，将有利于进一步完善我国的相关法律制度，完善相关的配套政策，建立城乡统一的建设用地市场。

改革开放以来，我国城镇化发展不断提速，非农就业机会不断增加，农户之间的收入水平和收入结构逐步形成差异。我国城镇化率从 1978 年的 17.92%提升到 2018 年的 59.58%，年均提高 1.04 个百分点，如图 1-1 所示。

其间，城市建成区面积从1978年的7438平方千米上升到2018年的58456平方千米；城镇常住人口从1978年的1.7亿人增加到2018年的8.3亿人。快速城镇化发展加速了农地非农化速度，推动城乡之间人口、土地、资本等要素的重新组合。如何整合资源，实现农村的快速发展，妥善安排好被征地农户的生产生活，是推动我国征地制度改革，实现乡村振兴战略的关键所在。

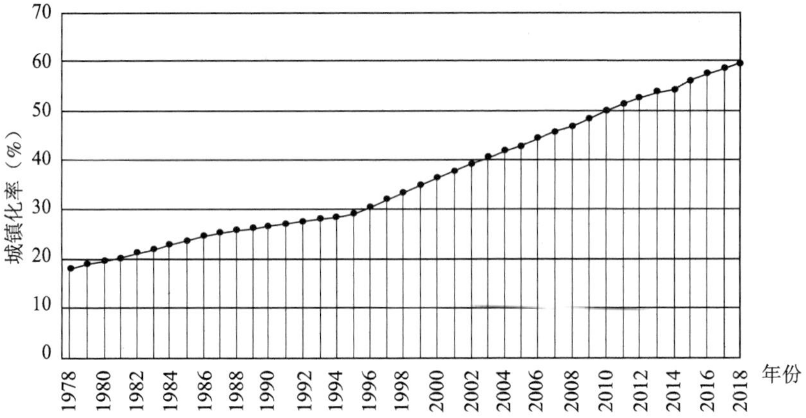

图1-1　我国城镇化发展变化

资料来源：中国城市统计年鉴。

在我国现行的土地制度下，要使农村土地转为城市建设用地，主要通过土地征收（本书是指农地征收）来实现。根据原国土资源部数据，从2010年至2016年，全国批准的建设用地从726.75万亩增加到809.00万亩。刘守英（2014）指出，我国大约70%的建设用地来自土地征收，由此产生了大量的被征地农户。作为农户生产生活质量综合反映的农户福利，也随着土地征收而发生改变。征地前，农户福利主要来源于土地。农户与土地之间通过土地基本功能，即经济功能、社会功能、生态功能等相联系，在家庭承包责任制下达成平衡。但是，土地征收使农户对土地基本功能的依赖程度发生了变化（由于农户之间存在差异性，所以这种变化的程度是不一样的）。如果忽视农户之间的差异性，可能降低征地补偿政策绩效。因此，研究土地征收的农户福利效应时，需要结合我国农户分化特征与征地制度改革历程进行反思。

（一）农户分化

改革开放以来，我国经济实现了快速发展，非农就业机会逐步增加，农户的收入水平和收入结构产生了很大差异，即农户不断分化（王团真等，2017）。从 1978 年至 2018 年，我国农村劳动力非农就业人数的规模与比重发生了很大的变化。其中，农村劳动力非农就业规模从 1978 年的 2320 万人上升到 2018 年的 13909 万人；农村劳动力非农就业比重从 1978 年的 7.6%上升到 2018 年的 40.71%。农户非农就业比重呈整体上升趋势，如图 1-2 所示。

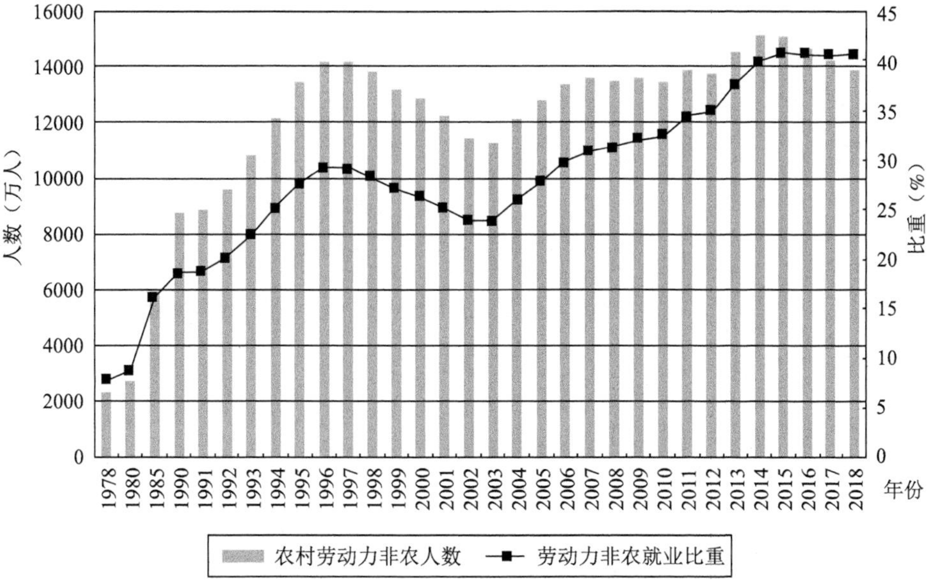

图 1-2　1978—2018 年我国农村劳动力非农就业规模和比重变化

资料来源：中国农村统计年鉴。

通常来说，农户分化程度是以家庭农业收入比重为依据，将农户划分为纯农户、Ⅰ兼农户、Ⅱ兼农户和非农户（苏群等，2016；邹伟等，2017），其中Ⅰ兼农户和Ⅱ兼农户统称为“兼业农户”。从表面上看，农户之间的差异是劳动内容上的差异，实际上，农户之间的差异表现为资源、地位、能力、认知等多个方面的异质性（Sodipota，2001；吴郁玲等，2018）。这种特征导致农户在对征地补偿政策的认知、理解、参与程度与资源获取能力等方面产生差异，从而影响征地满意度（王团真等，2017）。尽管学者们已经注意到农户异质性特征（聂建亮，钟涨宝，2014；钱龙等，2015；陈茜等，2019），并注意到农地流转（聂建亮，钟涨宝，2014；苏群等，2016；刘魏，王小华，2019）和宅基地退出（彭长生，2013；钱龙等，2015；邹伟等，2017；吴郁玲等，2018）中的农户异质性，但在土地征收的研究成果中，学者们只是将农户看作一个整体，而对农户分化因素的考虑甚少。

（二）制度同质化

我国现行土地制度趋于同质化，但从全国农村土地制度实践来看，不同时期、不同地区却呈现出差异化特征（贺雪峰，2018）。《中华人民共和国土地管理法》（以下简称《土地管理法》）规定，在统一的征地补偿标准下，各地都有一定的自主权。但是，这种自主权仅限于地区之间或区位之间的差异，至少同一村庄会执行同一个补偿标准。因此，征地补偿政策在设计上趋于平均化，但在实际执行过程中却存在非均质性。这种制度安排对不同类型农户（纯农户、Ⅰ兼农户、Ⅱ兼农户和非农户）生存和发展的差异尚缺乏考虑。作为农户福利的一个重要变量，征地补偿政策将直接影响征地后农户的生产生活质量。在我国，征地补偿政策主要沿着农户“利益不受损”和“原有生活水平不降低”的方向不断强化。但是，由于回避了农户群体间的异质性，导致征地后农户近期生存有忧，长远生计有虑；即使近期生存无忧，但长远生计也无从谈起。因此，地方政府始终难以在公共利益与农户利益之间找到平衡点。

（三）征地制度改革持续化

从 2001 年开始，原国土资源部在全国范围内先后分三批次进行了征地改革试点。2008 年 6 月，原国土资源部出台《关于切实做好征地统一年产值标准和区片综合地价公布实施工作的通知》（国土资发〔2008〕135 号），要求各地切实做好新的征地补偿标准，建立更新和调整机制。2010 年 6 月，原国土资源部出台《关于进一步做好征地管理工作的通知》指出，要确保被征地农户原有生活水平不降低，长远生计有保障。2013 年 11 月，党的十八届三中全会强调，要缩小征地范围，规范征地程序，建立兼顾国家、集体和个人的土地增值收益分配机制，合理提高农民在土地增值收益分配中的比例，为深化征地制度改革指明了方向。2015 年 3 月，我国因地制宜地开展了以“农村土地征收、集体经营性建设用地入市、宅基地制度改革”为内容的农村土地制度三项改革试点，简称“三块地”改革试点。其中，河北定州、山东禹城、内蒙古和林格尔新区作为土地征收制度改革试点，率先对征地制度改革中的重点、难点与热点问题开始破题。自 2016 年 9 月起，原国土资源部在全国布局了“三块地”联动改革，形成了“三位一体”的改革试点格局。2017 年 11 月，全国人大常委会决定将包括征地制度改革在内的“三块地”改革试点期限延长至 2018 年 12 月 31 日。2019 年 8 月 26 日，全国人大常委会通过《中华人民共和国土地管理法》（第四次修正）对征地范围进行了明确界定，这是我国征地制度改革的新突破。但是，在征地程序上，当被征地农户不服时，仍缺乏救济条款（陈小君，2019）。

上述现实问题的存在使我们不得不思考以下两个重要的讨论议题：一是土地征收如何对农户福利产生影响？二是对于纯农户、Ⅰ兼农户、Ⅱ兼农户和非农户来说，土地征收对其福利的影响差异如何？本书将剖析土地征收与不同类型农户福利变化的内在关系，探讨不同类型农户福利提升的差异化路径。

二、 研究意义

围绕上述两个研究议题，首先，分析土地征收对农户福利的影响机理。其次，基于马斯洛的需求层次理论与森的可行能力理论，构建征地前后农户福利变化评价的理论模型，实证测度土地征收对农户福利的影响效应，并在此基础上，分析被征地农户福利变化的影响因素。最后，结合实证分析结果，研究不同类型农户福利提升的差异化路径，剖析研究区域典型案例——南宁“那黄模式”，并从经济学角度对典型案例中被征地农户福利提升进行解释。由此形成本书的研究意义。

（一）理论价值

本书的理论价值主要表现在以下两个方面。

（1）揭示土地征收对农户福利变化的影响机理。具体包括：一是土地征收对农户福利变化的影响；二是土地征收对不同类型农户福利变化影响的差异。本书首先基于土地产权、土地功能与农户福利的关系，分析土地征收对农户福利变化的影响。其次在分析农户异质性特征的基础上，分析土地征收对不同类型农户福利变化形成的差异，剖析土地征收与农户福利变化的内在联系。

（2）丰富和发展了森的可行能力理论的学术内涵。森的可行能力理论主要有两个特点：一是仅限于个体福利的测量；二是仅关注已实现的功能性活动，但没有给出功能性活动的清单。本书通过构建农户可行能力的概念框架，形成被征地农户福利评价指标体系，使福利测量范围从“个人”拓展到“农户”，对森的可行能力理论的发展做出贡献。

（二）现实意义

本书的现实意义主要表现在以下两个方面。

（1）为地方政府构建“差异化”的农户福利供给体系提供理论支持。通过土地征收（征地范围、征地程序和征地补偿标准）与农户福利的关系，剖析不同类型、不同地域农户征地前后福利变化的差异，为地方政府制定“差异化”的征地补偿政策提供支持。

（2）为地方政府构建被征地农户“多元化”的动态保障机制提供决策依据。要建立和完善被征地农户的多元保障机制，关键在于找到“公共利益”与“农户利益”之间的平衡点，改变现行的土地增值收益分配格局。这对于地方政府优化征地补偿政策，建立和完善被征地农户的长远保障机制将产生积极的影响。

第二节 研究目标与内容安排

一、 研究目标与研究问题

（一）研究目标

研究目标包括两个方面：总体目标与具体目标。

一是总体目标。本研究以农户分化为视角，研究土地征收的农户福利效应，探讨如何使被征地农户福利实现差异化、多元化与长期化。研究的总体目标立足于“现行征地制度的改革和完善”。

二是具体目标。围绕研究的总体目标，结合本书拟解决的关键问题，形成本书研究的具体目标，主要包括三个方面。

（1）构建测度农户福利水平的理论模型，即基于农户可行能力的概念框架，构建一个可以反映农户福利大小的评价模型。

（2）揭示土地征收对农户福利变化的影响机理，考察不同类型农户福利变化的差异规律，剖析土地征收与农户福利的内在关系。其中，土地征收包括三个构成要件，即征地范围、征地程序和征地补偿标准。

（3）考察不同征地补偿政策对农户福利变化影响的差异性，即通过分析研究区域不同类型农户的家庭收入水平与农户福利之间的内在关系，结合实证研究结果，构建差异化、多元化与长期化的被征地农户福利提升路径。

（二）研究问题

本书拟解决的关键科学问题有以下三个。

（1）构建基于农户分化的被征地农户福利评价指标体系。由于福利本身具有“模糊性”和“复杂性”，难以用经典数学方法精确地进行界定，这就需要把定性问题引入定量分析。由于农户分化，所以更需要构建一个能反映不同类型农户福利大小的评价指标体系。本书根据农户家庭功能及其发展目标，构建不同类型农户可行能力的概念框架，给出农户功能性活动清单，从而建立适应不同类型农户福利的评价指标体系。

（2）揭示土地征收对不同类型农户福利变化的影响机理。由于纯农户、Ⅰ兼农户、Ⅱ兼农户和非农户对土地的依赖程度存在差异，而且这种差异会通过农户对土地基本功能（经济功能、社会功能和生态功能）的效用差异反映出来，从而导致不同类型农户的功能性活动形成差异，最终反映出不同类型农户福利变化的差异。因此，本书将分析农户分化与土地征收对农户福利变化的影响，以剖析农户分化、土地征收与农户福利之间的内在联系。

（3）挖掘征地补偿政策对不同类型农户福利变化的影响规律。由于不同类型农户对征地补偿政策的选择偏好存在差异，所以为了归纳征地补偿政策对不同类型农户福利变化影响差异的规律，本书将探讨农户福利提升差异化路径，并通过政策调控手段优化征地补偿政策设计，以提高被征地农户福利水平，实现征地补偿政策供给的“套餐化”。

二、 研究内容与本书结构

（一）研究内容

本书研究内容主要包括以下几方面。

1. 土地征收对农户福利变化的影响机理：基于不同类型农户的考察

本部分包括两方面内容：一是土地征收对农户福利变化的影响；二是土地征收对不同类型农户福利变化影响的差异。具体体现在以下两个方面。

一方面，土地承包经营权是体现农地资源属性的一种经济权利，为农户福利的形成提供了制度基础。土地征收的实质是土地物权转移的过程。如果不考虑土地征收所具有的“强制性”，就相当于土地承包经营权在政府和农户之间进行的“交易”。交易结果将导致征地前后农户福利发生变化。这就需要结合我国征地制度基本框架，围绕土地征收的三个构成要件（征地范围、征地程序和征地补偿标准）展开分析，由此从理论上推导出土地征收对农户福利变化产生影响的研究假说，即土地征收福利效应。

另一方面，土地具有三种基本功能：经济功能、社会功能和生态功能。由于农户分化，导致纯农户、Ⅰ兼农户、Ⅱ兼农户、非农户对土地的依赖程度存在差异，由此从理论上推导出农户分化导致土地征收福利效应形成差异的研究假说。

2. 征地前后不同类型农户福利变化评价

本部分构建的是农户福利评价指标体系，即构建一个可以反映农户福利大小的评价模型。具体内容如下。

首先，基于森的可行能力理论，构建农户可行能力的概念框架，形成农户福利构成详细清单。在此基础上，构建农户福利评价指标体系，包括一级指标、二级指标和初级指标。其中，一级指标是指农户福利，包括经济福利、社会福利和生态福利。二级指标包括构成农户福利的多种功能性活动，如经济状况、社会保障、居住条件、社区环境、社会机会、心理因素等。初级指标是对二级指标的定义与赋值，包括三类指标变量：一是连续型指标，如农户家庭的农业收入比重等；二是虚拟二分类指标，如农户是否参加失地农民养老保险等；三是虚拟定性指标，如农户对居住舒适度的评价等。

其次，利用研究区域的调研数据，运用模糊综合评价法，对征地前后农户福利水平进行评价。包括两个方面：一是评价征地前后农户福利变化；二是评价征地前后不同类型农户福利变化的差异。

再次，对评价结果进行分析，包括评价结果总体分析与评价结果差异性分析。其中，评价结果总体分析包括样本农户福利总体评价、样本农户福利水平区间分布和评价指标隶属度变化；评价结果差异性分析包括不同类型农户福利变化差异比较、不同政策下农户福利变化差异比较、相同政策下不同类型农户福利变化差异比较。

3. 被征地农户福利变化影响因素分析

本部分实证分析征地前后农户福利变化的影响因素，重点考察两个方面：一是土地征收对农户福利变化的影响；二是土地征收对不同类型农户福利变化影响的差异。

首先，根据本书的研究假说选择回归模型，并在此基础上进行变量选择，包括被解释变量、核心解释变量和其他控制变量。

其次，对变量进行描述性统计分析与数据处理。其中，描述性统计分析包括总体因素描述性统计分析和单因素描述性统计分析；数据处理包括门槛值的估计、检验与解释。

再次，对回归结果进行讨论，包括总体分析和差异性分析。其中，总体分析包括核心解释变量对农户福利变化的影响和其他控制变量对农户福利变化的影响；差异性分析是指纯农户和Ⅰ兼农户、Ⅱ兼农户、非农户的核心解释变量和其他控制变量对农户福利变化的影响。

4. 被征地农户福利提升差异化路径研究

本部分将结合计量模型的回归结果，对不同类型农户福利提升路径进行差异化设计。在此基础上，为进一步优化征地补偿政策，提升不同类型农户的福利水平，通过对研究区域典型案例，即被征地农户福利提升试点——南宁“那黄模式”的政策绩效进行剖析，回答了两个问题：一是土地征收对农户福利产生影响；二是征地补偿方式的差异化有利于提高农户福利水平。

首先，简述案例“那黄模式”。

其次，分析试点的主要做法，包括：一是纯农户、Ⅰ兼农户、Ⅱ兼农户和非农户在征地过程中的“话语权”如何通过村集体经济组织得到实现；二是征地补偿标准如何通过差异化、多元化和长期化进行优化；三是对农户福利提升的路径进行比较，即将“那黄模式”与“政府模式”进行比较。

再次，对被征地农户福利提升试点政策取得的绩效进行经济学解释，为形成本书的研究结论、完善被征地农户福利提升路径、优化制度设计提供了理论基础与实证依据。

最后，进行探索性研究。探讨如何通过为不同类型农户提供“政策套餐”，化解“农户分化”与“政策同质化”的矛盾，以提高被征地农户的福利水平，提升征地补偿政策绩效。

（二）本书结构

根据研究目标与研究内容，对本书结构安排的具体介绍如下。

第一章　绪论。本章开门见山地提出研究问题，介绍选题的背景与意义，研究目标与内容，研究方法与技术路线，本书结构安排，创新与不足之处。

第二章　文献综述。首先，围绕以下四个方面展开分析：一是农户福利来源；二是农户福利测度；三是土地征收对农户福利的影响；四是被征地农户福利提升对策。其次，针对以上综述内容进行简要评论。最后，勾勒出本书的研究视角与分析框架。

第三章　理论基础与分析框架。首先，对论文涉及的关键性概念进行界定，主要包括农户分化、福利、农户福利、土地征收、异质性。其次，简要阐述本书涉及的理论，主要包括地租地价理论、土地产权理论、土地基本功能、福利经济学理论、森的可行能力理论。最后，基于农户分化、土地征收与农户福利的关系，从点到线、从线到面，逐步形成本书的理论基础与分析框架。

第四章　土地征收对农户福利变化的影响机理研究：基于不同类型农户的考察。从农户分化出发，首先，分析土地功能变化对农户福利的影响。其次，分析土地征收对农户福利的影响，即土地征收效应。最后，分析农户分化对土地征收效应的影响。

第五章　征地前后不同类型农户福利变化评价研究。首先，根据森的可行能力理论，构建农户福利的概念框架。其次，分析土地产权与农户福利的关系，并在此基础上构建农户福利评价模型。最后，对征地前后农户福利变化进行测度，并对农户福利变化差异性特征进行分析。

第六章　土地征收对不同类型农户福利变化的影响：实证研究。首先，分析农户福利影响因素变量选择的思路。其次，介绍农户福利变化的特征变量，即土地征收特征、农户基本特征、农户分化特征。最后，构建回归模型，实证测度征地前后农户福利变化的影响因素。

第七章　被征地农户福利提升差异化路径研究：政策优化。本章是在前述研究的基础上解剖“麻雀”，即对研究区域的典型案例——南宁试点“那黄模式”进行剖析。具体内容安排如下：一是简述案例；二是分析农户福利提升试点的目标与路径；三是分析试点绩效，从经济学角度进行解释。

第八章　研究结论与展望。围绕研究目标与研究问题总结全文，形成研究结论，提出政策建议。

第三节　研究方法与技术路线

一、研究方法

本书将社会科学方法与自然科学方法密切结合，采取规范研究与实证研究、定性研究与定量研究、系统研究与个案研究、文献研究与实地调查相结合的方式。在本书研究过程中，涉及福利经济学、土地经济学、计量经济学等多学科的交叉运用。针对具体的研究问题，本书采取以下方法。

（一）模糊综合评价法（Fuzzy Comprehensive Evaluation Method）

针对研究问题一“构建基于农户分化的被征地农户福利评价指标体系”，由于福利本身具有模糊性和复杂性，所以难以进行精确界定。与其他评价方法相比，美国数控专家 Zadeh 教授创立的模糊综合评价法不仅能把一些定性问题引入定量分析，较好地解决评价对象的模糊性和不确定性，而且更加有利于整合农户福利构成的多个维度与多个指标的评价信息。评价步骤：首先，进行模糊函数设定。其次，进行隶属函数设定。最后，在获得初级指标隶属度数值的基础上，将隶属度汇总为一个综合指标，即可计算出征地前后农户福利的模糊评价值。

（二）回归模型法（Regression Analysis Method）

针对研究问题二“揭示土地征收对不同类型农户福利变化的影响机理”与研究问题三“挖掘征地补偿政策对不同类型农户福利变化的影响规律”，需要建立被解释变量与解释变量的回归关系函数表达式，定量测度征地前后农户福利变化的影响因素。其中，被解释变量为“征地前后农户福利变化”，即“征地后农户福利水平—征地前农户福利水平”；核心解释变量为“土地征收特征变量与农户分化特征变量”。由于在研究问题一“构建基于农户分化的被征地农户福利评价指标体系”中，本研究以“农户家庭的收入比重”为依据对农户进行了分类，如何合理避免这种主观分类导致回归结果的偏误呢？这就需要在核心解释变量中设定一个门槛变量。本研究设定农户家庭的农业收入比重为门槛变量，借鉴 Hansen 提出的门槛回归模型（Threshold Regression Model），考察土地征收对农户福利变化的影响。

（三）案例分析法（Case Analysis Method）

针对研究问题三“挖掘征地补偿政策对不同类型农户福利变化的影响规律”，本书拟结合调研区域征地补偿安置的典型案例——南宁“那黄模式”，分析征地前后纯农户、Ⅰ兼农户、Ⅱ兼农户和非农户福利变化的特征。探讨如何通过政策调控手段，优化征地补偿政策设计，构建被征地农户福利提升差异化路径，提升农户福利水平。

二、 技术路线

根据研究目标和研究内容，形成本书的技术路线图，如图 1-3 所示。据此，将按照以下五个步骤展开研究。

（一）制定研究方案

通过阅读大量文献与学习其他资料，结合实地调研获得的数据，提出本书拟解决的关键科学问题，制定本书的研究方案。

（二）获得研究数据

首先，结合现有研究成果与调研区域征地补偿安置基本情况，围绕研究方案，在对调研区域农户、开发商和政府进行深度访谈的基础上，设计调查问卷与访谈内容，包括农户问卷、村级问卷及与政府、开发商的访谈内容。其次，在调研区域进行问卷的预调研。根据实际了解的情况，对农户问卷进一步修改和完善。最后，展开大样本农户问卷调查，并对所获得的数据信息与案例资料进行数据录入和核查，以获得研究数据。

（三）构建理论分析框架

由于本书侧重考察土地征收特征和农户分化特征对农户福利的影响。在构建理论分析框架的过程中，利用地租地价理论、土地产权理论、土地基本功能、福利经济学理论与森的可行能力理论，充分挖掘“农户分化—土地征收—农户福利”之间的逻辑关系，构建理论分析框架。

（四）理论分析

一是土地征收对农户福利变化的影响机理；二是不同类型被征地农户福利变化差异的形成机理。在分析农户福利变化形成逻辑的基础上，首先，分析导致农户福利变化的异质性因素。其次，分析土地征收对农户福利的影响，即土地征收福利效应。最后，分析农户分化对土地征收福利效应影响的差异。

（五）实证研究

一是对征地前后不同类型农户福利进行模糊评价；二是构建回归模型，实证测度土地征收对农户福利变化的影响；三是实证分析“靶区”——南宁五象新区被征地农户福利变化特征，挖掘不同类型被征地农户福利提升典型案例，为地方政府通过政策调控手段优化政策设计，提供了理论基础与实证依据。

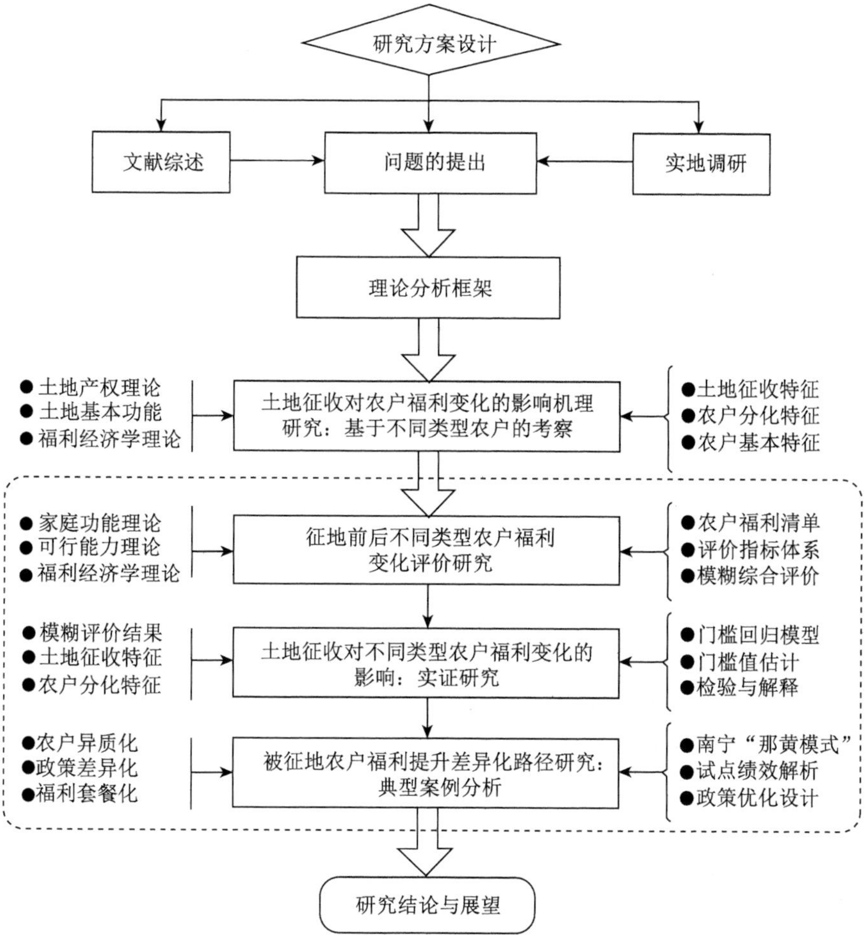

图 1-3　技术路线图

第四节　创新与不足

关于被征地农户的研究，学术界大多从产权角度进行分析，而从农户分化角度探讨征地前后农户福利效应的则比较少见。这既为本书的创新留下了空间，同时也加大了本书的研究难度。本书在借鉴国内外相关领域前期成果的基础上，结合研究区域的调查展开分析。

一、 创新之处

（一）学术思想创新

本书从农地产权制度安排出发，剖析农户分化、土地征收与农户福利之间的内在逻辑关系，研究土地征收对农户福利变化的影响机理，考察不同类型农户在土地征收过程中对土地依赖性的差异，揭示农户分化如何导致征地前后农户福利变化的差异规律。同时，基于马斯洛的需求层次理论，从农户家庭的基本需求与发展目标出发，构建农户可行能力的概念框架，形成农户福利构成详细清单，由此构建被征地农户福利评价指标体系，克服森的可行能力理论“仅限于个体福利的测量”与“仅关注已实现的功能性活动”的不足，在学术思想创新方面做出贡献。

（二）研究视角创新

鉴于现有土地征收方面的研究成果只将农户看作一个整体进行研究，忽视农户分化可能导致不同类型农户福利变化存在差异，从而导致成果缺乏针对性，特色不鲜明。同时，考虑到我国农村实行以“家庭联产承包责任制”为基础的土地制度，“农户”是农村最基本的生产单位，“农户分化”又是无法回避的客观事实。因此，以“户”为单位开展研究，应更符合我国的基本国情。本书从农户分化的视角，研究土地征收对农户福利变化的影响机理，考察农户分化如何导致征地前后农户福利变化的差异规律。在理论分析与实证研究的基础上，研究被征地农户福利提升的差异化路径，在研究视角上具有一定特色与创新。

二、 不足之处

本书的不足之处主要来源于数据的局限性。由于南宁五象新区土地征收是按照“项目推动进度”进行整体推进的，所以调研组只能取得在 2013 年 1 月至 2015 年 12 月这个征地周期被征地农户的相关数据。其间，尽管征地补偿政策一直未变，但由于政府采取“滚动式”征收农户土地的方式，所以样本村农户通常存在“同时”被征地的情况，从而在客观上无法同时获得这个时间段样本村没有被征地的“对照组”农户数据。因此，研究区域的扩展无疑有助于深入研究土地征收对农户福利变化的“干预效应”，而本书的研究对于优化征地补偿政策设计，构建被征地农户多元化动态保障机制，无疑具有重要的参考价值。

第二章　文献综述

对已有相关文献进行回顾和述评，不但有利于进一步明确研究方向，避免不必要的重复研究，而且有利于确定新的前沿领域，即怎样研究、在哪儿研究和以什么方式研究（陈会广，2010）。根据本书的研究内容，本章将全面梳理国内外学者关于农户福利、农户福利测度和土地征收效应的研究动态，并对国内外研究现状进行简要评述。

第一节　农户福利来源研究

一、 土地保障与农户福利

改革开放以来，我国实行了以家庭联产承包责任制为核心的农村土地制度改革。土地承载着农户的一切，是农户最主要的福利来源。罗必良（2013）、黄宏伟和胡浩钰（2019）认为，土地对农户具有福利保障功能。贺书霞（2013）认为，土地是农户生、老、病、死的重要依托。在非农就业渠道不畅及非农收入不稳定的情况下，土地被视为农户的“保命田”（王瑞民，陶然，2016；王义博，2019）。土地不但是农户基本的生产资料，也是农户基本的生活保障。家庭联产承包责任制不但使土地实现了“均分制”（何旭开，董捷，2008；朱雨桐，郑宇，2019），也导致土地逐渐“福利化”（温铁军等，2011）。土地给农户带来生产性收益，能为农户提供基本生活保障（邱幼云，2014；邹宝玲，罗必良，2019）、社会保障（姚洋，2000；李永安，2013；许庆，陆钰凤，2018）、就业保障（陈美球等，2008；贾甜甜，2016）、财产性保障（Thomas，2003；Besley & Burchardi，2012；刘可等，2016）。农户应获得土地增值收益（黄小虎，2012；刘守英，2014；姜海，陈乐宾，2019）。

随着城镇化的发展，农村剩余劳动力不断涌向城市非农产业，农户因土地流转而获得利益（Deininger & Nagarajan，2008；Chamberlin & Rickergilbert，2016；张兰等，2017）。农户凭借承包权获得收益，使农户福利从过去的生活福利转变为一种权利福利（乜琪，2016）。土地对农户的保障是一种原始的保障形态，是农户养老的最后一道防线（曹雷，2013；徐志刚等，2018），土地与农户的关系是血浓于水。

二、 制度保障与农户福利

制度性保障是由政府主导的国民收入再分配（谢琼，2013；王延中等，2016）。对于农户的社会保障来说，我国政府的主要制度安排包括以下三个方面。

（1）失地农民养老保险。失地农民养老保险是一种介于“最低生活保障”与“城镇职工养老金平均水平”之间的相对独立的养老保险制度（李倩，张开云，2011）。随着人口老龄化的不断加速，被征地农户的养老问题异常突出。自2002年起，全国已有27个省制定了被征地农户社会保障制度（温海红等，2013）。但是，大量的被征地农户仍然缺乏基本的社会保障供给（邓大松，丁怡，2014；郝丹，陈晓东，2017），具体表现为参保率较低。根据国家土地督察西安局的调查数据显示，陕西、甘肃、宁夏的12个市（州）被征地农民的实际参保率仅为22.4%（黄厅，张希斌，2017）。被征地农民养老保险在各地的主要做法有：政府主导型被征地农民养老保险（崔宝玉，谢煜，2015；王云华，2019），纳入新农保（武心天，2011），纳入城镇基本养老保险体系（贺鲲鹏，2016）。目前，被征地农民养老保险主要有以下几种模式：一是上海“镇保”模式（晋洪涛等，2010；章惠琴，2013）；二是北京

“城保”模式（殷俊，李晓鹤，2009；王园园等，2016）；三是青岛“农保”模式（冼青华，2011；武心天，2011）；四是重庆“商保”模式（温海红等，2013）。从各地方实践来看，尽管各地差异性很大，但都已经取得明显成效（温乐平，2010），特别是一些地方政府通过实行“即征即保”机制，大大提高被征地农户的满意度（周建再，代宝珍，2016）。在武汉市，被征地农户可以从新农保、城镇职工基本养老保险和一次性缴纳养老保险费用中，实现“三选一”（宋明岷，2010；殷俊，陈天红，2014）。

（2）新型农村社会养老保险，即新农保。作为我国的一项惠农政策，2009 年 9 月，我国新农保制度建设进入试点阶段。2012 年 9 月，我国农村实现了新农保养老金制度全覆盖目标（钟涨宝，韦宏耀，2014；陈起风，2019）。研究成果显示：随着城镇化发展和农村剩余劳动力的转移，削弱了家庭养老的作用（Kumar，2003；Overbye，2010；秦昌才，2019）。从新农保的执行效果来看，尽管存在农户个体差异（陈浩天，2014；魏浩宇，宋喜，2019）、参保意愿差异（郝金磊，贾金荣，2011）、参保行为差异（王永礼等，2012；钟涨宝，聂建亮，2013），但它对改善农户福利水平已产生了良好的制度绩效，这一点毋庸置疑（薛惠元，曹立前，2012；张晔等，2019）。

（3）新型农村合作医疗，即新农合。作为我国的一项民生工程，新农合自 2003 年实行试点以来，覆盖面逐年扩大。根据国家医疗保障局统计数据显示，截至 2018 年末，我国新型农村合作医疗参保人数达 1.30 亿。研究成果显示：新农合显著降低了农户的医疗支出（Wagstaff，et al，2009；Babiarz，et al，2012；张微宇，乐章，2015；赵一墨，甘勇，2019），对农户的医疗保健产生了积极影响（王新军，郑超，2014），农户的满意度比较高（魏凤，金华旺，2012；刘畅，2018）。然而，这一政策具有“亲贫性”（Lanjouw & Ravallion，1999；Jalan & Ravallion，2003），即对于贫困农户来说，受益率更高（卢洪友，刘丹，2016；展胜等，2019）。

三、 其他保障与农户福利

为了体现社会保障制度的“底线公平”，保障农村贫困人口的最低生活水平，自 2007 年 7 月起，我国全面建立了农村最低生活保障制度（毕天云，2017），对农村脆弱群体实施反贫困福利计划（李振刚，2016；苏昕，赵琨，2019），形成了良好的政策绩效。有学者认为，实行最低生活保障可能导致农村贫困人口的“福利依赖”（段美枝，2010；慈勤英，兰剑，2015），建议地方政府通过建立“瞄准机制”（Coady，et al，2004；王增文，邓大松，2012；詹国辉，张新文，2017），采取积极福利政策来防止“福利依赖”现象蔓延（Gilder，1981；Edwards，1987；郭劲光等，2019）。例如，建立就业援助制度（Zippay，2002），通过“工作救济”提高有能力的贫困人口的福利水平（李乐为，王丽华，2011）。研究成果显示：我国农村最低生活保障制度对农户减贫工作发挥了政策“兜底”作用，形成了良好的脱贫效应（宁亚芳，2015；胡思洋，2017；杨穗，高琴，2019）。

第二节　农户福利测度研究

一、 农户福利测度方法

传统福利经济学认为，福利是一种“偏好”，是人们消费一定商品或享受某种服务得到的“效用”。效用是指人们的满意度、幸福感、愿望的实现等（郭玲霞等，2012）。消费者剩余论认为，经济人的基本假设认为，人是理性的，他会自发地做有利于增加自己福利的决策，实现效用最大化（刘璐，韩浩，2015）。学界对于福利是否能够被度量尚没有达成一致意见，基数效用论认为，福利是可以被测量的，并且可以相加减（Pigou，1920）；序数效用论则认为，效用既然是福利的反映，就不能被度量，只能被排序。但是，以效用衡量福利的主要缺陷在于，它把福利看作一种高度主观化的“心理特征”，具有误导性，甚至难以令人信服（森，2002）。因为以效用衡量福利的缺陷主要体现在两个方面：一是以“满意度”为基础的测量方法，无法全面反映福利的全部内容，如个人权利、娱乐休闲、社会关系等（Easterlin，2001；Carbonell，2005）；二是效用会随着环境的变化而变化。例如，一个长期处于温饱线以下的贫民，偶然享受一顿大餐，其效用迅速得到提高，但不能说明他的福利已得到彻底改善（Johansson，2002；高进云，乔荣锋，2011）。这种主观的测量方法，很可能在实际中夸大或歪曲农户福利的实际损失。又如，一些地方征地政策本来落实得比较好，但是农民的主观判断并不满意，甚至将他们平时对政府工作的不满也归咎于征地政策未落实好。因此，在询问农户的效用时，农户很有可能进行歪曲回答。由于测量“满意度”存在一定困难，所以实际测量时，通常用收入替代效用（Mcbride，2001；王湘红，2012）。但是，以收入代替福利又过于粗糙，因为这样最多能体现在经济理性下，基于个人效用最大化的货币数量上的差异（Corneo & Jeanne，1997），却无法反映个人的差异及环境的差异（Brown，et al，2011；黎洁等，2014）。

针对传统福利经济学测度福利存在的问题，阿玛蒂亚·森（2013）在批判前人研究缺陷的基础上，提出用“功能”与“能力”等概念综合考察个人福利状况，进而考察个人之间的福利差异（方福前，吕文慧，2009；黄蕾等，2016）。森认为，一个人消费某种商品或享受某种服务，仅仅是福利的一方面特征。从这些特征出发，还可以产生一些基于“能力”或“功能”的其他衍生福利内容。也就是说，森认为个人的福利是其个人所能实现的功能及实现功能所需要能力的集合（苑韶峰等，2012）。这里所说的“功能”是指人的成就，即其能够“做某事”或者处于“某种状态”（方福前，吕文慧，2009；张晶渝，杨庆媛，2019）。例如，一个人是否拥有健康的体质，是否能够与人友好相处，是否拥有舒适的居住环境，是否能够接受良好的教育，是否得到适当的自由空间，如休闲和娱乐等。功能和商品之间既有联系，又有区别。

例如，一个人获得了某样商品，并不代表就具备了某项功能，他还应该具备使用这种商品的能力。因此，商品只是实现其功能的必要条件。能力是功能派生的概念，其体现出一种“自由”，既表现为个人所具有的实现各种功能性活动组合的一种“潜力”，也表现为其在自己珍视的生活方式中做出的一种“选择”（方福前，吕文慧，2009；陈浩，葛亚赛，2016）。

二、 农户福利影响因素

随着我国城镇化的快速发展，农村土地征收、土地流转和宅基地退出备受学术界和舆论界的关注，研究农户福利影响因素的文献逐渐增多。有学者认为，引起征地前后农户福利变化形成差异的原因是受一些特征因素的影响（Rosen，1974），并且这些特征因素需要通过若干变量来表示与测量（David，et al，2001；丁琳琳等，2016）。

对于土地征收来说，影响农户福利的主要因素包括：征地范围（Shavell，2007；许恒周，郭玉燕，2011；王良健等，2013）、征地补偿方式（施国庆，周潇君，2016）、家庭基本特征（Nichols，1990；王伟林等，2009；伽红凯，王树进，2014）、人均土地面积（孔祥智等，2007；毛加强，贾惠宇，2018）、被征收地块特征（郭玲霞等，2012）、户主的政治面貌（罗文春，李世平，2011）、受教育程度（徐烽烽等，2010）、非农就业比重（Vranken & Swinnen，2006；林乐芬，金媛，2012）、征地后农户的就业预期（苏海涛，陶然，2013）、生活改善预期等（王伟林等，2009；罗文春，李世平，2011；钱瑛瑛，孙思竹，2016）。其中，生活改善预期主要包括：生活水平预期、打工机会预期、自主经营条件预期、社会治安条件预期。有学者关注到征地后农户生活水平的变化，认为土地征收只是使农户的短期收入得到提高（楼培敏，2005；吴建，夏卫生，2017）。但是，农户的收入水平仅能维持在当地农村居民的收入水平上，实际生活水平变化不大（王华华，2017）。有些学者将土地征收看成是土地流转的一种形式，即农地城市流转（聂鑫，2014）。在农地城市流转过程中，征地补偿标准对农户福利产生显著的正向影响（傅蔚冈，2008；郭玲霞等，2012；李欢，张安录，2019）。有学者利用中国家庭追踪调查（China Family Panel Studies，CFPS）中的农村家庭数据，分析了农户土地流转决策行为。通过研究发现，无论是租入户还是租出户，土地流转后农户福利均得到提高，但不同家庭组之间的福利效应存在显著差异（陈飞，翟伟娟，2015）。也有学者注意到，农户分化程度影响农民对承包地退出的偏好（刘同山，牛立腾，2014；李荣耀，叶兴庆，2019），还有学者注意到，农户分化下农民对宅基地退出意愿存在差异性（诸培新，叶琦，2015；邹伟等，2017；王子坤等，2018）。

第三节　现行征地制度对农户福利的影响研究

在我国，土地征收作为农村土地转化为城市建设用地的合法途径，对于有效解决地方政府财力不足问题，缓解城市建设用地供求矛盾，推动经济社会发展起到了积极作用（Ding，2007；华生，2015；黄厅，张希斌，2017）。从 1978 年至 2018 年，我国城市建成区面积从 7438 平方千米上升到 58456 平方千米，扩大了 6.9 倍；然而，城镇常住人口从 1.7 亿人增加到 8.3 亿人，仅扩大了 3.9 倍。① 土地城镇化明显快于人口城镇化，导致农户的生计出现负面效应。

一、现行征地制度与农户福利

学术界关注的焦点集中在地方政府滥用征地权（李红波等，2013；钱忠好，牟燕，2017；王亚坤等，2019），导致征收范围过宽、征地补偿费偏低、征地程序不够规范等一系列问题（钱忠好等，2007；范辉，2009；袁铖，

① 资料来源：国家统计局官网。

2011；刘祥琪等，2012；刘向南等，2016）。征地过程中，由于过度采取政府机制，农户明显处于弱势地位，导致农户的土地权益严重受损（范辉等，2016）。关于农户利益受损的问题，也有学者基于征地后农户的生活水平与生活质量（Craft，1997；吴建，夏卫生，2017）、就业机会与就业质量（姚从容，2008；张学英，2010；戚晓明，2017）、社会保障水平（Overbye，2010；Babiarz，2012；冼青华，2011；陈浩天，2014）、生计能力与生计转换（胡初枝等，2008；丁士军等，2016）等方面展开研究。朱海莲和彭开丽（2013）、胡清华等（2019）认为，土地征收使处于优势地位权利主体挤占处于弱势地位权利主体的利益，导致农户福利梯度拉大。吴群和李永乐（2008）、李梓旗和陈新岗（2017）通过分析征地过程中社会福利损失和效率不经济现象，认为只有赋予农户“讨价还价”的权利，为农户建立征地“专用账户”，通过市场化方式配置土地资源，才能有效减少社会福利的损失。

二、 现行征地制度下的征地冲突与群体事件

征地冲突是困扰我国经济社会发展的重要问题（谭术魁，张南，2016；贺雪峰，2018；祝天智，2019），在我国每年发生的群体性事件中，因征地引起的事件约占总数的50%（楚德江，2013）。由于征地补偿标准通常是以地方政府财力与农户“原有生活水平不降低”来确定的，所以征地补偿标准与土地的市场价值很悬殊，从而引发征地冲突与群体事件（Ding & Lichtenberg，2011；黄东东，2016；柴国俊，陈艳，2017）。有学者认为，征地过程中农户土地权益受损，甚至出现“暴力征地”现象（刘兰勇，王震，2014），主要原因是农村土地产权残缺（刘兰勇，王震，2014）、征地过程交易费用高昂（姜海等，2018）、征地程序不透明等（刘祥琪等，2012；彭小霞，2018）。

第四节 被征地农户福利提升对策

通过对农户福利影响因素的综述不难发现，无论是对农村土地进行征收，还是农村土地流转和宅基地退出，即使现有政策能使农户福利得到改善，也是短期的，仍然无法保障农户的长远生计。也就是说，要提高农户福利水平，关键在于有的放矢（Teklu，et al，2004），完善政策体系（Cabrera，et al，2005；徐济益和马晨，2018）。针对前期研究成果，本书将农户福利提升对策总结如下。

一、农户的就业渠道

马贤磊和孙晓中（2012）、汪险生等（2019）认为，土地具有重要的社会保障功能，主要表现为就业机会保障效用。因此，对于被征地农户来说，最大的保障莫过于就业保障，因为就业是彻底解决农户生存问题的有效途径（张学英，2010；明亮，2018）。既然现行征地制度已暴露就业保障的缺位，那么如何构建可持续的农户生计保障机制呢？其实，农户处境如此艰难，人力资本存量偏低并不是唯一的因素，更主要的是他们的体能优势不是来自非农生产领域，而是来自农业生产领域。因此，要使农户实现生计转换，必须通过制度安排和政策措施来实现。既然被征地农户具有特殊性，就需要有针对性地强化人力资本投资（郭玲霞等，2012；朱月季等，2018），具体表现为对农户进行职业技能培训（徐烽烽等，2010；戚晓明，2017），提升他们的非农就业能力，使他们通过非农就业获得稳定的经济来源。不但如此，还要从根本上降低农户对土地的依赖性，将建立的特殊就业创业平台作为安置农户的重要手段（姚从容，2008；王轶等，2018；曾庆敏等，2019）。只有这样，才能拓宽农户的就业渠道，让农户更好地融入城市生活，有效地解决农户的长远生计。

二、农户的社会保障

如前所述，被征地农户的社会保障主要来源于新农合、新农保与失地农民养老保险。那么，如何提高农户的社会保障水平呢？有学者认为，首先，要明确农户社会保障的妥善安排是地方政府的责任所在。政府有权征收农村土地，也有责任化解因此给农户带来的社会风险（欧胜彬，陈利根，2016）。地方政府作为土地征收的实施者，除了应当主导被征收农户的社会保障政策的制定和执行之外，还应当积极将农户纳入社会保障体系。其次，村集体作为联系地方政府和农户的桥梁，有义务协助地方政府向被征地农户宣传社会保障政策，关注农户的健康状况（Cutler & Zeckhauser，1999；许兴龙等，2017；杨晶等，2019）。只有充分调动和发挥村集体的工作积极性，才能将农户的社会保障落到实处（温海红等，2013；马睿等，2016；江维国和李立清，2019）。最后，要从制度上优化农村社会保障制度（聂鑫，2014）。与城镇居民社会保障制度相比，农村社会保障制度普遍存在统筹水平低、保障水平低、农户参保积极性低等问题。然而，我国目前正处在城乡社会保障制度的转型时期，如何通过无缝对接统筹城乡社会保障制度，是当前地方政府亟待解决的问题。伽红凯等（2014）、黄婷（2017）认为，应将农户的社会保障纳入城镇社会保障体系中，以解决农户失地后的养老与医疗等问题，使农户真正享受到“城市居民”待遇。要对农户实行“即征即保”，防止出现“断保”现象（周建再，代宝珍，2016；周兴文，王肖健，2017）。当然，只有从制度上化解问题，才能确保农户福利可持续性与多维度福利状态（丁士军等，2016；徐济益等，2018）。

三、农户的政策参与

无论是征地补偿政策，还是农村社会保障政策，都属于我国农村公共政策。社会利益的权威性分配是农村公共政策的逻辑起点，农户是最主要的政策参与主体。公共政策是行动主体解决问题或相关事务的一个有意识的行动（Anderson，2003；向玉琼，2016；楠顶，甘月文，2019）。公共政策的实现有赖于政策的有效执行。在实现政策目标的过程中，方案确定仅占10%，其余90%均取决于政策的有效执行（Ikenberry，1987；朱德富，2014；刘晓慧，2019）。但是，公共政策执行成功与否经常取决于基层行动主体的责任心和技巧（Wise & Lipsky，1980；Woo，et al，2015）。因此，要提高农户福利水平，保障农户的长远生计，就必须强化农户参与。因为农户参与是公共政策过程中利益表达的基本途径（朱明仕，2017）。

在农村公共政策执行的过程中，农户参与有利于构建政府与农户之间的信息沟通机制与利益表达机制，提高农户福利水平。有学者认为，农户参与公共政策的意愿受到农户基本特征（Defrancesco，et al，2008；冀县卿等，2015；王小映，王得坤，2019）、农户家庭特征（李海燕，蔡银莺，2014；胡新艳，2018）、心理特征（Hounsome，et al，2006；许恒周，田浩辰，2017；童馨乐等，2019）、区域发展特征（Home，2014；汪三贵，曾小溪，2018）等因素的影响。特别是生计禀赋对农户参与公共政策及公共政策执行效果的影响，具有明显的个体分化和空间分异特征（谢晋，蔡银莺，2016；张行等，2019）。由于各种因素的制约，我国农户参与公共政策的程度还比较低（朱余斌，葛水林，2010；周晨虹，2011；韩啸等，2017）。因此，要充分尊重农户的知情权，鼓励农户积极参与，保障农户利益诉求途径畅通，降低政府与农户的协调成本（米强等，2015；吕图等，2018；刘向南，袁虞欣，2019）。

四、研究述评

通过对国内外文献的系统梳理，可将研究动态进行归结：学术界已关注到土地征收对农户福利变化造成的影响，并已有学者注意到引起征地前后农户福利变化的特征因素，如征地特征、农户基本特征、地区特征变量等。但是，现有土地征收方面的研究成果只是将农户看作一个整体，并没有着眼于农户分化可能导致不同类型农户福利变化存在差异，没有系统考察征地补偿政策对不同类型农户福利变化的影响，导致成果缺乏针对性，特色不鲜明。

虽然我国大部分地区农户的温饱问题已经得到解决，但土地征收依然会导致农户面临很多非常突出的生活风险。生活风险，既包括生存问题，也包括养老和疾病问题，并且一旦发生，就会需要大笔开销，非常容易导致农户陷入贫困境地（陈志，丁士军，2016；冯晓平，江立华，2019）。因此，为了更好地防范上述生活风险，必须建立多元化的保障体系（这就需要对农户福利进行全方位考察）。考虑到我国农村目前实行以“家庭联产承包责任制”为基础的土地制度，“农户”为农村最基本的生产单位，“农户分化”又是一个无法回避的客观事实，因此以“户”为单位开展研究，更符合我国的基本国情。况且，已有学者关注到农户分化可导致农户对承包地和宅基地退出的偏好存在差异性（邹伟等，2017；晏志谦等，2018；李荣耀，叶兴庆，2019）。

因此，本书将基于农户分化视角，进一步探讨以下问题：一是土地征收如何对不同类型农户福利变化产生影响？不同类型农户福利的变化存在哪些差异？二是如何构建适应不同类型农户福利评价的指标体系？三是如何构建被征地农户福利提升的差异化路径？鉴于现有相关研究成果不多，可能增加本书的研究难度，但也能促进本书的大胆探索，有望形成创新性成果，以弥补上述不足。

第三章 理论基础与分析框架

本章首先对涉及全文的关键性概念进行界定，然后对本书运用的相关经典理论进行系统回顾，并在此基础上，构建论文的分析框架，为理解本书研究的问题提供逻辑思路与理论依据。

第一节 概念界定

概念界定是本研究的重要组成部分。由于不同学者对同一概念的理解角度不同，所以难免对概念内涵的理解产生偏差。为了使核心概念内涵贯穿全文，有必要对本书所涉及的核心概念进行界定，其他概念则在相应章节中进行论述。需要先行界定的核心概念包括：福利、农户福利、农户分化、土地征收、异质性。

一、福利

福利思想源远流长，至少可以追溯到古希腊哲学家亚里士多德（Aristotle）的思想（Sen，1999）。亚里士多德指出的“正义是守法与平等”，其实就包含了早期的福利思想。英国哲学家边沁（Benthem）以功利主义学说为基础，将效用看作福利。从本义来说，“福”原意为两手捧酒坛把酒浇在祭台上，意为幸运、幸福、一切顺利。“利”本意是指古代的一种农具，即“铦”，表示“以刀断禾、收获谷物”之意，引申为得到好处。在《辞海》中，“福利”是指人们的幸福和利益。在《现代汉语词典》中，“福利”是指人们生活方面的利益，如住房、医疗、伙食、交通或文化娱乐等。从这个角度来说，农户福利是农户衣、食、住、行的一种反映。

庇古（A. C. Pigou）是最早阐释福利概念的经济学家之一。在他看来，个人福利是效用满足的数学评价结果，效用是测量福利的基本工具。然而，以萨缪尔森（Samuelson）为代表的新福利经济学家认为，效用只是一种主观感受，无法用具体数值来衡量，更不能进行人际比较，因为任何比较都必须进行规范的价值判断。诺贝尔经济学奖获得者阿马蒂亚·森（Amartya Sen）则把发展的目标看作是等同于社会上所有人的福利状态的判断标准（森，2013），他根据一个人实际能做什么和能成为什么来描述个人福利。实际上，森的可行能力分析框架对福利的概念进行了重新定义。福利是一个多维概念（Saraga，1998；聂鑫，2014）。首先，福利是人们的需求得到满足的一种状态（谢琼，2013）。福利制度设计和安排的出发点是保障人们的生存权和发展权，避免人们对生活风险和社会风险产生恐惧，其目标是为了促进社会公平。因此，本书采纳的是森的可行能力分析框架，即福利不仅包括“能够做某事”或已经处于“某种状态”（客观福利），也包括人们的心理感受（主观福利）。

二、农户福利

（一）农户福利的内涵

要界定“农户福利”这一概念，首先需要明确什么是“农户”。在我国，传统的“户”是一种家庭单位，与土地有着直接联系。1958 年 1 月，全国人民代表大会通过的《中华人民共和国户口登记条例》（以下简称《条例》），将城乡居民区分为两种不同户籍：农业户口和非农业户口。《条例》还规定，户口登记需要以“户”为单位。同主管人共同居住一处的立为一户，以主管人为户主；单身居住的也可以自立一户，以本人为户主；居住在单位内部和公共宿舍的也可以立为一户。由此可见，一户并非一家，一家也并非一户。

也就是说，农户和家庭既有区别，又有联系。有学者认为，农户是以实现效用最大化为前提的劳动家庭及消费家庭（Nakajima，1986；王常伟，顾海英，2016）。但是，由于家庭是以婚姻关系为基础，以血缘关系为纽带的社会生活共同体，具有“同居共财”的特征。所以从概念的外延来说，农户比家庭更广泛一些。其实，学术界已经关注到农户的不同含义及其与家庭之间的关系，如表 3-1 所示。

表 3-1　农户相关定义一览表

学者	农户定义	来源检索
屈小博	以家庭为单位的经济组织，以亲缘、血缘关系组合而成的农民家庭	不同规模农户生产技术效率差异及其影响因素分析——基于超越对数随机前沿生产函数与农户微观数据［J］. 南京农业大学学报（社会科学版），2009，9（3）：27-35.
李小建	以家庭为单位存在的，从事农业生产活动的经济组织	还原论与农户地理研究［J］. 地理研究，2010，29（5）：767-777.
杨俊	户籍在农村，拥有土地承包经营权的家庭	不同类型农户耕地投入行为及其效率研究［D］. 广州：华南农业大学，2011.
姜天龙	从事农业生产的微观行为主体	吉林省农户粮作经营行为和效率的实证研究［D］. 长春：吉林农业大学，2012.

资料来源：根据文献资料整理。

鉴于本书的研究特点，对于“农户”和“家庭”并不需要进行严格的区分。因此，文中的农户是指拥有承包土地，从事农业生产，居住和生活在城市边缘区的农村家庭。

如前所述，由于家庭是建立在婚姻和血缘的基础上，成员之间具有共同居住和共同生活的特征。家庭具有情感、生育、经济、社会等多重功能，对家庭生活和社会发展可起到非常重要的作用。因此，农户福利与家庭功能的实现密切相关。然而，家庭收入又与农户福利紧密相连。有学者认为，农户福利是对家庭收入等各种客观事物的主观评价（史耀波，温军，2009；廖沛玲等，2018）；是基于可行能力理论，通过比较家庭经济状况、居住条件、生活环境和主观感受等评价的一种状况（关江华等，2014；张梦琳，2017）。鉴于本书研究的是土地征收对农户福利的影响，因此，本书中的“农户福利”具有农户“安居乐业”之意，既包括制度安排，也包括家庭成员的个人因素；既需要考察征地前后农户的生产、生活状态，也需要考察农户对政府征地的主观感受。

（二）农户福利分类

根据以上分析，本书将农户福利进行以下分类。

（1）根据农户福利的含义，可将其分为三类：一是经济福利；二是社会福利；三是生态福利。其中，经济福利是指能够通过货币衡量的那部分福利，其主要取决于农户的经济因素。也就是说，农户拥有的可以用货币量度的物品或劳务数量，如农户的家庭收入等。一般而言，家庭收入越高，经济福利就越好；反之亦然。社会福利则泛指解决相关福利问题的各种社会方法和政策，其内容很宽泛，既包括农户的就业、养老、医疗等保障（王良健等，2013；李欢，张安录，2019），也包括人的知识、欲望、情感、文体活动等。生态福利是指社会福利在生态危机时的一种延伸和拓展，是对社会福利的补充。实际上，生态福利是政府无偿提供给农户享受良好生态环境的公共利益，对于提高农户的生活质量发挥着非常重要的作用（刘茜，黄锡生，2013；刘应元，冯中朝，2016）。

（2）根据农户福利的性质，可将其分为两类：一是主观福利；二是客观福利。其中，主观福利是指农户的效用，通常可以用人的满意度来衡量。客观福利是指农户的收入与财富等，表示一种客观存在的“状态”。例如，农户拥有的承包地面积、家庭年收入、居住条件（Martinetti，2000；谢致红等，2018）、社会保障水平等。

（3）根据农户福利的需求，可将其分为两类：一是基本福利；二是发展福利（Blau，et al，2000）。其中，基本福利是指与农户生存相关的福利，如最低生活保障、失业保障、养老保障等。发展福利是指与农户职业发展相关的福利，如职业技能培训与社会机会等（徐烽烽等，2010；龙立荣，邱功英，2013；杨丹，2019）。

三、农户分化

（一）农户分化演进历程

改革开放以后，我国实行了以家庭联产承包责任制为基础的农村土地制度，农户成为农村经济运行的基本单位，并真正拥有了农业生产的决策权。家庭联产承包责任制的实行，放活了土地经营权，极大地调动了农户的生产积极性，劳动生产率与粮食产量都得到显著提高。但是，农村劳动力隐性失业问题也随之浮出水面。此时，我国鼓励农村剩余劳动力向城镇非农产业转移，由此改变了人民公社化时期农户高度同质化的局面。1992 年春，邓小平发表南巡重要讲话时提出，要建立社会主义市场经济体制。1993 年 11 月，党的十四届三中全会作出了《中共中央关于建立社会主义市场经济体制若干问题的决定》，构建了社会主义市场经济体制的基本框架，提出了我国经济体制改革的目标是建立社会主义市场经济体制，明确了建立社会主义市场经济体制改革的各项任务，标志着我国经济体制已从“计划经济”向“市场经济”方向发展。随着城乡经济体制改革、户籍制度松动、经济全球化发展，我国农户也随之不断分化，如图 3-1 所示。从演进历程来看，农户分化过程经历了起步阶段、缓慢发展阶段和加速发展阶段。以上只是对农户分化的外在因素进行了分析，但农户分化的内在因素却由于不同农户的受教育程度、生产技术水平、市场参与能力等因素存在差异，使他们的家庭资本累积、收入结构与就业结构逐渐形成区别。这种区别在市场经济背景下不断循环，最终分化为不同种类和不同规模的异质群体。

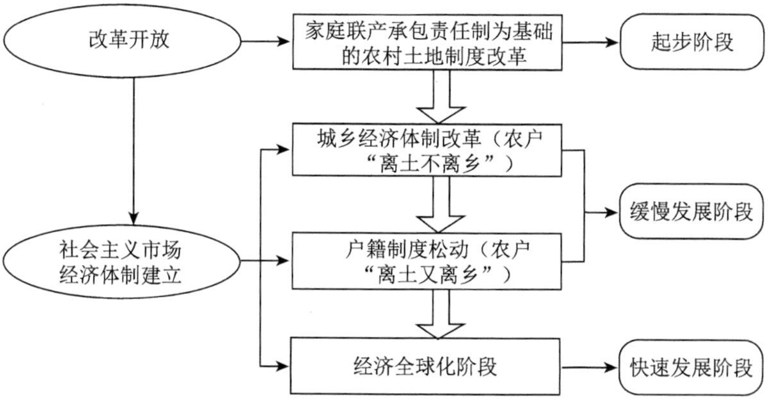

图 3-1 我国农户分化演进示意图

（二）农户分化容易受到宏观环境因素的影响

改革开放以来，尽管我国农村劳动力非农就业人数和比重总体上处于上升趋势，但受到政策环境与经济发展因素的影响，导致劳动力非农就业情况出现波动。农村劳动力非农就业状况的变化直接影响农户分化的稳定性。例如，2008 年受亚洲金融危机的影响，市场急剧萎缩，对我国外向型、出口加工型企业造成了严重影响。其间，许多企业减产、停产，甚至濒临倒闭。由于农村劳动力主要集中在上述传统型、高能耗、低技术的行业中从事非农就业，所以市场的不景气导致大量农村剩余劳动力“回流”。根据原人力资源与社会保障部《金融危机对就业影响最新数据调查报告》显示：截至 2009 年 1 月，提前返乡农村剩余劳动力有 2000 多万人，约占农村劳动力非农就业的 15%（侯东民等，2009），这说明了农户分化具有不稳定性。同时，学者们也关注到，在一定的条件下，农村剩余劳动力“回流”是否存在“刘易斯拐点”现象（宁光杰，2012；张超，王春杨，2013；汤希，任志江，2018）。其实，造成农户分化不稳定的原因是：农户从农业生产转向城市非农产业之后，其仍然拥有土地承包经营权，农户凭此身份仍可坐享集体经济的利益。在经济不景气的时候，农户依然可以回乡重操旧业。实际上，由于农村剩余劳动力没有实现彻底的转移，所以导致农户分化呈现不稳定性。

（三）农户分化程度的划分依据

农户分化源于农村剩余劳动力的转移。假设农户种植某农作物需要投入劳动力、土地、生产资料等要素。其中，生产资料要素是指化肥、农药、种子等。如果农户投入土地的各种资源处于一种均衡状态，边际成本就等于边际收益，具体表现为：

$$P = P_1X + P_2Y + P_3Z \tag{3-1}$$

在式（3-1）中，P 表示农户种植农作物的边际收益（农产品价格）。X、Y、Z 分别表示单位农业产出的劳动力、土地和生产资料的投入。P_1、P_2、P_3 分别表示劳动力、土地和生产资料的价格，由式（3-1）可得：

$$P-P_1X = P_2Y + P_3Z \tag{3-2}$$

在式（3-2）的左边：农产品价格 P 不断下降。此时，（$P-P_1X$）不断变小，但生产资料价格 P_3 却不断上涨。

在式（3-2）的右边：在土地被征收之前，由于土地用途管制等原因，农用地的用途是比较固定的，如果土地不发生流转，即农户自己耕种，此时，农户对土地的投入基本不变，即 P_2Y 基本不变。实际上，劳动力价格 P_1 是上涨的。要使式（3-2）左右维持平衡，唯有 P_3Z 减小。也就是说，此时农户减少对农业生产劳动时间 X 的投入是一种明智的选择。对于农户而言，农产品价格 P 与生产资料价格 P_3 都是外生性变量。在不考虑外生性变量影响的前提下，劳动力价格 P_1 的主要影响变量无疑就是劳动时间 X。由于农户拥有的社会资源不同，劳动力受教育程度各异，所以农户家庭劳动力获得非农就业的机会形成差异，实现非农就业的能力也存在区别。也就是说，劳动力之间的价格 P 悬殊也很大。如果农户种地所需要的劳动力全部来自其本身，劳动力价格 P_1 就增幅很大，若要使式（3-2）左右相等，必然会减少劳动时间 X。

在式（3-2）中，劳动时间 X 减少具有以下经济学含义：随着农户家庭劳动力边际产出增加，单位农产品生产所需要的劳动力投入反而减少。也就是说，农户从完全务农向完全不务农演变的过程中，实际上就是劳动力价格 P_1 不断增加的过程（孙文华，2008），这个过程使农户产生不同程度的分化。

农户分化有两个维度：一是基于水平方向的职业分化；二是基于垂直方向的经济分化（杨应杰，2014；诸培新，叶琦，2015；黎翠梅，柯炼，2018）。通常来说，农户分化可以划分为四种类型：纯农户、Ⅰ兼农户、Ⅱ兼农户与非农户（苏群等，2016；张琛等，2019）。根据本书研究的需要，将采取苏群等学者的分类方法进行研究。

（四）土地征收

土地征收是指国家为了公共利益的需要，依据法律规定的程序和批准权限，依法给予被征地的农村集体经济组织及被征地农民合理补偿后，将农村集体所有的土地转化为城市国有建设用地的行为。在我国，土地征收是自然因素、经济因素和社会因素等综合作用的结果。其中，自然因素是指耕地的资源禀赋，因为土地征收的自然供给主要来源于耕地资源。经济因素是指影响土地征收的最主要因素，但不是决定性因素。社会因素是指人口、城市化水平、粮食安全等。

我国的《土地管理法》第三次修订之前，对“土地征收”和“土地征用”没有进行严格的区分。以前，征收和征用两种不同的情形，被统称为“征用”。2004 年 3 月，全国人大对《中华人民共和国宪法》（以下简称《宪法》）进行了第四次修正，将《宪法》第十条“国家为了公共利益的需要，可以依照法律规定对土地实行征用”改为“国家为了公共利益的需要，可以依照法律规定对土地实行征收或者征用并给予补偿”。此后，《土地管理法》（第三次修订）对“征收”和“征用”进行了区分。征收和征用的共同之处在于，二者都是为了公共利益需要，都要经过法定程序，都要依法给予补偿。不同之处在于，征收的实质是强制收买，主要是土地所有权的改变，不存在返还的问题；征用的实质是强制使用，是有条件的使用权的改变，被征用的土地使用完毕，应当及时返还给被征用人。因此，征用是一种临时使用土地的行为。

与土地征收相关的概念还有农地非农化。其实，农地非农化主要强调土地用途的变更，是指农用地转变成为居住、交通、工业、服务业等城乡建设用地的过程。从用途转换目的来看，农地非农化主要有三种用途：国家建设占用农地、乡村集体建设占用农地和农村个人建房占用农地。从权利主体的变化来看，农地非农化可分为权利不转移和权利转移两种。其中，权利不转移的农地非农化包括两种：一是国有农地转为国有建设用地；二是集体农地转为集体建设用地。

根据2004年《土地管理法》（第三次修订）的规定，农村土地可分为三类：农用地、建设用地和未利用地。其中，农村集体建设用地又分为宅基地、公益性公共设施用地和经营性用地。在本书中，土地征收是指“农地征收”，即地方政府对农户的承包地进行征收，其中农户的承包地包括耕地、园地、林地、养殖水面等。

（五）异质性

异质性是与同质性相对立的一个概念，最早应用于遗传学中，具体表示一种遗传性状可以由多个不同的遗传物质改变引起。在生态学中，异质性常被用来表示生态学过程和格局在空间分布上的不均匀性及其复杂性。英国古典经济学家亚当·斯密在《国富论》一书中指出，人类天生的才能存在一定差异。但是，最早提到“异质性”的是英国经济学家马歇尔（Marshall）。他认为，企业家是具有特殊才能的人，正因为有了企业家才使企业之间形成差异。美国著名经济学家舒尔茨（Schultz）认为，尽管企业家的异质性对企业发展具有决定性意义，但教育和科技却是人类异质性最简洁、最直接的表达。关于异质性，学术界广泛用来表示人类不同群体的差异（Sapsford & Salisu，1998；Caselli & Coleman，2006；高远东，花拥军，2012）、企业之间的差异（李明贤，周蓉，2016）、区域差异（陈心颖，2015；姚旭兵等，2016；黄鑫等，2018）。本书认为，异质性是在一个群体中个体特征的分散程度。因此，本书中的“异质性”是指农户个体、农户类型和征地构成要件之间的差异。

第二节　经典理论回顾

一、地租地价理论

（一）地租理论

地租是土地所有者凭借土地产权取得的一种报酬。地租通常是指经济地租，即人们使用土地获得的超额利润。从这个角度上说，地租理论是征地补偿的依据。英国古典经济学家李嘉图认为，农作物在不同土地上生产形成的产量差异决定了农地的地租。英国重商主义学派的代表人威廉·配第在《赋税论》一书中指出，地租的实质是剩余劳动的产物，是由于土壤肥沃程度和耕作技术不同引起的。詹姆斯·安特生在《对谷物法本质的研究》一书中，也说明了因土地肥沃程度不同而产生地租差额。亚当·斯密在《国富论》中指出，地租是使用土地的代价；地租是一种“垄断价格”；地租是因使用土地而支付给地主的代价；地租来源于工人的无偿劳动。马克思地租理论认为，根据形成原因和条件的不同，可将地租划分为两种基本形式：级差地租与绝对地租，其中级差地租又可以分为级差地租Ⅰ和级差地租Ⅱ。由于地理区位和土地肥沃程度差异形成的地租称为“级差地租Ⅰ”；在同一块土地上连续追加投资所形成的地租称为“级差地租Ⅱ”。土地所有者因为拥有土地而获得的地租则称为“绝对地租”。

在本书中，级差地租Ⅱ的增值过程：一是征地前增值，表现为受到城镇化和宏观政策环境的辐射使土地增值，导致地价上升；二是征地后增值，表现为由于政府的规划、基础设施的投入、区位改善，导致地价再次上升。

（二）地价理论

马克思地价理论认为，土地不是劳动产品，本身没有任何价值。地价是由土地稀缺性与所有权垄断形成的地租，既不是土地价值的货币表现，也不是土地本身的价格。从本质上讲，地价是土地所有权在经济上的实现形式。也就是说，地价是地租资本化的结果，是土地经济规律的实质反映。地价理论既是土地市场的理论基础，也是社会主义市场经济理论的重要组成部分。随着我国建立城乡统一的建设用地市场的提出与完善，地价理论将对我国的征地制度改革发挥更大的作用。

二、土地产权理论

经济学中的产权是一种财产权利，是某种资源一切权利的总称，通常包括所有权、使用权、占有权、收益权、处分权等。产权具有三个特征：第一，产权具有排他性，是一种排他性权利。第二，产权是规定人们行为关系的一种规则。第三，产权是一种权利束。产权是产权利益分配的依据，谁拥有产权，谁就能够凭借产权获得产权价值。土地产权是指土地的财产权利。在我国，土地产权设计是以土地所有权和使用权为基础的不动产物权，包括自物权和他物权。土地产权制度是指不同经济主体之间的所有经济关系的总称。由于产权由权能和利益两个部分组成，因此土地产权制度包括土地权能制度和土地收益制度。其中，土地权能制度体现经济主体对土地采取某种行为的权利；土地收益制度体现经济主体行使其权利所能得到的收益。

三、土地基本功能

土地基本功能既是土地提供产品和服务的能力，也是土地可持续性的表征。土地基本功能受到土地利用方式与管理方式的综合影响。目前，土地科学的发展已经从过去关注土地合理利用向当前关注土地功能转变的方向转化。土地基本功能本身很复杂，为了使土地基本功能的分类更加科学、合理，学术界已进行了许多有益的尝试，但由于在分类角度上存在差异，因此形成了彼此不同的独特观点（柳建平，2012；贺书霞，2013；蔡银莺等，2016；邹宝玲，罗必良，2019），导致不同学者的分类结果存在一定差异。

随着城镇化的发展，大量的农村剩余劳动力向城市非农产业转移，农户出现不同程度分化。与过去传统“以农为生”的生存方式相比，土地资源在农户家庭中的效用发生了明显改变。这种变化的主要表现：农户对土地的依赖性日益弱化，土地社会保障功能日益得到显化。但无论如何变化，土地基本功能都表现出多重性，只是在不同阶段，土地基本功能分支的主次和强度不同而已（Nelson，et al，2009；张红旗等，2015；马雯秋等，2018）。改革开放以来，我国的土地基本功能随着经济的发展发生了一系列演变，如表 3-2 所示。土地具有多功能性（张良悦，2008；Heltberg，2010），其基本功能可分为经济功能、社会功能和生态功能。从土地的基本功能来看，它是一个涵盖自然、经济、社会和人文的综合特性的多功能的自然经济综合体。

表 3-2 改革开放以来我国土地基本功能演变的特征

经济发展阶段	土地基本功能演变	主要特征
第一阶段（1978—1984 年）	社会政治稳定功能为主，经济功能为辅	确立农户主体地位，粮食供应大幅度上升
第二阶段（1984—2004 年）	经济功能为主，社会政治稳定功能为辅	农村剩余劳动力转移，农业结构性调整
第三阶段（2004 年至今）	财产功能凸显，社会功能显化，经济功能实现最大化	农地非农化加速，土地资源市场化配置

资料来源：根据文献资料整理。

四、 福利经济学理论

福利经济学（Welfare Economics）是考察当前经济政策与经济制度是否为“合意”的一种理论体系。福利经济学的发展经历了从旧福利经济学到新福利经济学，再到现代福利经济学的发展历程。被誉为经济学的分支体系。福利经济学以研究资源配置效率和国民收入分配为主题，并对经济活动做出“好”或“不好”的社会评价。因此，福利经济学可以用来分析不同经济状态下社会福利的变化状况。

（一）旧福利经济学

庇古（Pigou）被誉为“福利经济学之父”。1920 年他的代表著作《福利经济学》的出版，不仅标志着旧福利经济学的诞生，也意味着福利思想得到了进一步发展。庇古认为，个体福利是其获得效用或满足的集合。这种满足包括占有财物、商品消费、知识、情感和欲望等。他指出，福利可以分为狭义的福利与广义的福利。人们通常所说的经济福利是一种狭义的福利，而社会福利则是一种广义的福利。只有能用货币量度的那部分才是经济福利，反之，不能用货币量度的那部分是社会福利。庇古从国民收入增加和国民收入分配均等两方面对福利进行了论述：国民收入增加越多，社会福利就越大；国民收入分配越合理，社会福利水平也就越高。尽管福利总量的大小、社会福利的比重、福利的人际可比性、主观因素对福利影响力的大小在不断发生变化，但是，庇古的福利观点至今仍是福利经济学的主流观点。

（二）新福利经济学

20 世纪 30 年代，西方经济大萧条之后，卡尔多（Kaldor）、希克斯（Hicks）、伯格森（Bergson）、萨缪尔森（Samuelson）等经济学家对庇古的旧福利经济学理论进行了批判和吸收，形成了以“序数效用论”为基础的新福利经济学。通常认为，一项能增加社会福利的政策，除了使受损者得到受益者的补偿以外，还有一定剩余。其间，补偿原则不但代替了社会总效用最大化原则，也使“帕累托最优”和“消费者剩余”成为非常重要的概念。萨缪尔森对社会福利函数进行了探索，他认为，要实现福利最大化，就要既使经济社会资源在各个部门之间的配置达到最优化，又使产品在各个消费者之间的分配达到最适度程度，然而，对不同人群实行差异化价格，是实现适度分配的条件。

（三）现代福利经济学

1951 年，阿罗（Arrow）在他的经济学经典著作《社会选择与个人价值》中指出，在使用序数效用的前提下，人们很难将个人偏好集结成社会的共同偏好。因为社会并不是由同质化的个人组成的，因此很难使个人利益与社会利益达成一致，这就是著名的“阿罗不可能定理”。也就是说，阿罗认为，由于个人利益与社会利益达成一致，所以其无法将与人际相关的效用比较信息体现出来，只依靠序数效用提供的信息实际上是无法进行排序的。因此，它的诞生既意味着现代福利经济学的开始，也衍生出向现代福利经济学发展的难题，宣告了福利主义的危机。

“公平”和“效率”是福利经济学中争议最大的问题。以庇古为代表的功利主义学派认为，国民收入分配越平均，福利越大。因为对于同样的国民收入来说，富人的效用会比穷人的效用小一些。因此，在新福利经济学中，帕累托提出，效率是在不改善任何一个社会成员的境况下，社会资源配置的一种状态。也就是说，在不损害其他社会成员境况的前提下，应重新配置社会资源。很显然，效率与资源配置密切相关。萨缪尔森均衡的前提是政府不但拥有消费者的全部信息，而且掌握消费者的效用函数。因为，每个消费者都能真实地表示出对公共产品的偏好。实际上，消费者主动表达偏好是很困难的。因此，上述政府并不存在。在此基础上，Ameson（1989）认为，人的需求具有无限性，人的欲望是无法相互比较的，从而导致社会福利分配目标不能建立在平等的基础上。因此，使每个人都能根据自己的偏好做出选择应当是福利分配的重点。只有这样，才能使人们从平等的分配机会中获得同等价值的福利。实际上，Ameson 对福利经济学的分配原则进行了修正。

综合上述内容，可对福利经济学主要流派的观点进行归纳，如表 3-3 所示。

表 3-3 福利经济学主要流派观点

时期	代表人物	核心观点
旧福利经济学	边沁（Benthan），英国经济学家，功利主义学派代表人	能将效用最大化的行为，就是正确的。社会行为的目的是追求大多数人的最大福利。功利主义原则是福利经济学的哲学基础
	庇古（Pigou），英国经济学家，功利主义学派的主要代表人之一	国民收入水平越高，社会福利越大；国民收入分配越均匀，社会福利越大

续表

时期	代表人物	核心观点
新福利经济学	帕累托（Pareto），意大利经济学家，洛桑学派的主要代表人之一	假定固有的一群人和可分配的资源，从一种分配状态到另一种状态的变化中，在没有使任何人境况变坏的前提下，使至少一个人变得更好
	马歇尔（Marshall），近代英国最著名的经济学家，新古典学派的创始人	消费者剩余是衡量消费者福利的重要指标。社会福利等于消费者剩余与生产者剩余之和
现代福利经济学	阿罗（Arrow），美国经济学家，1972年获得诺贝尔经济学奖	社会并不是由同质化的个人组成的。在使用序数效用前提下，个人利益与社会利益难以达成兼容
	萨缪尔森（Samuelson），美国经济学家，1970年获得诺贝尔经济学奖	要实现福利最大化，就是要使经济社会资源在各个部门之间达到最优配置，但对不同人群要实行差异化价格

资料来源：根据文献资料整理。

五、森的可行能力理论

旧福利经济学和新福利经济学的理论基础都是效用价值论。例如，功利主义关注的是效用数量，而不是效用分配的公平性。也就是说，功利主义关注的是效用在个体之间的分配状况，导致福利测量方法存在严重缺陷。

1972年，印度经济学家阿马蒂亚·森（Amartya Sen）对“阿罗不可能定理”提出挑战，并提出用“可行能力”等来考察人们的福利。森（2002）在《以自由看待发展》一书中指出，一个人的福利是由他能够实现的“功能”与实现功能的“能力”决定的，而不是由其拥有的财富决定的，当然也不是由其拥有的资源所产生的效用决定的。实际上，森提出的可行能力理论，不但综合考虑到人际的差异性，也充分考虑到个人选择的自由度；不但考虑到已经实现的福利，也考虑到可能的、潜在的福利。因此，森的可行能力理论突破了传统福利测量过程中，只关注物、不关注人的致命缺陷。

森（2002）认为，可行能力是指人们有可能实现的、各种功能性活动的组合。功能性活动是一种目标和状态，包括吃、穿、住、行、读书、电视、社会参与投票选举等。有价值的功能性活动的种类很多，如有足够的生活必需品和健康，包括参与社区生活的机会，受到社会尊重等。正如森所说，可行能力是一种“自由”，是一种能够实现的各种功能性活动组合的实质性自由。他进一步阐述了可行能力对经济发展和民众福利起直接作用的五种工具性自由，如表 3-4 所示。物质是一种工具，消费是一种途径。福利的产生实质上是物质所具有的相关功能，是使人们获得某种可行能力的过程。因此，可行能力才是福利的本质。

表 3-4　森的五种工具性自由及其含义

工具性自由	基本含义
政治自由	确定执政主体与执政原则的机会；监督和批评政府执行政策的可能性
经济条件	个人拥有或可获得的资源和交易条件决定其经济资源的支配权
社会机会	主要包括人们的就业、教育、医疗卫生等方面的机会。这些因素可影响人们享有美好生活的“实质的”自由
透明性担保	主要是指人们在社会交往过程中应有的诚信和信用
防护性保障	主要是指当人们遭受天灾人祸或突发事件时，建立的社会安全网、劳动保障制度、养老保险制度以及失业救济和贫困救助措施等

资料来源：根据文献资料整理。

第三节　理论分析框架构建

理论分析框架是一种认知结构，可以帮助人们发现存在什么，发生了什么，至关重要的因素是什么（Gitlin，1980）。在研究过程中，本书遵循经济学的基本研究范式，坚持规范性研究与实证性研究相结合的原则，立足研究目标，坚持问题导向，始终围绕“农户分化—土地征收—农户福利”这一逻辑主线，不断挖掘三者之间的内在逻辑关系，从而构建本书的理论分析框架。

一、土地产权、土地基本功能与农户福利：农地制度安排

《中华人民共和国农村土地承包法》（以下简称《农村土地承包法》）第一条规定，为巩固和完善以家庭承包经营为基础、统分结合的双层经营体制，特赋予农民长期而有保障的土地使用权，维护农村土地承包经营当事人的合法权益。土地承包经营权属于土地使用权的范畴，其核心内涵是农户对土地使用权具有合法性。然而，土地产权是指有关土地财产的一切权利的总和，包括土地所有权、土地使用权、土地抵押权等。因此，土地承包经营权属于土地产权的范畴，它对于我国农户福利的实现起到至关重要的作用。

有学者认为，土地具有养育、承载、社会保障、生产要素、财产、空间等功能（袁铖，2009）。其实，土地是一个影响农户生产、生活和生态的有机整体，土地具有多重功能（张红旗等，2015；朱要龙，2018）。本书认为，依据土地功能的内涵，可以将土地基本功能分为三种：一是经济功能；二是社会功能；三是生态功能。

首先，土地产权承载着土地的经济功能，确定了农户的经济福利。农户通过土地承包经营权，对土地享有占有、使用和收益的权利，保障了土地不受非法侵害。这种制度安排为我国农户提供了更多创造财富的机会。迄今为止，土地承包经营收益一直是我国农户最基本的收入来源，也是农户拥有的最为核心的财产性利益。

其次，土地承包经营权不是单纯的财产权利，因为我国农村土地一直具有社会保障的功能，由此决定了农户的社会福利。土地承包经营是我国农户的一种选择，意味着农户放弃了人民公社时期农村集体提供的劳动机会和社会保障。但是，土地承包经营权始终没有，也不可能消除土地与公共利益和集体利益之间的关系。这种关系的存在，充分解释了土地承包经营权所承载的社会功能的必然性与合理性。长期以来，土地承包经营权几乎完全承载了

农户的就业、最低生活保障、医疗、养老保障等一系列社会保障功能（李琴等，2019）。

最后，农地生态功能包括调节气候、净化与美化环境、维持生物多样性等方面的功能。它能为农户提供清新的空气，形成优美的自然生活环境。这也是由土地承包经营权决定的。

二、农户分化与农地制度安排：不同类型农户对土地依赖性差异

由于农户分化，所以纯农户、Ⅰ兼农户、Ⅱ兼农户与非农户对土地功能的效用形成差异，最终导致农户对土地的依赖程度形成差异。由于农户福利制度安排是通过土地承包经营权来实现的，而不同类型农户对土地承包经营权的支配强度又体现在农户对土地依赖性的差异上。因此，农户分化与农户福利制度安排之间的关系，即农户对土地依赖性的差异主要体现在以下三个方面。

（一）农户对土地经济功能效用差异

土地是农户的“衣食之源”与“生存之本”。当不同类型农户选择从事农业生产或非农就业时，尽管产生的收益具有明显的可比性，但是他们的选择却与其禀赋条件的差异直接相关。这种差异性表现在农户对土地依赖程度的差异上。

（二）农户对土地社会保障功能差异

土地能给农户带来就业、养老与医疗保障等社会功能，但是不同类型农户对待土地社会功能的态度是有差异的，这种差异性导致农户对土地的依赖性产生差异。

（三）农户对土地生态功能效用差异

农户生活环境的绿化、美化、亮化和净化是土地生态功能效用的反映。

然而，由于不同类型农户的社会功能效用存在差异，所以导致他们的生活环境各异，最终反映到农户对土地依赖性的差异上。

三、土地征收与不同类型农户对土地依赖性差异：理论分析框架

（一）征地前后不同类型农户对土地依赖关系的变化

农户对土地依赖性主要表现在三个方面：一是土地对农户提供的生存依靠；二是土地对农户提供的就业、养老与医疗等保障功能；三是土地对农户提供的心理上的依赖，包括以土地为中心的生活环境和低成本生活方式。其实，不同类型农户对土地的依赖程度存在差异。一般来说，纯农户对土地的依赖程度最大，非农户对土地的依赖程度最小。不同类型农户对土地依赖程度的大小依次是：纯农户>Ⅰ兼农户>Ⅱ兼农户>非农户。

由于不同类型农户对土地的依赖程度存在差异，因此土地征收对不同类型农户形成的生活风险是不同的。本书将农户面临的风险境遇分为两类：一是生存风险；二是发展风险（冯晓平和江立华，2011；李立娜等，2018）。根据马斯洛需求层次理论，人类需求层次从低到高分为：生理需求、安全需求、社交需求、尊重需求和自我实现需求。生理需求是最低层次的需求，寻求发展（自我实现）是最高层次的需求。人们首先满足迫切需求，只有在低层次的生存需求得到满足之后，才会对更高层次需求产生激励。在这里，生存风险是指农户在维持基本生活时可能遭遇的威胁。根据马斯洛的需求层次理论，生存风险对应于未满足的生理需求、安全需求和社交需求。发展风险可以理解为征地后农户是否实现职业转换的能力。发展风险体现了征地后农户的发展能力是否得到了提升、发展空间是否得到了拓展、社会身份是否得到了根本性转变。具体分析如下。

（1）纯农户。他们的家庭中来自土地的收入占家庭总收入的比重高达90%以上，甚至是全部。土地征收使他们失去了家庭最基本的生活来源，但

是，家庭的刚性开支，如吃饭和购买基本生活用品等消费并不会因征地而减少。尽管征地后农户会获得一定的补偿款，但也只能维持其3~5年的基本生活开支（冯晓平和江立华，2011），因此土地征收会使纯农户的生存逐渐陷入困境。同时，纯农户长期依靠耕种土地来维持生活，但由于农业生产的产出比较低，种地也仅仅能维持他们的温饱水平，失地意味着失业。对于纯农户来说，因长期从事农业生产，劳动力的专属性很强，非农就业无疑是他们的短板。因此，征地后纯农户面临的发展风险最大。

（2）Ⅰ兼农户。他们的农业收入是家庭收入中最基础、最稳定的收入来源。即使Ⅰ兼农户存在非农收入，也只是以零星打工为主，大部分时间仍然是赋闲在家，因此他们的非农收入不仅无法替代土地收入，更无法成为稳定的收入来源。征地前他们虽然有很大的自由度，即进可以入城打工，退可以回乡耕田，但土地征收会使他们失去最后一道防线，因为他们会因此失去最基础的收入来源。同时，他们当中的大多数人在征地前都处于不稳定就业或者不完全就业的状态。原因来自两个方面：一是由于他们的工作时间严重不足；二是社会能够提供给农村剩余劳动力的工作机会越来越少。尽管打工暂时可以使他们获得高于农业产出的非农收入，但随着社会经济的发展，非农就业需要的技能也日益增加。因此，对于Ⅰ兼农户来说，即使偶尔找到工作，通常情况下也是以临时工和苦力工为主，稳定性差，更容易受到冲击，显得很脆弱（Dercon，2001），失业风险极高。

（3）Ⅱ兼农户。他们的家庭收入构成中50%以上来源于非农收入，征地后他们仍然能保障自己的基本生活。也就是说，尽管征地会使他们的收入减少，但是对于他们的基本生存来说，不会构成任何威胁。由于征地前Ⅱ兼农户就将职业重心转移到非农产业，因此征地后他们所经受的发展风险也就比较小。Ⅱ兼农户虽然以经商或非农就业为主，但是还兼顾着家里的承包地（自己耕种或请他人代为耕种）。因此，对于Ⅱ兼农户来说，他们以家庭经营为主，从事的是小本生意，征地后其生活基本上没有什么可顾虑的。

（4）非农户。他们对土地的依赖性极低，在家庭收入结构中，其农业收入比重不足 10%，即家庭的基本生活需要来源于城市非农就业，而不是依赖于土地产出。因此，对于非农户来说，因征地而获得的征地补偿款可能让他们获得“额外”收入，不会动摇他们的生活来源和生活开支，征地后其依然生存无忧。实际上，征地前非农户已经实现了非农就业，具有一定就业技能或经商能力，征地后可以促使他们将更多的精力投入非农活动，从而获得更大的发展。因此，对于非农户来说，征地对他们的职业发展并没有多大的影响。

（二）土地征收的分析维度

2004 年 3 月，第十届全国人民代表大会第二次会议通过的《中华人民共和国宪法修正案》第十条规定：“国家为了公共利益的需要，可以依照法律规定对土地实行征收或者征用并给予补偿。”《土地管理法》（2004 年修订）第四十六条规定：“国家征收土地的，依照法定程序批准后，由县级以上地方人民政府予以公告并组织实施。”显然，我国法律赋予地方政府动用“征地权”，但也对其运用“征地权”设置了三个限制性条款：一是土地征收必须基于“公共利益”；二是土地征收过程必须遵循“正当程序”；三是土地征收必须对原土地权利人给予“合理补偿”。其实，征地权具有强制性，并以政治程序为运行机制，是一种典型的公共权力（靳相木，陈箫，2014；孟存鸽，2019）。如果说，征地范围基于“公共利益”是为了确保征地权的“公权公用”的话，作为“合理补偿”的征地补偿标准则是规范地方政府“公权公用”的一种手段，那么，基于“正当程序”的征地过程，就是对征地范围和征地补偿标准的一种过程保障。

我国《宪法》第十条还规定，城市土地属于国家所有，农村和城市郊区的土地属于集体所有。这就使我国土地制度具有“城乡分割”的基本特征。要使农村土地转为城市建设用地，只能通过征地来实现（刘守英，2014）。由于法律对地方政府行使征地权施加了限制性条款，也就意味着地方政府实施征地活动是有成本的（陈国富，卿志琼，2009；徐一丹，姜海，2016）。因此，要规范地方政府对征地权的行使，必须从上述三个限制性条款入手。这些限制性条款构成了我国征地制度的基本框架（王小映，2007；顾大松，王蔷，2019），即征地的三个构成要件：一是征地范围；二是征地程序；三是征地补偿标准（唐健等，2014；欧阳君君，2019）。本书将以征地范围、征地程序和征地补偿标准作为维度，对土地征收与农户福利之间的内在逻辑关系展开分析。

（三）理论分析框架构建

以上内容从土地产权、土地基本功能与农户福利的关系入手，分析了农户福利是来自土地承包权的制度安排，即产权界定了农户的权利，决定了农户福利的来源。由于农户分化使这种制度安排表现为不同类型农户对土地依赖程度上的差异。所以接下来，本书分析了土地征收与不同类型农户对土地的依赖关系，也阐述了表征土地征收的三个维度：征地范围、征地程序和征地补偿标准。由此形成了本书的理论分析框架，如图 3-2 所示。据此，本书将侧重讨论以下三个问题。

一是土地征收对农户福利变化的影响机理。首先，分析导致农户福利变化的异质性因素。其次，分析土地征收对农户福利的影响，即土地征收福利效应。最后，分析农户分化对土地征收福利效应的影响。

二是农户分化如何导致征地前后农户福利变化形成差异。从土地产权与土地基本功能的互动特征出发，分析土地征收与不同类型农户对土地依赖性差异，揭示农户分化如何导致征地前后农户福利变化形成差异。

三是征地前后农户福利评价。首先，基于森的可行能力理论，勾勒出被征地农户可行能力的概念框架。其次，形成农户福利评价的指标体系，构建农户福利评价的理论模型。最后，利用研究区域的调研数据，对征地前后农户福利变化进行评价。

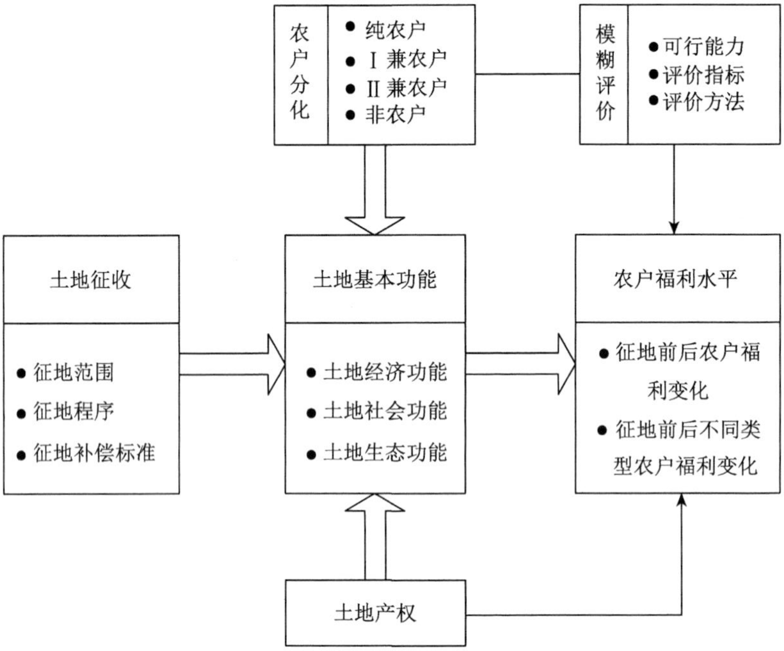
农户分化
纯农户
Ⅰ兼农户
Ⅱ兼农户
非农户
模糊评价
可行能力
评价指标
评价方法
土地征收
征地范围
征地程序
征地补偿标准
土地基本功能
土地经济功能
土地社会功能
土地生态功能
农户福利水平
征地前后农户福利变化
征地前后不同类型农户福利变化
土地产权

图 3-2　理论分析框架

第四章　土地征收对农户福利变化的影响机理研究：基于不同类型农户的考察

第三章在理论回顾的基础上，构建了本书的理论分析框架。本章将在此基础上，研究土地征收对农户福利变化的影响机理。本章结构：首先，分析土地产权与农户福利变化的关系。其次，分析土地征收对农户福利变化的影响。最后，分析异质性因素、家庭收入水平差异与征地前后农户福利变化的关系。

第一节　土地征收、土地产权转移与农户福利变化的关系

如前所述，农户福利与土地基本功能存在密切联系。但是，土地基本功能是否对农户产生相应的效用，取决于农户是否拥有土地。这就涉及土地产权制度问题，土地征收实质上就是土地产权转移，具体表现为：一是土地征收与土地产权转移；二是土地产权转移与征地前后农户福利变化等。基于此，本节将按上述思路，分析土地征收、土地产权转移与农户福利变化的关系。

一、　土地征收与土地产权转移

从表面上看，土地征收是政府利用法律赋予的权力，将农村土地转化为城市土地的过程。从本质上看，这个过程是一种物权转移的过程。土地具有资源和资产的双重属性。土地的资源属性使土地表现为一种生产要素，并通

过劳动力和资本的投入产生经济效益；土地的资产属性表现为土地具有财产的性质。土地的用途有两种：一种是农业用途；另一种是非农业用途。因此，与土地有关的经济权利也有两种：一种是土地作为农业用途的经济权利；另一种是土地作为非农业用途的经济权利。

从产权角度来说，土地征收是一种物权的转移。征地补偿安置是土地产权价值的经济体现，并反映在被征地农户福利水平上。因此，分析被征地农户福利水平时，可从土地产权角度考察。然而，从我国土地产权的设计来看，收益权的权能是最主要的，其他权力形式，如占有权、使用权和处分权都是围绕这个核心设计的。只有收益权得到法律的有效保护，才能充分发挥产权的激励约束功能，此时，被征地农户的土地权益才能真正得到保护。

如前所述，土地征收是指国家为了公共利益需要，由地方政府通过行使征收权，在依法对农户进行补偿后，强制性地将农村集体土地转移给国家的行为。显然，土地征收具有两个典型特征：一是土地财产从农户手里转移给国家；二是农户因转出土地财产获得经济补偿。因此，征地过程就是土地产权从农户转移给国家的过程，征地权的行使是不动产物权发生变动的结果。

二、 土地产权转移与征地前后农户福利变化

改革开放以后，我国农村实行以“家庭联产承包责任制”为基础的土地制度，为农户福利的形成提供了制度基础。从制度设计来说，我国农村土地产权的权能主要包括使用权、收益权和转让权（刘守英，2014；刘灵辉，2018）。改革的初衷是把使用权做实，以充分发挥产权的作用。在实践中，农村土地制度也逐渐形成了“集体所有制+准私有产权”的典型特征（农地所有权不变），不断强化土地使用权，使农户真正获得了土地承包经营权。这就使土地的“农业用途”成为我国土地产权制度与征地前后农户福利变化的联系载体。

在我国，农村土地所有权是农民集体享有的一种排他性权利。但是，土

地使用权的表现形式是土地承包经营权。2007年，《中华人民共和国物权法》（以下简称《物权法》）颁布以后，土地承包经营权成为真正意义上的用益物权。然而，土地承包经营权设立初期却表现为一种债权性质，但因承包经营权界定不清晰，导致其逐步不能满足农村经济的发展。《物权法》将土地承包经营权界定为用益物权，强化了土地承包经营权的主体地位，彻底扭转了土地承包经营权被视为债权的局面。从此，土地承包经营权具有了物权的性质，并被纳入物权的范畴。然而，土地承包经营权作为一项以土地所有权为基础的用益物权，会因征地而终结。土地征收可以看作"市场交易"的结果。但是，自由交易的物质基础是所有者对物品或资源拥有的权利。市场交易的结果导致物品或资源拥有者失去权利。在征地过程中，土地产权租金应当处于核心地位，但目前的情况是"土地权利租金严重流失"（周其仁，2004）。所有定价问题都是产权问题（Alchian，1965），权利的价值通常以价格形式表现出来。因此，征地补偿费可以理解为在土地产权转移过程中，土地承包经营权经济价值的体现。如果不考虑土地征收具有"强制性"，土地征收就相当于土地承包经营权在政府和农户之间进行的"交易"。最终的结果是，农户失去了土地承包经营权而获得征地补偿费。但是，征地补偿费与土地市场价格之间存在巨大差额，导致征地后农户福利受到损害。究其原因，是由于农地产权存在使用权、收益权和转让权的残缺。农户的土地权利是国家"给予"的，给予农户多少权利要服从于国家的政治目标和经济目标。实际上，农户并没有多大的"话语权"（黄少安，刘明宇，2008；侯广红，汪栋，2017）。因此，在我国现有的征地制度框架下，土地征收可以使农户获得相关福利，但是，不可能完全获得应当得到的全部福利。张五常（2014）认为，在经济学分析中，土地所有权并不是很重要，通常只需要土地的使用权、收益权和转让权这三组权力就足够了。因此，本书分析土地产权与农户福利变化的关系时，主要依据土地的使用权、收益权和转让权展开分析。

（一）土地使用权仅限于农业用途

尽管农地使用权归农户，但仅限于农业用途。《农村土地承包法》第五条规定，农村集体经济组织（村集体）成员有权依法承包由村集体经济组织（发包方）发包的农村土地，任何组织和个人不得剥夺和非法限制农村集体经济组织成员承包土地的权利；第二十一条规定，耕地的承包期为三十年；第二十七条规定，承包期内，发包方不得收回承包地。但是，我国法律对农地的使用权设计了一些限制。《农村土地承包法》第十一条规定，农地未经依法批准，不得用于非农建设；第十八条还规定，承包方要维持土地的农业用途，未经依法批准不得用于非农建设。这就说明了我国农村土地使用权是残缺的、有限制的，即农户福利被限制在土地的农业用途范围上。

（二）土地收益权被限制在农业用途上

农地收益包括两方面：经营收益和处置收益。《农村土地承包法》第十七条第四款规定，承包地被依法征收、征用和占用时，承包方有权依法获得相应的补偿。但《土地管理法》（2004 年修订）第四十七条规定，征收土地时按照被征收土地的原用途给予补偿。补偿的依据是被征收土地“前三年平均年产值”的倍数，这说明农地非农化增值收益与农户没有直接关系。农户福利仅仅是农地作为农业用途的经营收益归农户所有，但农地改变用途产生的收益却归政府所有。在征地过程中，农户只获得了一点经济补偿而已。也就是说，在农地发展权受限的同时，农地收益权也被限制在土地的农业用途上。

（三）土地转让权被限制在农业用途上

《农村土地承包法》第四条和第五条规定，农村土地承包后，土地的所有权性质不变，即保持农村集体所有。任何组织和个人不得剥夺和非法限制农村集体经济组织成员承包土地的权利，但承包地不得买卖。与此同时，《农村土地承包法》第三十二条还规定，通过家庭承包取得的土地承包经营权可以依法转包、出租、互换、转让或者其他方式流转。

第二节　土地征收对农户福利变化的影响：构建研究假说 Ⅰ

如前所述，土地征收构成要件包括：征地范围、征地程序和征地补偿标准。我们将围绕上述三个维度，分析土地征收对农户福利变化的影响，具体分析如下。

一、 征地范围与农户福利变化

根据我国《宪法》（2004 年修订）第十条规定，国家为了公共利益的需要，可以依法对土地实行征收或者征用，并给予补偿。《土地管理法》（2004 年修订）第四十六条对“征地权”的行使也作出了明确的规定，即通过地方政府来行使。根据以上规定，“公共利益”是土地征收的前提要件。从理论上说，地方政府对“征地权”的行使必须符合上述规定，即土地征收必须基于“公共利益”范畴。但是，公共利益如何界定？这个问题已经被诟病多年。由于我国法律对公共利益的界定很模糊，所以地方政府在行使征地权时，将公共利益用地与非公共利益用地都纳入了征地范围。有数据显示，从 2010 年至 2012 年，全国批准的建设用地从 726. 75 万亩增加到 922. 8 万亩，其中大约 70%的建设用地来自土地征收（刘守英，2014）。在我国，无论土地征收是基于公共利益还是准公共利益，甚至是商业用途，地方政府都是农村土地转变为城市土地的唯一中介，即土地一级市场的完全垄断者（陈国富，卿志琼，2009）。尽管我国《宪法》《土地管理法》和《物权法》都提出为了公共利益需要，国家可以依法征收土地。但是上述法律却没有对“公共利益”范畴进行界定，导致征地目标泛化。由于“公共利益”的范畴界定模糊，国家对地方政府只有授权，而没有“限权”，所以在征地过程中，自行规定“公共利益”，甚至将商业用地也列入“公共利益”的范畴。征地行为被扭曲导致真实的“公共利益”资源被挤兑，使地方政府凭借手中的征地权侵犯被征地农户的土地权益。

（一）征地权的行使

政府通常是最有效的公共产品供应者。如果土地征收是基于公共利益，如市政设施、学校、文化中心等，这就意味着政府对征用权的行使是用来促进那些具有非排他性和非对抗性特征的公共产品的供应，而不是私人产品的供应。本书认为，要考察征地范围与农户福利变化的关系，首先应当界定“公平补偿”的含义。其实，“公平补偿”可以从两个方面理解。一方面，“公平补偿”可以理解为“合理的市场价值”，即政府委托专业的土地估价机构对被征收的地块进行估价，从而形成公开的“市场价格”。但是，土地估价师评估出来的“市场价格”有可能低于农户对其财产的评价。此时，如果政府以“市场价格”占有该地块时，正好表现为政府动用了征用权。显然，这不是一个互利的交易。另一方面，“公平补偿”也可以理解为农户愿意接受的“保留价格”，即征地时农户愿意接受的“最低价格”。如果政府能够按照保留价格向农户支付征地补偿费，这种交易才是互利的。

为了考察地方政府基于“公共利益”和“公平补偿”的征地行为对农户福利造成的影响，首先需要构建以下理论命题。

命题一：“公共利益”是指政府提供市政设施、学校、文化中心等公共产品。

命题二：假设上述公共产品的供地方式有两种：一是通过市场机制进行供应；二是通过土地征收进行供应。但是，无论采取哪种方式，土地数量在来源上都不会受到限制，即农村土地可以源源不断地转化为城市建设用地。

命题三：无论供地方式采取市场机制，还是土地征收，在土地产权转移过程中，农户均作为土地产权的交易人享有讨价还价的权利；地方政府对农户进行了“公平补偿”。

基于以上假设，本书将从政府征地的成本与收益角度出发，考察征地范围对农户福利的影响。

一方面，从政府的征地成本来说，可以基于以下两点进行分析：一是如果政府按照“市场价格”征收土地，尽管这种交易不是互利的，但征地成本最低。此时，政府动用征地权，使农户出售土地的做法具有潜在的低效率。因为这种强制性出售可能导致土地价格从高评价使用向低评价使用方向转化。二是如果政府按照农户愿意接受的保留价格征收，就无异于私人购买，但征收私人财产带来无效率的可能性却可降到最低程度。但是，政府只有在对土地利用的预期评价高于农户的评价时，才愿意支付这个保留价格。如果政府对每个农户都按照保留价格支付征地补偿款，那么，征地成本将是一个“天文数字”。因此，比较合理的方式是允许政府不考虑农户的主观评价而征收农户的土地，但政府的征地成本只有在土地的“市场价格”与农户的“保留价格”之间进行选择，才能兼顾公平与效率的需要。

另一方面，从政府的征地收益来说，如果基于公共利益用途的土地征收需要通过土地市场供应，政府就应该与每个农户分别进行谈判，交易费用自然很高，那么，公共利益用途的土地就难以通过市场机制转为政府或公众所有。为此，征地权就具有了存在的理由，并体现在两个方面：一是当交易成本很高时，由政府提供公共产品可能比市场交易更有效率；二是强制性征收土地可以节省这部分交易成本。此时，政府就运用自己独有的征地特权，利用节省下来的交易成本强制购买更多的土地，从而获得更大的收益。也就是说，政府在提供公共产品、促进公共利益的同时，获得了巨大的潜在利益。这就是政府的征地收益。

如图 4-1 所示，P_1D 是边际成本曲线，P_3Q_3是边际收益曲线（需求曲线）。P_1为政府动用征地权并对农户进行“公平补偿”的价格，P_2为农户愿意接受的保留价格（在市场机制下取得建设用地的成本）。显然，P_1小于 P_2。P_1与 P_2的差距表示在市场机制下，政府取得土地的交易费用，即 P_2包含了政府与农户之间的谈判成本。一方面，当政府动用征地权时，取得土地的交易费用（P_1P_2AB）就可以节省下来。当建设用地需求量从 Q_1 增加到 Q_2 时，由于此时的边际收益大于边际成本，政府可以取得一定的征地收益（ABC）。因此，这部分收益与节省下来的交易成本，共同构成了政府行使征地权获得的潜在净收益（P_1P_2AC），这就是政府进行征地的主要动力。另一方面，当用地需求量扩展到边际收益为零时，政府就需要通过外延式扩张土地。此时，用地需求量从 Q_2 增加到 Q_3，势必引起征地的低效率与社会福利损失（CDQ_3）。要确定是否应当通过政府征地提供公共物品时，需要将政府征地的潜在净收益（P_1P_2AC）与社会福利损失（CDQ_3）进行比较。如果交易费用很高，则推动 P_2A 上移，使政府行使征地权的潜在净收益（P_1P_2AC）大于社会福利损失（CDQ_3）时，政府依然会动用征地权。

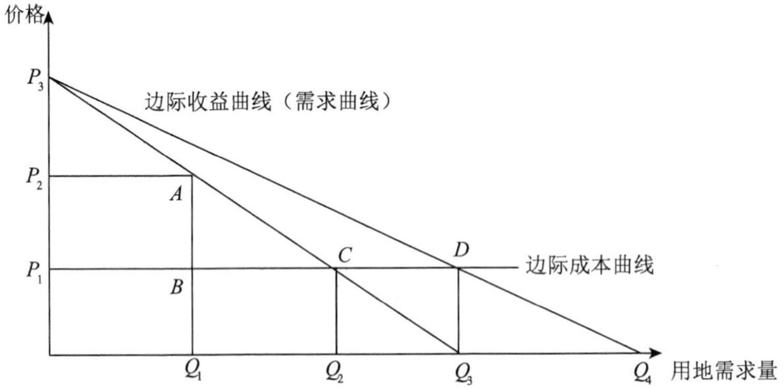

图 4-1　土地需求曲线图

（二）征地权是否正确行使对农户福利的影响

1994 年，我国实行了“分税制”改革，地方财政收入仅占全部财政收入的 44.3%，与 1993 年的 78%相比，下降了 33.7%（辛波和孙腾云，2011）。尽管地方财政收入下降，但承担的事权并没有相应减少，导致地方政府“财权上移，事权留置”，在地方财政收支上形成了巨大的“赤字剪刀”，如图 4-2 所示。

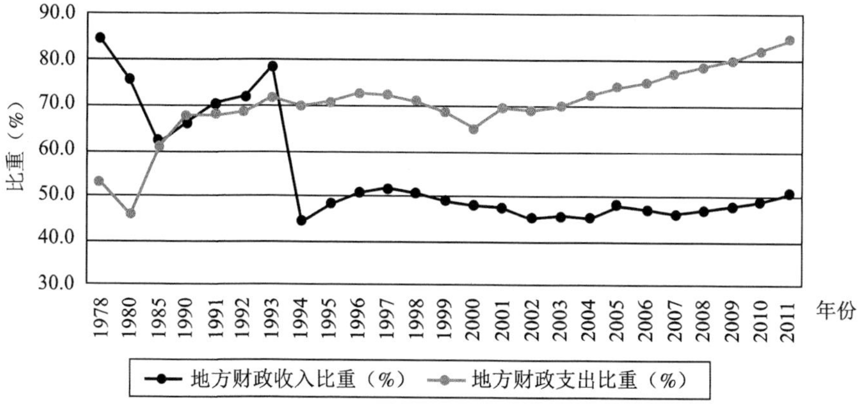

图 4-2　1978—2011 年我国地方财政收支比重

资料来源：中国统计年鉴。

为了维持收支平衡，中央政府允许地方政府出让土地，收取土地出让金作为地方财政收入的一部分，并允许地方政府全部享有建筑业和房地产业的营业税与所得税，从而导致地方政府不约而同地瞄准了获利丰厚的土地。实际上，在征地权的行使方面，国家对地方政府只有“授权”，而没有“限权”。受到利益的驱动，地方政府在行使征地权时，产生了“搭便车”行为，导致在征地过程中扩大了公共利益的范畴，助推了地方政府土地财政。一方面，我国的政府体制属于典型的“政治集权”和“经济分权”模式，形成自上而下的“条状任命”与相同层级政府之间的“块状竞争”。在地方政府官员的考核指标中，主要采用“GDP”“经济增长”“财政收入”等易量化的显性指标。因此，地方政府官员更关心他们的政治前途与任期内的短期政绩。然而，要获得晋升的机会，就必须做大 GDP，提高财政收入，以显示自己的政治业绩。这种政治博弈，导致他们不断追逐土地财政。实际上，在拉动经济增长的“三驾马车”中，最直接、最有效的途径是投资，即通过土地“招商引资”来增加投资。为了达成政绩考核目标，以便在今后的“政治锦标赛”中脱颖而出，一些地方政府官员在行为和角色上出现了“企业化”倾向，使地方政府官员对土地财政产生了很强的依赖性。另一方面，农村土地被征收后资本增值巨大，已成为地方政府的最主要经济激励（孙秀林，周飞舟，

2013；欧胜彬，苏雪晨，2014）。为了追求本级财政利益最大化，地方政府纷纷走上了“摊大饼式”的发展道路，低价征地、高价出售，最大限度地获取土地出让金。然而，在征地和农地转用过程中，征地补偿标准、补偿方式全部由地方政府制定和执行，导致大部分土地增值收益被地方政府占有（肖屹等，2008；杨璐璐，2015）。在这种情况下，地方政府滥用征地权就不难理解了。

由于地方政府同时具有“征地权”和“单方面制定征地补偿政策”的权力，所以大幅度降低了征地过程中的交易费用。为了实现征地利益的最大化，政策制定的倾向是使“公平补偿”价格 P_1 和农户愿意接受的“保留价格” P_2 同时下移，即图 4-1 中的 P_2A 和 P_1D 同时下移。从而导致政府扩大征地范围的同时，还可能出现廉价征收土地和外延式扩张用地需求的倾向。图 4-1 中，当需求曲线不变时，政府可以压低征地补偿价格，此时边际成本曲线 P_1D 不断下移，逐渐接近横轴。这表明政府廉价征地时，可以从中汲取更多的价值，此时征地的净收益更大。如果政府可以廉价征地，就会存在向开发商提供更多土地的倾向。尽管我国在供地过程中采取招拍挂方式，但廉价征地行为既加剧了土地财政，也导致建设用地的外延式扩张，从而引起社会福利损失。在这种情况下，图 4-1 所示的需求曲线发生外移，即由 P_3Q_3 移到 P_3Q_4。在边际成本曲线和需求曲线都发生变化的过程中，尽管社会福利损失可以通过大量征地进行弥补，但前提是征地补偿价格必须低于“公平补偿”价格 P_1。显然，这会损害农户利益，降低农户福利。

二、 征地程序与农户福利变化

一般来说，制度强调的是“能做什么”和“不能做什么”，程序强调的是“如何把事情做好”，程序公正是实体公正的重要保障。有学者指出，制度确定了社会成员运用权力的范畴（Barzel，1989；Libecap，1989；Eggertsson，1990；彭斌，2011），否则就不能反映资源的稀缺性与经济机会，导致行为扭曲（North，1994）。对于土地征收而言，征地程序分为前后衔接的两大块：一是征地批准程序；二是征地实施程序。

（一）征地批准程序与农户福利

批准程序是行政机关内部的工作流程。地方政府是否严格执行征地批准程序，不但影响其公信力，还会影响被征地农户的实际利益。但是，地方政府在制定土地利用规划与征地补偿标准时，既缺乏公开听证制度，也没有第三方评估机构的介入，始终由政府“单方面”进行制定。现以“征地补偿标准形成程序”为例进行讨论。目前，我国征地补偿政策制定的方法主要是“征地统一年产值标准”和“征地区片综合地价标准”。近几年，学术界还呼吁要按照“土地的市场价格”进行补偿。那么，征地补偿政策的制定究竟如何影响农户福利呢？从我国的征地实践来看，无论采取“统一年产值标准”，还是采取“征地区片综合地价标准”，都具有一个共同的特征：征地补偿标准始终由政府单方面制定。也就是说，征地补偿的价格并不是土地市场供求关系的真实反映，而是地方政府主观意志的体现。

如图 4-3 所示，农地供给曲线和农地需求曲线分别用 S、D 表示，两者达到均衡时的价格和数量分别用 P、Q 表示。政府在征地时实行“最高限价”管制，干扰了土地市场的运行机制，导致供需错位，形成非均衡状态。此时，农地管制价格 P_2低于农地真实价格，即市场均衡价格 P。

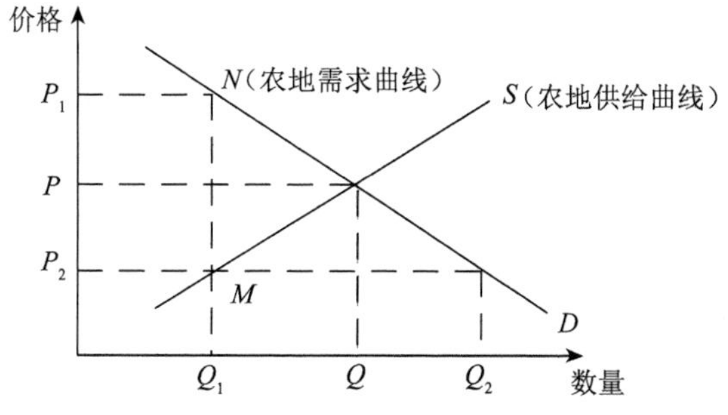

图 4-3　征地价格管制中农地租值的形成机理

如果政府完全执行“最高限价”的价格管制，农地需求量 Q_2 与农地供给量 Q_1 之间就会形成“差额”。实际上，这是农地租值的表现形式。在管制价格 P_2 处，被征地农民愿意供应的农地数量为 Q_1。表面上，P_1P_2 之间的权利已经从农户转移给政府，实际上并非如此。政府对征地实行“最高限价”价格管制时，已经导致（P_1-P_2）$\times Q_1$ 的农地价值被置于巴泽尔意义上的“公共领域”（Barzel，1989），称为“没有排他性权利的农地价值”，用 MNP_1P_2 表示。这就是征地过程中由于价格管制形成的农地租值（张五常，2014；郝晓薇和兰婷，2018）。

由于地方政府存在“土地财政”的激励，所以常常将法律赋予的征地权及征地补偿的“最高上限”凌驾于农地产权之上，强制性地进行征地价格管制，对农地进行大量“低价征收、高价出让”，使农地在非农化过程中的征地补偿价格与农地真实价格（均衡价格）之间形成差额，并将此差额作为没有排他性使用权的价值溢入“公共领域”。

农地租值的形成必然会引起包括地方政府、开发商和农户在内的利益主体对“租值”的角逐，但是，各利益主体之间的利益博弈为“零和博弈”，因农户明显处于弱势，导致其土地合法权益受到损害。征地价格管制引起的“租值”到底有多大呢？实际上，“租值”的大小受到征地时农地的需求曲线弹性 ΔD 和供给曲线弹性 ΔS 的影响。如果需求曲线 D 和供给曲线 S 都较富有弹性，则“租值”较小；反之，则“租值”较大。实际上，这种“租值”是一种没有界定清楚为谁所有的农地价值，如果在竞争条件下，其租值在边际上甚至下降为零，这就是“租值消散”（朱凤凯和张凤荣，2016）。当然，“租值”也可以通过产权重新分配，但需要高昂的交易费用。因此，政府价格管制的结果是没有排他性权利的农地价值，即“租值”被地方政府或开发商据为己有，造成被征地农户福利受损，其长远生计更是无从谈起。

（二）征地实施程序与农户福利

征地实施程序分为六个步骤：一是发布征地公告；二是办理征地补偿登

记；三是拟订征地补偿安置方案；四是确定征地补偿安置方案；五是实施征地补偿安置方案；六是土地交付。征地实施程序的形成过程如下。

1998 年 8 月，第九届全国人民代表大会常务委员会第四次会议通过的《中华人民共和国土地管理法》第二次修订案，确立了土地征收“两公告一登记”制度。从 2001 年 10 月开始，原国土资源部出台了一系列调整征地制度的政策：一是《征用土地公告办法》（国土资源部令　第 10 号），强调被征地农民生活水平不能因征地而降低。二是《关于切实做好征地补偿安置工作的通知》（国土资发〔2001〕358 号），强调要认真贯彻征地的“两公告一登记”制度。三是《关于切实维护被征地农民合法权益的通知》，强调征地补偿标准和安置措施不符合规定的地区，不得报批用地；即使征地已依法报批，但没有妥善安置被征地农民生产生活的，将停止受理建设用地审批。四是《国土资源听证规定》（国土资源部令　第 22 号），强调了征地过程中被征地农民的知情权和参与权。五是《关于完善征地补偿安置制度的指导意见》（国土资发〔2004〕238 号），对征地补偿标准、被征地农民安置途径、征地程序与征地实施及监管等进一步进行明确规定。六是《关于开展制订征地统一年产值标准和征地区片综合地价工作的通知》（国土资发〔2005〕144 号），强调要循序推行区片综合地价，对于暂不具备条件的地区，可制订统一年产值标准。七是《关于加快推进征地补偿安置争议协调裁决制度的通知》（国土资发〔2006〕133 号），强调要及时化解征地补偿安置过程中产生的矛盾和纠纷。我国现行征地制度规定，地方政府在确定征地补偿安置方案后，应当向被征地的农村集体和农民公告，听取他们的意见。尽管原国土资源部一再强调，征地过程中要认真贯彻“两公告一登记”制度，尊重被征地农民的知情权和参与权，但征地具有强制性，有关征地补偿的配置方案公布后，即使被征地农户有异议，而由于缺乏话语权和申诉渠道，也往往使“两公告”和“听证”制度形同虚设。

从理论上说，我国征地的实施程序主要通过两个方面进行规范：一是征地过程中的“两公告一登记”制度；二是征地听证制度。汪晖和陶然

(2009)、吕图等（2018）指出，规范、合理、有效的征地程序，不仅能提高征地工作效率，而且还能保障农户的合法权益。征地程序是我国征地制度的一项重要内容，理应对规范地方政府的征地行为起到关键性的作用。研究成果显示：征地程序对农户福利感受和满意度评价具有显著影响（戴媛媛和何立胜，2016)。因此，本书主要围绕“两公告一登记”制度和“征地听证制度”的落实展开分析。

一方面，实行征地“两公告一登记”制度对农户福利的影响。根据 2011 年 1 月国务院颁布的《中华人民共和国土地管理法实施条例》（以下简称《条例》）第二十五条规定，被征收土地所在地的市、县人民政府在征地过程中，应当贯彻执行“两公告一登记”制度，以维护被征地农户的知情权、参与权、表达权和监督权。“两公告一登记”制度主要包括：征用土地公告、征地补偿安置方案公告与土地权属登记，但核心内容还是公告。推行这一制度的初衷是为了节省政府与农户之间的谈判和履行成本（徐珍源和孔祥智，2009；黄东东，2015)。征地公告是农户知情权的直接表现，其有效性与农户福利直接相关。《条例》颁布后，尽管各地也在执行这一制度，但仍存在一些不尽如人意的地方：一是公告时间不及时。尽管《条例》规定，征地方案经依法批准后，需要在被征土地所在地的乡（镇)、村进行公告。但是，在实际工作中，公告不及时的现象屡见不鲜。叶剑平等（2010）调查发现，在政府开始征地时仍有 43.2%的被征地农户没有收到征地通知。二是公告效果有待加强。政府对征地补偿公告与信息发布的表达很笼统，对征地公告信息传递的覆盖率与达成率没有具体要求，即使进行了公告，也未必能产生实际效果，导致征地信息不能有效到达被征地农户。三是公告内容过于简单。公告内容一般包括项目名称、征地面积、征地用途、土地补偿费、青苗补偿费等，导致农户获取的信息过于简略。对于非公共利益用地，由于先由土地储备中心进行储备，经开发后再出让，因此用地单位的项目名称往往以“储备中心”进行公告，导致农户认为政府存在暗箱操作，征地过程不透明，从而产生不满情绪。

另一方面，实行征地听证制度对农户福利的影响。征地听证制度是发达国家通常采用的一种制度。尽管我国相关的征地法律、法规对此有明确的规定，但不是对“公共利益”进行听证，而是在地方政府已经决定进行土地征收后，如果被征地农户对征地补偿方案不满意，并且要求举行听证会的，地方政府才会组织听证会（李增刚，2015）。1978 年，我国实行家庭联产承包责任制以后，我国农村集体土地的使用权已经分散到农户。但是，农户即使对征地有异议需要参加听证会，或者需要就具体征地事宜与政府协商，也需要由村集体出面，而不是由农户直接参与。这样就会导致征地过程中的听证与协商方面的不足：一是参加听证会的代表并非农户选举出来的，容易为利益所驱使。代表由于身份特殊，所以很容易被控制。实际上，他们也无法代表农户利益。二是在征地补偿方案的协商过程中，农户只是被动接受，并没有讨论与决策的权利。对于征地补偿标准的制定，政府始终处于主导地位，单方面就可以确定征地补偿方案，没有通过第三方中立机构的评估，有失公平。党国英（2010）和罗婷婷等（2017）认为，征地过程中要充分考虑农户的不同意见，要允许农户提出异议，要让农户获得主体议价地位，并赋予他们讨价还价的权利。从理论上说，听证会是农户提出申辩和质疑的最好方式，是利益表达的最佳途径。但是，现行的听证会和协商会只流于形式，导致被征地农户与政府无法进行有效的沟通，从而影响农户的征地满意度。

三、 征地补偿标准与农户福利变化

土地征收的核心问题是征地补偿标准，因为征地补偿标准直接关系到被征地农户的利益。我国在征地过程中出现的所有问题，几乎都与征地补偿标准有关（李增刚，2015）。实质上，征地补偿标准的高低仅仅是反映农户福利的一项内容，而征地补偿标准的形成机制才是反映农户福利的关键性问题。

（一）征地补偿政策与农户福利

我国征地补偿政策制定的依据是按照土地被征收前三年平均产值的倍数计算，即基于被征土地的原“农业用途”进行计算。征地补偿项目包括土地补偿费、安置补助费、地上附着物和青苗补偿费。1978 年以来，我国政府多次提高征地补偿标准。具体政策演变过程如下。

1982 年，国务院颁布的《国家建设征用土地办法》规定，征用耕地的补偿费最高不得超过被征地前 3 年平均产值的 10 倍；1998 年 8 月，我国《土地管理法》（第二次修订案）已提高到 30 倍。2004 年 10 月，国务院下发《关于深化改革严格土地管理的决定》（以下简称《决定》）（国发〔2014〕28 号），要求地方政府制定并公布各市县统一年产值标准，有条件的地区要执行区片综合地价，征地补偿要做到“同地同价”。《决定》还指出，要确保被征地农户的原有生活水平不降低。如果征地补偿标准达到法定上限，还不足以维持被征地农户原有生活水平的，地方政府可以用国有土地有偿使用收入予以补贴，以确保被征地农户的长远生计。在实际工作中，各地的补偿标准都不同程度突破了“30 倍”上限。2008 年 6 月，原国土资源部出台《关于切实做好征地统一年产值标准和区片综合地价公布实施工作的通知》（国土资发〔2008〕135 号），要求各地做好新的征地补偿标准，建立更新和调整机制。2010 年 6 月，原国土资源部出台的《关于进一步做好征地管理工作的通知》指出，要确保被征地农民原有的生活水平不降低，长远生计有保障。

2004 年 8 月，我国《土地管理法》（第三次修订案）要求在提高被征地农民的征地补偿标准的同时，对农户的安置方式也应发生改变。具体表现为国家不再通过“农转非”方式安排工作，而是实行货币补偿。此后，尽管我国出台了一系列要求提高征地补偿标准的政策，但被征地农户的满意度依然很低，原因是这个价格并非随行就市。也就是说，征地补偿的上限并不是土地的新用途所能实现的最高价格，而是按原用途计算的。其实，即使征地补偿标准提高了，农户拿到的也只是对土地原用途的“补偿”，无法参与土地增值收益分配，从而导致农户福利损失。

实际上，现行征地补偿标准缺乏科学性和合理性，即使按照“土地的市场价格”补偿也未必能提高农户福利。主要表现在以下两个方面。

一是征地统一年产值标准缺乏科学性。我国《土地管理法》（第三次修订案）规定，政府征收土地的，按照被征收土地的原用途给予补偿，同时还规定土地补偿费和安置补助费的总和不得超过土地被征收前3年平均年产值“30倍”的上限。这种补偿方法的设计初衷是以维持农民的原有生活水平不降低作为出发点，实际上并没有科学地评定土地的真实价格，导致土地价值被严重低估，征地补偿严重偏低（谷中原和尹婷，2018）。实际上，产值倍数法的理论依据是按照被征土地征收前3年的平均产值的若干倍数进行测算的，其测算公式如下：

土地补偿费=被征地亩数×年产值×补偿倍数

显然，除了被征土地面积可以客观丈量以外，土地的年产值和补偿倍数都是“人为”制定的。由于地域不同，农业生产结构不同，农业产值会有很大的差异，通过制定产值标准，虽然一定程度上可以避免地方政府征地补偿的随意性，但偏离了“产值倍数法”的本来含义：对农民损失的土地收益的补偿。故以产值倍数法测算出来的结果不具有土地价格的基本属性，或者说，这种测算结果不是农地的实质价格。显然，产值倍数法缺乏科学依据。

农地作为农民的生产资料，其主要功能是为农民提供农业收益。如果按照被征收土地的原用途给予补偿，则征地补偿相当于土地的变现收入。如果在一个农业生产周期内，征地补偿费的利息与土地的农业收益相当，则可以认为征地补偿费与该土地的价值基本相等。然而，由于土地具有永续性，人们可以通过改进生产技术、调整生产方向来提高收益，因而在核算农民来自土地的劳动所得时，应考虑土地的最佳利用方向和最佳利用程度，而不只是被征土地“前3年的平均产值”。这样再次说明，产值倍数法缺乏理论依据。例如，南宁市下辖的郊县目前执行的是《南宁市人民政府关于实施新一轮征地区片综合地价和统一年产值标准的通知》（南府规〔2019〕5号）中的“统一年产值标准”。但是，统一年产值标准只是综合考虑了被征收农用地的类型、质量、等级，农民对土地的投入及农产品价格等因素，应用的测算方法就是“产值倍数法”。这种方法仅考虑了土地作为“资源”的补偿，即土地作为一种农业生产资料的损失产生的补偿，没有考虑土地作为“资产”产生的增值收益，从而导致补偿费偏低。

二是征地区片综合地价缺乏合理性。南宁市在市区范围内推行的土地征收补偿办法是“征地区片综合地价法”。尽管该方法在形式上借鉴了城镇土地估价方法中的“市场比较法”，但与市场比较法有本质的不同。首先，市场比较法采用的基础数据是市场交易实例的价格，通过对可比交易实例进行分析、对比和调整，最后得出的是市场价值。然而，征地案例比较法采用的基础数据是非市场化的征地案例的补偿价格，即使对其进行分析、调整、修正，最后得出的结果仍然是非市场化的政府定价。其次，市场比较法选取的可比实例通常要求距离估价时点不超过 1 年，因为超过 1 年的交易实例可比性较差。但是，南宁市区的征地区片综合地价从执行《南宁市人民政府关于实施新一轮征地统一年产值标准工作的通知》（南府规〔2016〕18 号）到《南宁市人民政府关于实施新一轮征地区片综合地价和统一年产值标准的通知》（南府规〔2019〕5 号），更新的周期均为 3 年。也就是说，征地区片地价需要保持 3 年的静止状态。显然，这不符合市场价格的时效要求，导致征地补偿脱离市场价格，并徘徊在较低价格水平上，无法保障被征地农民的长远生计。

然而，即使按照“土地的市场价格”标准补偿，也未必能提高农户福利。因为征地过程中利益分配冲突的核心是补偿标准问题。近几年，学术界对征地补偿制度改革的共识是提高补偿标准，在其提高的幅度问题上，主要形成两种观点：一种是“产权学派”观点，认为需要通过赋予农户讨价还价的权利来提高其补偿标准；另一种则是基于“涨价归公”的观点，认为农地增值是由规划与基础设施的改善引起的。他们从土地资本化公式出发，推导出兼顾效率与公平的理论最优补偿标准（戴媛媛，何立胜，2016）。但是，在具体操作层面，即在如何提高征地补偿标准的问题上，目前还缺少真正具有政策意义和实践意义的研究成果。

2002 年，原国土资源部发布《招标拍卖挂牌出让国有土地使用权规定》（国土资源部令第 11 号）以来，针对征地补偿价格和土地出让价格的巨大反差，有学者指出，政府的垄断和干预严重扭曲了土地的真实价格，主张征地补偿应以土地的市场价值为基础（汪晖，黄祖辉，2004；黄小虎，2012）。然而，农地具有生产要素、社会保障、财产与生态等多种效用。按照资源经济学的观点，农地价值是上述效用价值之和。因此，有学者把被征地农民的问题归咎于征地补偿标准偏低，导致农民利益受损，并认为应当参照成熟的市场经济国家的做法改革我国征地制度。本书认为，按照“市价标准”进行补偿也未必能提高农户福利。原因存在于两个方面：一是我国征地主要发生在城市边缘区，虽然区位优势使被征收土地产生了巨额级差地租，但能够获得这种级差地租的农民在9亿农民中只占极少数，市价补偿的后果也可能只让一少部分农民成为土地“食利阶层”（贺雪峰，2013）。二是公平的“市价标准”不但更加难以达成共识，还将大幅度增加政策执行的交易费用。也就是说，被征地农户要获得“土地交易公平市场价值”的信息成本，相对于“土地收益”的信息成本会更高，将进一步加剧被征地农户与政府之间的信息不对称，导致双方达成合意的交易成本将大幅度增加，而不是降低。

（二）主要征地补偿安置模式与农户福利

改革开放以来，我国征地补偿安置经历了两个不同的阶段：一是计划经济时期的“重安置、轻补偿”阶段。该时期实行的是“谁征地，谁负责安排就业”的原则，即农村土地被征收的同时，由用地单位吸纳被征地农户，就地招工，安排就业，办理“农转非”（鲍海君等，2016）。二是市场经济时期的“重补偿、轻安置”阶段。该时期实行的是以货币补偿为主的原则。随着农地非农化不断提速，传统的“农转非”安置方式难以为继。从20世纪80年代开始，我国实行“招工安置”与“货币补偿”并重的征地补偿安置方式（徐济益等，2014）。2004年8月，在《土地管理法》（第三次修订案）颁布之后，我国采用以“货币补偿”为主的征地补偿安置模式（鲍海君等，2016）。在我国的征地实践中，各地先后形成了多种征地补偿安置模式，主要包括：就业安置、货币安置、社会保障安置、留地安置、住房安置等（姚如青，2015；高新才，李笑含，2016）。对于提高被征地农户福利水平来说，上述模式各有利弊，如表4-1所示。在我国征地实践中，有些地方也开始尝试采用混合补偿安置方式，为被征地农户提供多元保障（吴强华，张毅，2014；罗婷婷等，2017；江维国等，2019）。

表4-1　我国主要征地补偿模式比较

安置模式	优点	缺点	适用范围
就业安置	解决就业问题，免除农户后顾之忧	吸纳能力有限，实施困难	有相对稳定的工作岗位的区域
货币安置	安置成本低、容易操作	短期行为，无法形成长效机制	全国范围
社会保障安置	化解征地风险，维护社会稳定	未达到保障年龄前，生活无保障	经济发展达到一定水平的区域
留地安置	保障农户有长期稳定收益，壮大集体经济	容易产生"城中村"，适用范围有限	市场发育程度高、经济发展水平较好的区域
住房安置	解决居住问题，形成"房东经济"，长期受益	无法解决"市民化"融入问题	区位条件好的区域，如城市边缘区

资料来源：根据文献资料整理。

上述征地补偿安置模式对农户福利的影响主要表现在：一是就业安置对被征地农户福利产生影响。就业既是一种"福利投资"，也是农户获取收入的主要来源。但是，这种就业安置模式是政府主导下被征地农户的"农转非"或"农转工"，涉及面很低。根据浙江省统计局对被征地农户的就业安置调查发现，被调查的115户共有303名劳动力，仅有11人，即只有3.6%的人得到政府部门的就业安置（姚从容，2008）。二是货币安置对农户福利产生影响。现行的征地补偿是按照土地的"农业用途"作为补偿依据的，忽略了农户的"受偿意愿"。土地对农户最基本的功能包括：提供经济收益、提供就业、养老保障与生态功能。农户享有上述土地功能获得的福利并不局限于经济福利，还包括社会福利和生态福利。三是社会保障安置对被征地农户福利产生影响。因为土地征收意味着农户失去了土地的基本保障，所以需要将社会保障纳入农户福利范畴来考虑。如果这样，征地后农户的社会保障水平及其满意度将得到极大的改善（钱瑛瑛，孙思竹，2016）。四是留地安置对被征地农户福利产生影响。因为留地安置不仅使农户实现土地股份化，也使农户实现股份资本化。这种安置模式使农户因此获得稳定的长期收益。农户除了获得基本生活保障以外，还可以获得第三产业收益，甚至可以为部分农户创造就业机会。五是住房安置对被征地农户福利产生影响。住房是农户生活的重要内容之一，所以住房安置能有效改善农户的居住环境，并且农户也可以将多余的住房出租，形成稳定的"房东经济"。

（三）现行征地补偿标准下的农户福利

政府是理性的，总是希望通过降低成本获取最大收益。因此，地方政府在征地过程中通常表现出以下行为：一方面设法控制补偿总额；另一方面设法降低交易成本。政府要在公共利益与农户利益之间取得平衡，就必须通过制度来实现这种可能性，这就涉及征地补偿政策的制定。在我国，农村土地必须经过地方政府征收，才能转化为城市国有土地。之后，地方政府再将国有土地使用权转让给开发商。这就使地方政府、开发商和农户之间形成了一种"铁三角"关系，如图 4-4 所示。如前所述，地方政府在征收农村土地时必须给予农户"合理补偿"。从国际经验来看，尽管不同国家存在不同的补偿标准，但最终的"合理补偿"都收敛于土地的"市场价格"。因为土地的市场价格是最客观的参数，操作成本最低。因此，地方政府进行征地活动时，应依据上述参数对农户进行补偿。实际上，此时地方政府仅仅是土地市场价格的接受者，而不是决定者。然而，在我国的征地过程中，农户和开发商被隔离开来，二者之间被设置为禁止"交易"（见图 4-4）。这就意味着土地的市场价格无法被农户发现，所以对被征地农户进行"合理补偿"也就失去了客观依据：一方面，农户的利益边界因此模糊起来，无论获得多少征地补偿款都会觉得"很低"；另一方面，地方政府在制定征地补偿标准时，也因此表现出很强的随意性，无论向农户补偿多少都觉得已经"很多"。实际上，由于土地市场价格无从发现，这种制度安排也就丧失了按被征土地的"市场价格"进行补偿的经济条件。从现行征地补偿标准来看，征地补偿价格的形成并没有借助市场以外的第三方评估机构来完成，而是由征地一方将结果强加于被征地一方（李增刚，2015）。

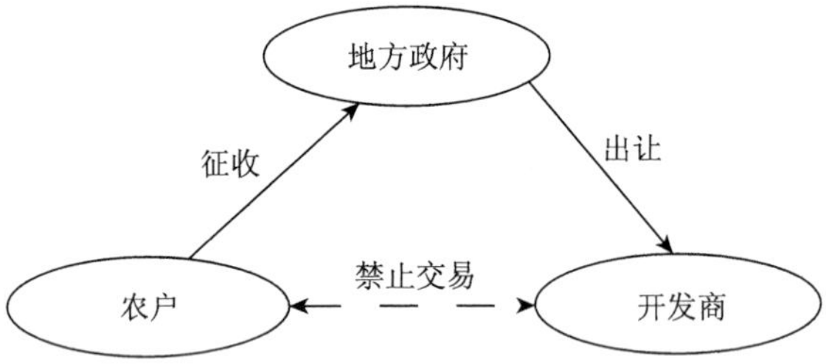

图 4-4　地方政府、开发商与农户之间的关系

从我国的征地实践来看，征地补偿标准始终由地方政府确定。即使被征地农户对补偿标准提出异议，无论是由地方政府对此重新调整，还是由上级政府部门重新确定，其实都是由政府单方面决定。从理论上说，征地的“强制性”应当体现在“征收”与“不征收”的决定上，而不应该体现在征地补偿标准的确定上。这种强制交易，即使补偿标准高于农户愿意接受的“最低价格”，也会导致农户产生不满情绪，并觉得自己的权益受到损害。当然，如果在农户不知道，或者不能够准确地知道被征土地价格的情况下，无论地方政府给出多高的征地补偿标准，都有可能遭到农户的质疑。

综上所述，从征地范围来说，地方政府同时具有“征地权”和“单方面制定征地补偿政策”的权力。如果地方政府滥用或过度行使“征地权”，可能出现廉价征收土地和外延式扩张用地需求的倾向。从征地程序来说，批准程序缺乏“公共利益”的认定程序，也没有第三方评估机构的介入；实施程序无法充分保障被征地农户的知情权，征地信息披露和听证制度的执行流于形式，农户的利益表达机制和争议解决机制还不够完善。从征地补偿标准来说，我国政府多次提高征地补偿标准，但始终没有改变两个事实：一是征地补偿标准不是以土地的“市场价格”为依据，而是以被征土地的原“农业用途”为依据；二是征地补偿标准始终由政府“单方面”决定，农户只能被动接受。由此，形成本书的第一个研究假说。

研究假说Ⅰ：土地征收对农户福利产生影响。

也就是说，征地范围、征地程序和征地补偿标准这三个要件，对征地前后农户福利变化造成影响。

第三节　异质性因素与征地前后农户福利变化的关系：构建研究假说Ⅱ

一、异质性因素分析

森（2002）认为，如果一个人的福利是由其获得的功能性活动组成的，那么他的能力（capability）是各种可能的“功能性活动向量”的集合，反映了获得福利的真正机会和选择。森（1999）认为，商品消费和享受服务等行为只是为了提供一些产生“功能”或者“能力”的特征。福利是上述“功能”或“能力”的集合。森（2013）指出，商品的本身并不能产生福利，能产生福利的是建立在个人能力基础上的机会和活动，它包含了功能与能力两个方面。个人的能力是这些机会和活动的前提，最终决定福利能否实现。

森（2013）在研究福利不平等问题时，引入了福利“异质性”概念。人际交往的异质性（heterogeneity）和核心变量的多样性（diversity），使核心变量在向功能性活动转化的过程中形成系统性差异，从而导致福利不平等，并对人们的生活方式产生影响（Sen，1999）。森（2002）进一步将异质性因素细分为5个方面：一是个人外在条件或内在条件的异质性；二是环境的多样性；三是社会氛围的差异性；四是人际关系的差异性；五是家庭内部的分配。这些异质性因素并不直接产生福利，但可以促进或阻碍商品或服务向功能性活动转化的效率，从而导致个体福利分配形成差异。这就好比摄取的食物或营养量，一个节食的富人实现的功能性活动，与一个赤贫而又挨饿的穷人实现的功能性活动是一样的，即他们实现“吃”这个功能性活动是一样的，但他们的“可行能力集”却不一样。前者可以选择“吃好”并得到足够的营养，后者只是为了充饥而无法选择。同理，对于获得同样收入水平的人来说，一个大学毕业生比一个没有文化的人会获得更高的可行能力。

（一）土地征收特征

作为农户福利的外在因素，土地征收既具有“环境的多样性”特征，又具有“社会氛围的差异性”特征。土地征收对构成农户福利的“功能”和“能力”产生影响。也就是说，土地征收作为农户生产生活中的干预事件，可影响不同类型农户功能性活动的组合关系，导致纯农户、Ⅰ兼农户、Ⅱ兼农户和非农户形成不同的功能性活动组合。为了弥补征地过程中农户福利的损失，通常通过征地补偿政策实现不同类型农户福利的改进。根据森的可行能力理论，本书将依据“功能指标”和“能力指标”构建农户福利测度的理论模型。其中，功能指标包括经济状况、社会保障、居住条件和社区环境等；能力指标包括社会机会与心理因素等。

研究成果显示，学术界对土地征收特征的研究主要从严格界定征地范围（汪晖，黄祖辉，2004；李珍贵，2012；叶红玲，2014）、规范征地程序（祝天智，2014；金慎，2016）、合理提高征地补偿标准（王瑞雪，颜廷武，2007；陈锡文，2009；刘灵辉，2012；单阿丽等，2018）、妥善安置被征地农户生产生活（韩俊，2009；齐睿等，2013；林依标，2014；陈莹，王瑞芹，2015；方润，2019）等多角度，提出了维护被征地农户的土地合法权益的方法。对于“提高征地补偿标准”，大多数研究成果都提到了这一点。本书认为，土地征收特征应当体现出三个主要构成要件，即征地范围、征地过程和征地补偿标准。其中，征地范围主要是指政府征地是否基于公共利益；征地程序主要是指征地过程中的“两公告一登记”制度的落实，是否能确保农户的知情权、参与权、表达权、监督权等程序性权利的实现；征地补偿标准主要是指征地补偿政策。

（二）农户分化特征

农户具有选择的自由和机会，并有权按照自己的标准选择想要的生活，但他们之间的可行能力是有差异的。对于获得同样“收入”或拥有同样“资源”的农户来说，他们能够“转换”的可行能力也是不同的。例如，即使农户家庭的收入水平一样，但抚养比重小的家庭通常比抚养比重大的家庭能获得更高的可行能力。同理，考虑到农户对土地功能效用的差异性，即使农户都拥有相同的土地面积，但由于不同类型农户对土地的依赖性存在差别，他们达到某种“生活水平”的能力也是不同的。也就是说，拥有相同土地面积的农户，彼此之间的福利水平是不一样的。

如前所述，我国自实行家庭联产承包责任制以来，农户在解决温饱问题以后，将家庭剩余劳动力逐渐转向城市非农领域，从而逐步形成异质化的农户特征。随着社会主义市场经济的建立与发展，新的从业者不断涌现，如私营企业家和农村公共权力的持有者等，导致农户出现了不同程度的分化。因此，要研究征地前后不同类型农户福利的变化，就不能回避农户分化这一现实。

农户分化通常有两个维度：一是职业分化；二是经济分化（陈美球等，2019）。从形式上说，农户分化表现为职业分化，但从本质上说，农户分化表现为经济分化（诸培新，叶琦，2015）。农户分化导致农户对土地的依赖程度、福利替代和财产诉求的异质化（刘同山，牛立腾，2014；孙小宇等，2019）。因此，农户分化会对征地前后不同类型农户福利的变化产生影响。现有文献通过农户脱离农业生产的程度，即离农率①来反映农户职业分化程度（张学敏，2013），或基于家庭收入水平来考虑经济因素对土地退出意愿的影响（杨应杰，2014；李荣耀，叶兴庆，2019）；农户基本特征对农户福利的影响（贾燕等，2009；徐烽烽等，2010；伽红凯，王树进，2014）。在这里，农户基本特征是指农户的初始资源禀赋存在差异。这种差异性决定了构成农户

① 离农率是指农户的非农就业人口占家庭总人口的比例。

福利功能性活动的转换效率，导致农户获取福利的能力形成差异。因此，本书关注的是农户分化特征对征地前后农户福利变化的影响，并将农户基本特征作为控制变量。

二、 农户分化与土地功能效用差异

农户分化程度的差异，导致纯农户、Ⅰ兼农户、Ⅱ兼农户、非农户对土地的依赖程度存在差异（孙小宇等，2019）。一般来说，纯农户对土地的依赖程度最大，非农户对土地的依赖程度最小。不同类型农户对土地依赖程度的大小依次是：纯农户>Ⅰ兼农户>Ⅱ兼农户>非农户。

（一）农户分化与土地经济功能效用差异

英国古典经济学家威廉·配第指出，“土地是财富之母”，阐明了土地是产生价值的源泉。在这里，土地经济功能效用是指农户将土地用于农业生产所获得农产品的价值，即农民种地获得的收益。我国自1978年实行家庭联产承包责任制以来，土地已成为农户最基本的生产资料，承载着为农户提供收入、稳定预期、资产保值增值等多种经济功能（柳建平，2012；郑伟然等，2018）。征地前，土地用于种植水稻、花生、玉米等经济作物，征地后农用地转化为城市建设用地。

征地后农户的生产方式发生了改变，导致不同类型农户的土地经济功能效用也随之发生改变。然而，对于纯农户与Ⅰ兼农户来说，土地经济功能很重要，因为土地是他们不可或缺的生产要素，并可使他们在生活上获得一种自给自足的能力。对于Ⅱ兼农户和非农户来说，土地经济功能不如对纯农户与Ⅰ兼农户那么重要。特别是对于非农户来说，他们已经在城市实现非农就业，土地经济功能在一定程度上已经被弱化（晏志谦等，2018）。对于土地的经济功能效用来说，不同类型农户之间差异性表现为以下关系：纯农户>Ⅰ兼农户>Ⅱ兼农户>非农户。

（二）农户分化与土地社会功能效用差异

在我国农村，土地承载着为农户提供食物、保障生存、满足就业、平抑风险等多种社会功能（柳建平，2012；周其仁，2013；许庆，陆钰凤，2018）。长期以来，农村土地一直承载着非常重要的社会保障功能，为农户提供就业和养老保障。当农户的家庭成员具有耕作能力时，可以用土地的产出维持农户的生活；当农户的家庭成员失去耕作能力时，可将土地出租获得的租金用来提供养老保障。

目前，“新农合”和“新农保”在农村的普及，在一定程度上弱化了土地的社会保障功能。尽管“新农合”和“新农保”覆盖面很广，但社会保障程度却比较低。目前，在经济落后地区，特别是中西部地区的农村，土地仍然发挥着一定的社会保障功能。实际上，土地征收使依附在土地上的社会保障功能效用大大减弱，甚至灭失。然而，对于纯农户与Ⅰ兼农户来说，尽管土地能为他们实现稳定就业，保障他们的基本生活来源，但土地社会功能对于他们来说只是相对重要。例如，在我国，尤其部分西部省区，农户对土地经营的规模不大，土地的生产能力也不高，因此土地对他们的社会保障水平非常有限。

对于Ⅱ兼农户和非农户来说，土地虽然不如对纯农户和Ⅰ兼农户那么重要，但其社会功能不应被忽视。因为Ⅱ兼农户和非农户在城市非农就业的稳定性毕竟有限，而城市的社会保障体系又往往将他们边缘化，如果他们在城市就业过程中遇到了困难，土地可为他们提供“退路”，形成枷锁效应（Chang，et al，2011；张锦华等，2016），并使他们获得基本生活保障。因此，对于他们来说，土地社会功能仍然具有一定的效用。对于土地的社会功能效用来说，不同类型农户之间差异性表现为以下关系：纯农户>Ⅰ兼农户>Ⅱ兼农户>非农户。

（三）农户分化与土地生态功能效用差异

农地具有调节气候、涵养水源、保持水土、维持生物多样性、休闲游憩等多种生态功能。土地生态功能通常蕴含着调节气候、净化空气、美化环境、维持生物多样性等内容（肖峰，陈前利，2016；李益敏等，2019）。在这里，土地生态功能是指农户生活的社区环境。土地征收是一种典型的美学损坏，甚至会对环境和生态系统产生很大的影响（Hart，1976）。

征地前农户住所附近大多是农田，社区环境很好，而土地征收导致大量农地变成了工厂、商业中心或物流基地，绿化面积锐减、空气质量下降、噪声干扰、环境污染、治安恶化，这些不仅严重影响到农户的生活和居住环境，还会加大农户的健康风险（胡动刚等，2013），造成农地生态价值损失。有学者关注到在导致生态系统服务价值下降的因素中，土地征收造成的损失占总损失的比例高达89.63%。其中，主要生态价值损失由征收农地引起（张飞，孔伟，2010；彭小霞，2017）。伴随着自然景观被破坏，环境污染、噪声、尘埃等问题接踵而来，使土地生态功能效用发生改变。

无论对纯农户与Ⅰ兼农户，还是对Ⅱ兼农户和非农户，土地生态功能都表现在对农户生活环境的影响上。如果征地后农户的生活环境受到了干扰，如环境污染、噪声扰民、治安恶化等，则土地生态功能的重要性将立即被摆到重要议事日程上来。

三、 土地功能效用差异与征地前后农户福利变化

由于土地功能效用对纯农户、Ⅰ兼农户、Ⅱ兼农户、非农户存在差异，所以，农户的土地征收效应也会存在差异。

（一）土地经济功能效用差异与征地前后农户福利变化

土地经济功能效用差异是如何影响征地前后不同类型农户福利变化的呢？征地后，农户种植农作物的面积减少，土地生产要素功能弱化，使家庭农业收入比重下降。特别是对土地依赖性比较强的纯农户和Ⅰ兼农户来说，家庭农业收入比重下降更明显，从而影响农户福利水平。当然，也可能出现这种情况：农户的土地经济功能效用改变，影响其居住条件和心理因素。原因有

两个方面：一是为了化解家庭征地风险，征地后农户可能选择外出打工，获得非农收入，使农户的收入结构和支出结构发生变化，从而影响农户福利（牛晓冬等，2017）。二是从事非农就业与从事农业生产的可比利益很明显。征地后，农户的土地经济功能效用改变，导致农户家庭中原来从事农业生产的劳动力向非农产业转移，可增加农户家庭收入，改善家庭的居住条件和生活环境，从而影响农户福利。

（二）土地社会功能效用差异与征地前后农户福利变化

土地社会功能效用差异是如何影响征地前后不同类型农户福利变化的呢？这还得从土地产权谈起。1978 年，我国实行家庭联产承包责任制以后，政府将土地使用权和收益权赋予农户，因此土地承担了农户的社会保障功能。由于农地利用具有外部性，所以农户种地并没有得到全部收益。如图 4–5 所示，*X* 代表粮食的产量，*Y* 代表粮食的价格。实际上，农户的私人边际收益 *MPR* 小于社会边际收益 *MSR*，二者的差额就是边际外部性收益 *MER*。由于私人边际成本 *MPC* 不变，根据边际收益等于边际成本的原则，所以农户种地的实际生产量 *M* 小于社会最优生产量 *N*。此时，本应由政府向农户提供的社会保障，却变为由农户自己承担了，从而使土地承担了农户的社会保障功能。

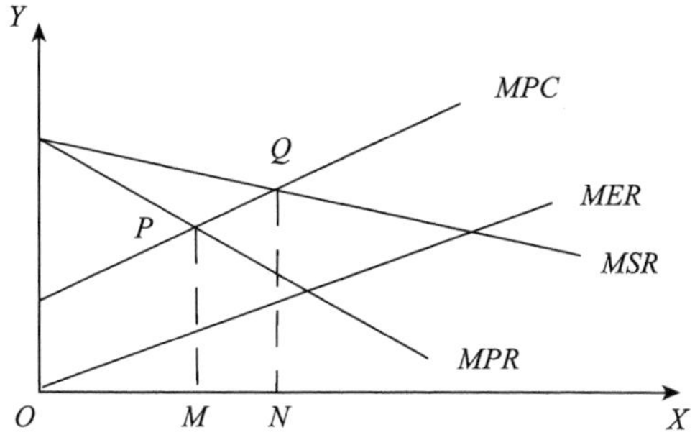

图 4–5　农地利用外部性示意图

然而，土地社会保障功能凝结在农户与土地之中。此时，纯农户、Ⅰ兼农户、Ⅱ兼农户和非农户的土地与社会保障责任处于“人地合一”状态，并在家庭联产承包责任制下达到一种平衡。但是，土地征收却使社会保障责任“被显化”出来。此时，纯农户、Ⅰ兼农户、Ⅱ兼农户和非农户的土地与社会保障责任处于“人地分离”状态。征地后农户的土地面积减少，导致土地的社会保障功能弱化，此时，被征地农户都因征地而面临新的生存、生产与生活的风险，但是不同类型农户福利因此产生的影响是有区别的。因为土地征收可能使不同类型农户获得新的发展机会。例如，政府可能根据征地面积制定相关产业转移政策，为农户发放就业补贴，帮助农户实现产业转移；或者吸引农户参加政府安排的就业培训或技术推广会，以不断提高农户的就业竞争力，促使农户获得新的发展机会。如果征地后政府实施上述积极的福利政策，也会对不同类型农户福利产生不同的影响。

（三）土地生态功能效用差异与征地前后农户福利变化

土地生态功能效用差异是如何影响征地前后不同类型农户福利发生变化的呢？假如征地前纯农户、Ⅰ兼农户和Ⅱ兼农户居住在农村，非农户居住在城市，征地后他们的住所都有可能发生改变。但是，征地后无论纯农户、Ⅰ兼农户和Ⅱ兼农户仍然居住在农村，非农户仍然居住在原地，还是搬进安居房或周转房，社区环境的变化都可以用“五化”来描述，即道路硬化、绿化、美化、亮化和净化。在这里，道路硬化是指交通道路等基础设施建设；绿化是指保证居民生活小区一定的绿化覆盖率，在道路两旁设置绿化隔离带；美化是指农户房屋主体建筑具有一定的人文文化和地方特色；亮化是指地下管线的铺设和路灯等照明设施的安装和维护；净化是指垃圾清运、污水处理及环卫设施的建立和维护等。显然，“五化”是“生活空间宜居适度”的直接体现，既影响社区环境，也影响农户对生活的主观评判。但是，不同类型农户对同样的社区环境获得的感受是不一样的。

综合上述，征地前后由于不同类型农户对土地的依赖程度存在差异，所以他们的土地功能效用也存在差异，从而导致征地前后不同类型农户福利变化存在差异。本书认为，分析征地前后农户福利变化时，需要对纯农户、Ⅰ

兼农户、Ⅱ兼农户和非农户分别进行深入刻画。由此得出本书的第二个研究假说。

研究假说Ⅱ：农户分化导致征地前后不同类型农户福利变化形成差异。

也就是说，征地前后纯农户、Ⅰ兼农户、Ⅱ兼农户和非农户的福利变化情况是各不相同的。

第四节　家庭收入水平差异与征地前后农户福利变化的关系：构建研究假说Ⅲ

对于农户分化程度，既可以从家庭劳动力从业领域的差异进行分析，也可以从家庭收入结构的变动进行考察（邹伟等，2017）。然而，征地后农户是继续从事农业生产，还是从事非农就业，将面临选择。因此，本书将基于家庭劳动力从业领域的差异，即农户的职业分化，考察征地前后不同类型农户福利变化的差异。

农户分化是我国城镇化进程中农村发展的一个突出现象。农户分化的原因是人口因素，即农户通过调节劳动力数量，控制家庭的经济活动，形成明显的异质性特征（Sudiputa，2001；蔡瑜等，2019）。就业是农户的经济行为，职业是就业的核心载体。从这个意义上说，农户分化需要农户从土地经营中分离出来从事非农就业，以非农收入作为其重要收入来源（郭庆海，2000；赵丹丹，周宏，2019），具有兼业性与流动性的特点（李逸波，彭建强，2014；苏群等，2016；张琛等，2019）。

一、农户分化与家庭收入水平差异

（一）家庭收入结构分析

通常来说，农户的家庭可支配收入由工资性收入、经营性收入、财产性收入和转移性收入构成。如表 4-2 所示，从 2013 年至 2015 年，我国农户家庭可支配收入稳步提升。其中，可支配收入从 2013 年的 9429. 6 元上升到 2015 年的 11421. 7 元，来自第一产业、第二产业、第三产业的经营收入均稳步提升。

表 4-2　2013—2015 年我国农户家庭可支配收入

年份	2013	2014	2015
可支配收入（元/人）	9429. 6	10488. 9	11421. 7
1. 工资性收入	3652. 5	4152. 2	4600. 3
2. 经营性收入	3934. 8	4237. 4	4503. 6
其中：（1）第一产业经营收入	2839. 8	2998. 6	3153. 8
（2）第二产业经营收入	252. 5	259. 1	276. 1
（3）第三产业经营收入	842. 5	979. 6	1073. 7
3. 财产性收入	194. 7	222. 1	251. 5
4. 转移性收入	1647. 5	1877. 2	2066. 3

资料来源：2016 年中国农村统计年鉴。

（二）农户分化、家庭收入结构与收入水平差异

从农户的家庭可支配收入构成来看，我国农户分化程度不断拉大。其中，工资性收入从 2013 年的 38. 7%上升到 2015 年的 40. 3%；经营性收入从 2013 年的 41. 7%下降到 2015 年的 39. 4%；财产性收入从 2013 年的 2. 1%缓慢上升到 2015 年的 2. 2%；转移性收入从 2013 年的 17. 5%上升到 2015 年的 18. 1%。其中，来自第一产业的经营收入从 2013 年的 30. 1%下降到 2015 年的 27. 6%；来自第二产业的经营收入从 2013 年的 2. 7%下降到 2015 年的 2. 4%；来自第三产业的经营收入从 2013 年的 8. 9%上升到 2015 年的 9. 4%，如表 4-3 所示。在这一时期，农户分化的最大特点是：来自第一产业和第二产业的经营收入逐年下降，来自第三产业的经营收入却不断提升。也就是说，农户不断从农业领域向非农领域转移，其间，非农就业是导致农户分化、家庭收入结构变化、家庭收入水平提高的主要手段。

表 4-3　2013—2015 年我国农户家庭可支配收入构成比例

年份	2013	2014	2015
可支配收入构成（1~4）	100.0	100.0	100.0
1. 工资性收入（%）	38.7	39.6	40.3
2. 经营性收入（%）	41.7	40.4	39.4
其中：（1）第一产业经营收入	30.1	28.6	27.6
（2）第二产业经营收入	2.7	2.5	2.4
（3）第三产业经营收入	8.9	9.3	9.4
3. 财产性收入（%）	2.1	2.1	2.2
4. 转移性收入（%）	17.5	17.9	18.1

资料来源：2016 年中国农村统计年鉴。

二、 家庭收入水平差异与征地前后农户福利变化

由于农户分化表现为职业分化，即农户家庭劳动力非农就业比重的差异，所以陈浩等（2013）关注到土地征收前后农户就业模式的结构性变化。其中，非农就业比例从征地前的 38.35%上升到征地后的 63.05%，上升幅度为 24.7%。与此同时，农户兼业比例也明显下降，如图 4-6 所示。产生这一变化的原因是土地征收给周边农户带来了就业机会（肖屹等，2008；李霄等，2019）。根据农户决策模型，土地保障对农户非农就业具有反向激励效应，土地面积越大，农户分化比例越小（牟少岩，杨学成，2008；胡清华等，2019）。因此，农户分化与家庭因素有关。然而，征地后农户是到城市实现非农就业还是继续从事农业生产，或者采取“城乡两栖”型来回流动，最终还取决于其实现非农就业的难易程度。

随着农户分化程度的提高，在农户实际收益水平得到提高的同时，也对农户的就业决策与未来生活预期产生影响。有学者已经注意到家庭收入结构与收入水平对农户福利的影响（刘辉煌，吴伟，2014；牛晓冬等，2017）。有学者认为，农户分化既可以通过家庭收入结构的变动进行分析，也可以通过家庭劳动力从业领域的差异进行考察分析（邹伟等，2017）。一般来说，农户

分化表现为职业分化，并最终反映到农户的收入水平上。但是，通过考察农户分化与征地前后农户福利效应，可以看出两者之间主要存在以下两个方面关系。

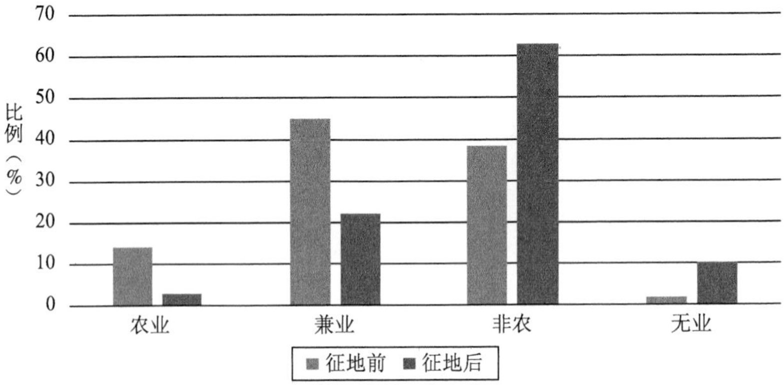

图 4-6　征地前后农户就业模式的结构性变化

资料来源：根据文献资料整理。

一是从农户家庭收入水平与征地前后农户福利变化来看，学术界对此持两种截然不同的观点。一种观点认为，土地征收导致农户收入水平下降。持这种观点的学者有高进云和乔荣锋（2011）、邓大松和王曾（2012）、王珊等(2014)。他们认为，土地征收导致农户的经济状况恶化。另一种观点则认为，土地征收导致农户收入水平提升。例如，史清华等（2011）指出，土地征收对农户收入的负面影响并不显著，大部分被征地农户收入不降反升。陈美球等（2013）通过对南昌市红谷滩新区进行调查分析，认为征地后农户的经济状况和生活环境会得到很大改善。当然，如果仅仅从征地前后农户家庭收入水平的变化解释农户福利变化，可能掩盖一些关键性问题。因此，还需要进一步分析。

二是从土地征收与征地前后农户福利变化的关系来看，学术界对这个问题也存在两种不同的观点。王伟和马超（ 2013）认为，征地后政府为农户提供社会保障，保障了农户的长远生计，使他们获得较高的福利水平。周义和李梦玄（2014）对武汉城市圈被征地农户福利进行研究，也得到相同的结论。支持这种观点的学者还有尹奇等（2010）、袁方和蔡银莺（2012）等。但是，彭开丽和朱海莲（2015）认为，土地征收导致被征地农户福利水平整体下降，持此观点的学者还有诸培新等（2011）、秦立建等（2012）、Liang（2014）、汪险生等（2018）。

显然，无论是对于农户家庭收入的讨论，还是对于征地前后农户福利变化的讨论，都会形成两种相反的结论。由此推论：不同收入结构下农户家庭收入水平与征地前后农户福利变化存在非线性关系。

综上所述，不同类型农户对土地的依赖程度存在差异，而不同类型农户的家庭收入结构又存在明显的区别。由于土地征收对农户的农业收入影响最大，因此农户的家庭收入结构往往以农业收入比重来表示。但是，不同类型农户对土地依赖性存在差异，从而引致其对于土地功能效用形成差异。由此得到本书第三个研究假说。

研究假说Ⅲ：不同类型农户的家庭收入水平与征地前后农户福利变化之间存在门槛效应。

也就是说，农户家庭的农业收入比重与征地前后农户福利变化之间存在非线性关系。当农户家庭的农业收入比重变化达到某一临界值后，将引起征地前后农户福利变化发生结构突变，转向其他发展形式，而每阶段却呈现线性关系。

第五节　本章小结

本章基于森对福利“异质性”的理解，分析征地过程中的异质性因素。影响农户福利的异质性因素主要有两个方面：一是土地征收特征；二是农户分化特征。

一、 土地征收对农户福利的影响

本书认为，地方政府对“征地权”的行使，存在“征地成本”与“征地收益”关系，并为利益所驱动。从征地程序来看，无论是批准程序，还是实施程序，都对农户福利产生影响。从我国的征地实践来看，无论采取“统一年产值标准”，还是采取“征地区片综合地价标准”，都具有一个共同的特征：征地补偿标准始终由政府单方面制定。也就是说，征地补偿的标准并不是土地市场供求关系的真实反映，而是地方政府主观意志的体现。由此形成本书的第一个研究假说。

研究假说Ⅰ：土地征收对农户福利产生影响。

二、 农户分化对农户福利的影响

农户分化不仅能提高农户实际收益水平，而且对农户的就业决策与未来生活的预期产生差异性影响。农户分化导致土地功能效用形成差异，最终造成农户对土地的依赖程度存在差异。其中，土地经济功能效用差异主要表现为：征地后农户种植农作物的面积减少，土地生产要素功能弱化，导致家庭农业收入比重下降。土地社会功能效用差异主要表现为：土地征收使社会保障责任“被显化”出来。此时，不同类型农户的土地与社会保障责任处于“人地分离”状态，使被征地农户面临的征地风险产生差异。土地生态功能效用差异主要表现为：征地后农户住所可能发生改变。其主要体现在社区环境的“五化”上，即道路硬化、绿化、美化、亮化和净化。根据以上分析，农户的土地功能效用差异最终会导致征地前后不同类型农户福利变化产生差异。由此得出本书的第二个研究假说。

研究假说Ⅱ：农户分化导致征地前后不同类型农户福利变化形成差异。

三、家庭收入与征地前后农户福利变化

不同类型农户对土地的依赖程度存在差异，而不同类型农户的家庭收入结构又存在明显的区别。然而，土地征收对农户的农业收入影响最大，而农户的家庭收入结构往往用农业收入比重来表示。无论是对农户家庭收入的讨论，还是对征地前后农户福利变化的讨论，都会形成两种相反的结论。因此，不同收入结构下农户家庭收入水平与征地前后农户福利变化存在非线性关系。由此得到本书第三个研究假说。

研究假说Ⅲ：不同类型农户的家庭收入水平与征地前后农户福利变化之间存在门槛效应。

第五章　征地前后不同类型农户福利变化评价研究

上一章从土地产权与农户福利的关系出发，剖析了土地征收对农户福利变化的影响机理，主要内容包括两个方面：一是土地征收对农户福利的影响；二是征地前后不同类型农户福利变化的差异。本章将对征地前后不同类型农户福利变化进行评价。本章结构：首先，基于森的可行能力理论，勾勒出被征地农户可行能力的概念框架。其次，构建农户福利变化的评价模型。最后，对征地前后不同类型农户福利变化进行评价，并对评价结果进行分析。

第一节　被征地农户可行能力构建：一个概念框架

一、个人可行能力

根据森的可行能力理论，个人福利可通过“自由选择”的功能性活动进行组合，即对其已经实现的生活状态或生活质量进行评价，具体表现在两个方面：一是能够做的、有价值的行为活动；二是选择的机会和结果。森（2013）将个人的“可行能力”与“功能”进行了区分。他认为，一个人的可行能力是其“实际拥有”与“经历”。这里所说的功能，是由很多个体可以自由选择的、相互替代的功能性活动向量组成的。实际上，可行能力是这些功能“选择”的集合。它包括许多变化要素，例如，吃、穿、住、行；是否有足够的营养；是否有健康的身体，即是否受到可避免疾病的困扰；是否参加各种社区活动和参与政治活动；是否拥有自尊；等等。个人可行能力是其功能性活动组合，能反映个人可以达到的成就和获得的机会。因此，个人福利是一个多维的概念，它能反映一个人生活的方方面面。个人可行能力是一种最基本的“自由”，是其拥有的能带来期望生活的“选择”集合。通常来说，一个人能力越大，其“自由”程度就越大；可“选择”集合越大，个人福利就会越大。从这一点来说，森的可行能力方法考察了一个人“是什么”和“能做什么”。

虽然有学者采取森的可行能力理论框架评价了农民个体的福利变化（Veenhoven，2000；王伟，马超，2013；高进云，乔荣锋，2016；尹奇等，2010），并探讨引起福利变化的影响因素（吕文慧，方福前，2009；陈利根等，2011），这是福利经济学发展中的一大进步。但我国农村目前实行的是以“农户”为生产单位，以家庭联产承包责任制为基础的土地制度，因此本书在分析农户福利时，不能简单地直接应用森的可行能力框架进行评价，而需要将森提出的“个人可行能力”框架拓展到“农户可行能力”框架。

二、 农户可行能力

农户是我国农村的基本单位，是家庭成员身心发展的重要单元，甚至是家庭成员生活的归宿。1943 年，美国著名心理学家马斯洛（Maslow）在《人类激励理论》一文中，提出了需求层次理论。该理论是人本主义科学的理论之一。马斯洛需求层次理论将人类需求分为 5 个层次：生理需求、安全需求、社交需求、尊重需求和自我实现需求。人的需求层次像阶梯一样依次由较低层次到较高层次排列，如图 5-1 所示。其中，生理需求包括人类对呼吸、水、食物、睡眠等的需求，是人类的基本需求。安全需求是人类对人身安全、健康保障、资源、财产、工作职位保障、家庭安全等的需求。社交需求是人的情感及其归属，包括人类对友情和爱情等的需求。尊重需求不但包括自我尊重、尊重他人和被人尊重，也包括信心和成就等。自我实现需求是指实现个人理想和抱负，最大程度地发挥个人的能力，包括道德、创造力、自觉性、解决问题与接受现实等能力。一般来说，人有什么需求就会产生什么欲望，欲望满足后就能产生快乐。人的需求与其所处的层次有关，而且人的需求层次与需求满足程度对人的快乐与否起着决定性作用。因此，人的需求不仅对农户的客观福利产生影响，而且对农户的主观福利也产生影响。

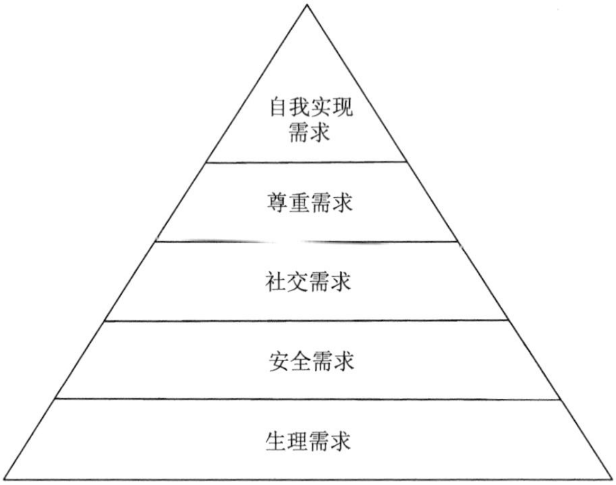

图 5-1　马斯洛需求层次理论示意图

如前所述，农户是以实现效用最大化为前提的劳动家庭及消费家庭（Nakajima，1986）。但是，家庭建立在婚姻和血缘的基础上，成员之间具有共同居住和共同生活的特征，具有情感、生育、经济、社会等多重功能。因此，任何农户都有自己的目标，通常包括三个方面：一是个人目标；二是家庭目标；三是社会目标。其中，个人目标是指因农户家庭成员具有某种特殊需求而产生的目标。家庭目标是指整个家庭共同拥有的愿望。社会目标含义比较丰富，包括教育子女、赡养老人等内容。因为社会目标使农户与社会产生联系，并受到社会因素的影响，所以应当遵循法律和道德规范。据此，可以把农户的基本需求分为三个方面：一是农户的个人需求；二是农户家庭成员的共同需求；三是农户的社会需求。

人的欲望是无止境的，农户的需求也是如此。首先，农户必须利用自身拥有的自然条件，设法满足家庭成员的各种需求。其次，农户必须尽可能地为满足家庭成员的需求创造条件。最后，农户必须设法为其家庭成员在智力和体力上的发展提供保障。因此，马斯洛的需求层次理论是构建农户可行能力的重要理论依据。因为土地征收直接影响的是整个农户家庭层面。显然，被征地农户的功能与个人的功能是存在区别的。同理，被征地农户可行能力与个人可行能力也存在很大的区别。本书认为，有必要对被征地农户可行能力展开分析。

三、被征地农户可行能力

既然被征地农户可行能力与个人可行能力存在区别，那么被征地农户可行能力应当包括哪些具体内容呢？本书认为，被征地农户可行能力的构建既要立足于农户家庭的发展目标，也要结合土地征收的特征，应当包括以下内容：一是维持家庭成员基本生活需要的能力；二是提高家庭生活质量的能力；三是促进家庭成员获得发展的能力。上述能力的形成与土地征收及土地基本功能有着密切联系，由此形成了被征地农户可行能力概念框架，如表 5-1 所示。

一般来说，农户可行能力越强，实现的功能性活动就越多，其福利水平也越高；反之亦然。然而，农户的某些可行能力有时候会出现多重叠加的情况。例如，以抚养小孩和赡养老人来说，一方面，农户需要家庭具有一定的经济基础，因为目前儿童和老人用品的价格不断上涨，要使被征地农户可行能力得到更好的发挥，没有一定的经济基础是难以做到的；另一方面，也需要充满情感，即对儿童和老人充满爱心和孝心。也就是说，要确保被征地农户可行能力的实现，农户家庭就应当具有提供这种情感的能力。

需要说明的是，根据福利的性质，农户福利可分为主观福利和客观福利。以前，学者们对生活满意度和幸福感等指标考虑得比较少，缺少对主观福利维度的衡量和考察，导致福利的测量不完整。但是，目前已有学者关注农户主观福利，并对农户的闲暇时间进行了考察（Bittman，1999；郑风田，阮荣平，2010；孙海兵，赵旭，2017）。根据森的可行能力理论，征地前后农户福利构成来源于其可行能力的集合。农户家庭成员的个人特征存在差异，农户所处的社会背景和地位也有差异，导致农户之间的可行能力产生差异，最终导致征地前后不同类型农户福利变化形成差异。

表 5-1　被征地农户可行能力概念框架

内容	能力来源	基本含义
维持家庭成员基本生活需要	土地经济功能	满足家庭成员吃、穿、住、行的需要
	土地的生存保障功能	赡养老人、抚养小孩
提高家庭生活质量	土地生态功能	居住条件、社区环境、人文自然
	土地社会功能	教育培训、内生发展动力
		家庭和睦、社会交往、人际关系
		闲暇、爱好、快乐、心理满足
促进家庭成员获得发展	土地社会功能	工作环境、社会地位、子女成才
		社会机会、就业与创业
		规避风险、长远生计

第二节　被征地农户福利评价模型

一、农户福利评价指标的构建

英国著名经济学家庇古（1920）提出将国民收入与福利等价起来的思想以后，随着国民经济核算体系的问世，GNP 或 GDP 被广泛作为福利的替代指标。在之后很长一段时间里，经济学家不但把国民收入与福利等价起来，而且将人均 GDP 作为衡量福利水平的一个非常重要的指标。20 世纪 70 年代以后，西方福利经济学进入崭新的发展时期，以阿玛蒂亚·森为代表的现代福利经济学，超出了效用主义和基数效用理论的研究范围。森（2002）认为，人类对成就和自由的追求具有多样性，因此人的福利是多元的，如果仅以收入代替福利，不可能得出令人满意的解释。一个人的“可行能力”是一种能让他过上有价值生活的“实质的”自由，具体包括：政治自由、经济条件、社会机会、透明性担保与防护性保障。实际上，森只提出了一种福利测度的思路和方法，并没有指出不同功能性活动在整体福利中的权重大小。也就是说，他并没有告诉我们，如何才能构建一个可以显示福利大小的指标体系。

根据前面的分析，农户可行能力的基本框架内容包括：一是维持家庭成员基本生活需要的能力；二是提高家庭生活质量的能力；三是促进家庭成员获得发展的能力。有鉴于此，本书有必要对表征被征地农户福利的功能性活动进行确定。也就是说，需要对森提出的考察福利的功能性活动进行相应修正。

由于农户福利具有模糊性和复杂性，因此在研究多维概念时，首先要区别概念的维度水平和指标水平。维度水平是指在测量农户福利时包括的若干维度。指标水平是指给定的维度包括的指标数量。维度可能是单维度，也可能是多维度；指标可能是单指标，也可能是多指标。因此，农户福利指标的构建可存在四种情况：单维度—单指标、单维度—多指标、多维度—单指标、多维度—多指标，如图 5-2 所示。

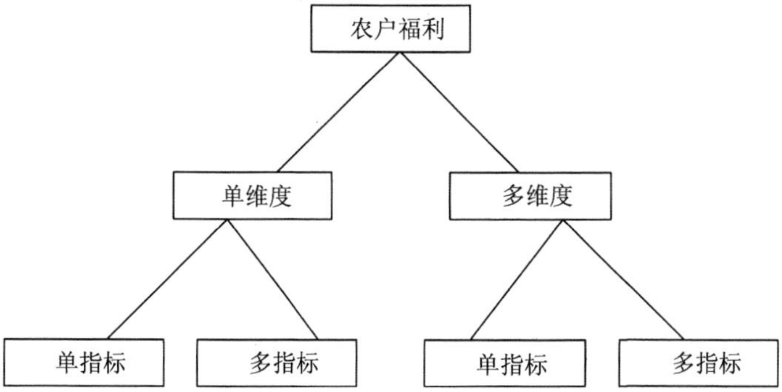

图 5-2　农户福利维度水平与指标水平的关系

结合农户可行能力的概念框架，并借鉴现有的研究成果，本书认为，被征地农户福利构成的功能性活动应当包括六个维度：经济状况、社会保障、居住条件、社区环境、社会机会、心理因素。

（一）经济状况

农户家庭的经济资源可以反映其家庭成员的社会地位。农户可用的商品、服务及紧急情况发生后，其是否有安全感可以反映家庭生活的舒适度。土地征收导致农户家庭的资源要素禀赋发生变化，从而引起农户的收支结构发生变化。从理论上说，以经济收入反映农户的福利水平是存在缺陷的，因为经济收入只能反映农户获得功能性活动工具的大小，而不能反映功能。然而，我国是一个发展中国家，经济收入还是影响其生活质量的决定性因素。特别对于中西部地区来说，经济收入是反映被征地农户福利的一个非常重要的因素。因此，本书将经济收入作为农户福利构成的功能性活动之一。

（二）社会保障

古往今来，土地不仅可为广大农户提供基本生活保障，还可为农户提供就业和养老方面的保障。因此，农户对土地具有很强的依赖性。对于农户来说，土地所具有的生活保障效用、直接经济收益效用、提供就业机会效用和征地后得到补偿的效用（王克强，2005；钱瑛瑛，孙思竹，2016）。特别是在农村社会保障水平不高的前提下，农户只能通过土地获得最基本的生活保障。因此，本书将社会保障作为农户福利构成的功能性活动之一。

（三）居住条件

住房是农户遮风挡雨、御寒防冻，实现其可行能力的物质基础。农户的居住条件不仅仅起到保护性作用，更是其身份的象征。因此，居住条件是农户福利的重要组成部分。在当今社会，居住条件会对农户的心理状况产生实质性的影响（Bratt，2002）。随着城镇化的不断发展，城市边缘区农户的生活水平不断得到提高，人们对住房的要求已不仅是满足生活上的需要，更让人看重的是住房的视觉感受和居住的舒适程度。从工具性角度来说，农户的身心健康与居住条件的好坏紧密关联（Robeyns，2003；陈琼，蔡运龙，2013）。因此，本书将居住条件作为农户福利构成的功能性活动之一。

（四）社区环境

良好的社区环境不仅可以支撑农户的生活、健康、幸福人生，还可以起到社会性“预防学”和“预防福利学”的效果（早川和男，2005）。所以，考察农户福利变化应当考虑环境因素的影响（贾燕等，2009；伽红凯，王树进，2014；邹宝玲等，2017）。因此，本书将社区环境作为农户福利构成的功能性活动之一。

（五）社会机会

农户福利既包括物质方面，也包括非物质方面。森（2002）指出，社会机会是人类重要的非物质福利。农户获得的社会机会能反映其福利水平（徐烽烽等，2010；游和远，2013）。农户是否获得良好的就业技能培训、就业补贴以及能否参加技术推广等社会机会，是其在被征地后仍然具有可行性能力的重要保障。根据森的可行能力理论，要提高被征地农户的福利水平，不仅要增加其拥有的社会机会（汪险生等，2019），更要提高其获得社会机会的“能力”。因此，本书将社会机会作为农户福利构成的功能性活动之一。

（六）心理因素

在微观经济学中，效用是人们的福利指数，快乐是人们行为的最终目的。福利经济学理论认为，利益的最好评判者是自己，因为外部观察者难以准确判断其福利的真实状态。然而，人的知识和利益都是有局限性的，人的能力、偏好与环境等因素也存在差异，所以关键是如何做出正确的判断。因此，本书将心理因素作为农户福利构成的功能性活动之一。

二、农户福利评价指标的选择

由图 5-2 可知，与构成农户福利的功能性活动对应的初级指标既可能是单指标，也可能是多指标。那么，要对农户福利进行评价，就需要给出构成农户福利的功能性活动的清单，具体表现为对与功能性活动对应的初级指标的选择。由于农户福利构成的复杂性，上述功能性活动的指标应选择多指标。

（一）经济状况对应的初级指标选择

一般来说，征地前大部分农户生活在近郊，肉类、蛋类、奶类、禽类、鱼类、豆类和蔬菜等农副食品价格相对较低。但是，征地后由于生活环境发生变化，农户家庭的食品消费性支出明显增加。因此，农户收入与支出的数量及结构的变化，能反映出土地征收对农户家庭生活水平的影响。也就是说，征地后农户随着土地数量的减少，农业收入也随之减少，但非农收入可能有所增加。但是，征地导致粮食、蔬菜、食用油等一些自给自足食品的供给能力下降，从而增加农户家庭食品消费性开支，导致纯收入和恩格尔系数发生改变。因此，本书选取农业收入、非农收入、纯收入和恩格尔系数这 4 个指标来反映农户的经济状况。

（二）社会保障对应的初级指标选择

征地前，农户主要依赖土地的保障功能、新型农村合作医疗（新农合）、新型农村社会养老保险（新农保）等途径获得保障；征地后，在农户失去土地的同时，能否享受城镇居民的福利待遇，能否获得更为完善的社会保障是需要关注的问题。随着我国城镇化的快速发展，农户从心理上期望获得与城镇居民同等待遇的社会保障。而且，土地征收一般以城市边缘区为主，在此区域，大部分农户也具有城镇社会保障的缴费能力。按照社会保障支出理论，社会保障的支出水平可反映农户基本生活需要程度（徐烽烽等，2010）。社会保障支出是一种民生性支出，具有典型的福利性与公平性，对农村居民幸福感有显著的正向影响（卜芳，肖立国，2017；刘欢，2018）。因此，本书选取征地前后农户家庭的土地面积（承包地面积）、是否参加新农合、是否参加新农保、是否纳入失地农民养老保险这 4 个指标来反映农户的社会保障水平。

（三）居住条件对应的初级指标选择

征地前农户居住在农村，基础设施薄弱、规划不合理、居住分散、人居环境不尽如人意，这些因素都直接影响农户的生活质量。对于被征地农户来说，不管现在居住在城市还是农村，也不管居住的是安置房还是周转房，只要居住条件发生变化，其心理因素就会发生变化（靳永爱等，2017；戴逸茹，李岩梅，2018）。其原因是：房屋位置能反映周边的配套设施和农户的生活便利程度；房屋类型能反映房屋价格的高低；房屋结构能表征房屋品质的好坏；房屋装修程度能反映居住环境的好坏。除此之外，最能够反映农户居住舒适度的是人均居住面积。一般而言，人均居住面积越大，表明居住舒适度越高；反之亦然。因此，本书选取房屋位置、房屋类型、房屋结构、装修程度和人均居住面积这 5 个指标来反映农户的居住条件。

（四）社区环境对应的初级指标选择

从生活角度上说，是否有硬化路面、是否有自来水供应、供电情况是否正常是生活便利程度的重要内容（赵定东，李冬梅，2012；张鸣鸣，2014）。由于征地前农户生活在农村，与市区相比较偏僻，以村民之间的来往作为主要的社会交往，其关系比较简单，且无论从绿化角度和空气质量，还是从社会治安来看，情况都比较好。不过，农村的基础设施比较落后，交通条件较差，水电供应通常不正常。征地后，有些农户可能搬进安置房，由于人员来自不同的村庄，所以人员结构不再像征地前那样单一。同时，土地被征收后，农田可能变成了道路、公园、学校，甚至是商业中心，导致自然景观遭到破坏、噪声增加、环境受到污染、空气质量下降及治安状况可能变差，社区环境或生态系统受到很大的冲击（Hart，1976），这些因素将导致农户的生态福利下降。因此，评价农户福利变化时应该充分考虑农户居住的社区环境因素。鉴于此，本书选取居住地的硬化路面情况、自来水供应情况、电力供应情况、治安情况、噪声情况、垃圾处理情况、空气质量和小区绿化状况这 8 项指标来表征农户的社区环境。

（五）社会机会对应的初级指标选择

社会机会提供方式和程度会对农户产生多重福利效应（周谨平，2009；姚大志，2015）。根据农户决策模型，土地保障功能对农户非农就业具有反向激励效应。农户失去土地以后，家庭成员中的年轻人更倾向于到城市实现非农就业，但实现非农就业前是否参加政府安排的就业技能培训，是否获得更多的求职机会，将直接影响其找工作的难易程度。因此，本书选取农户是否参加政府安排的就业技能培训，是否参加技术推广会，政府是否发放就业补贴这 3 个指标来表征农户的社会机会。

（六）心理因素对应的初级指标选择

土地征收将弱化农户对土地的依赖感，可使农户对未来生活产生恐慌与迷惑，导致他们产生不平衡心理，甚至情绪低落，最终影响农户福利水平。在实证研究中，由于较难获得征地前后农户心理变化的对比值，因此通常选择农户征地前后的满意度来反映其心理感受。森（2013）认为，快乐是一项功能性活动，是人获得福利的一项重要内容，幸福感或者认同度是测量福利的主观性指标（岳经纶，张虎平，2018），但不能作为评价福利的唯一标准。马克思指出，财富就是可以自由支配的时间。因此，可以将自由支配的时间看作财富的尺度。休假制度越人性化，休闲和社交时间越多，往往意味着幸福感越强，获得的主观福利越多（陈秋萍，陈金龙，2015）。由于时间具有使用价值，从另一个角度来说，可自由支配的时间也是财富。因此，本书选取征地前后农户的社会保障满意度、居住舒适度、能够自由支配并用于闲暇、社交和旅游等方面的时间这 3 个指标来反映农户的心理因素。

综合上述，本书选取的与 6 项功能性活动对应的初级指标共 27 个。其中，连续型指标 6 个；虚拟二分类指标 8 个；虚拟定性指标 13 个，如表 5-2 所示。

表 5-2　农户福利评价初级指标及其含义

功能性活动	初级指标	指标类型	定义与赋值
经济状况	农业收入	C	家庭农业收入（元/年）
	非农收入	C	家庭非农收入（元/年）
	纯收入	C	家庭总收入-家庭总支出（元/年）
	恩格尔系数	C	家庭每年食物性支出/家庭每年总支出
社会保障	土地面积	C	家庭拥有的承包地面积（亩）
	新农合	D	是=1；否=0
	新农保	D	是=1；否=0
	失地农民养老保险	D	是=1；否=0
居住条件	房屋位置	Q	本村=1；集中居住=2
	房屋类型	Q	自建房=1；小区=2；其他=3
	房屋结构	Q	砖瓦=1；砖混=2；框架=3
	装修程度	Q	毛坯=1；简单=2；精装=3
	人均居住面积	C	家庭住房总面积/家庭总人口
社区环境	硬化路面	D	是=1；否=0
	自来水供应情况	D	是=1；否=0
	电力供应情况	Q	很差=1；较差=2；一般=3；较好=4；很好=5
	治安情况	Q	很差=1；较差=2；一般=3；较好=4；很好=5
	噪声情况	Q	很严重=1；较严重=2；一般=3；较好=4；很好=5
	垃圾处理情况	Q	很严重=1；较严重=2；一般=3；较好=4；很好=5
	空气质量	Q	很差=1；较差=2；一般=3；较好=4；很好=5
	绿化状况	Q	很差=1；较差=2；一般=3；较好=4；很好=5
社会机会	就业技能培训	D	是=1；否=0
	技术推广会	D	是=1；否=0
	就业补贴	D	是=1；否=0
心理因素	社会保障满意度	Q	不满意=1；不算满意=2；一般=3；基本满意=4；满意=5
	居住舒适度	Q	不舒适=1；一般=2；舒适=3
	可自由支配的闲暇、社交和旅游等方面的时间	Q	很少=1；较少=2；一般=3；较多=4；很多=5

注：初级指标中，C 为连续型指标，D 为虚拟二分类指标，Q 为虚拟定性指标。

三、 农户福利评价指标体系

基于森的可行能力理论构建的农户福利理论模型，由一级指标、二级指标和初级指标（三级指标）构成，它们形成了农户福利指标体系。具体包括如下三点。

（1）一级指标：1个，即农户福利。

（2）二级指标：6个，具体包括经济状况、社会保障、居住条件、社区环境、社会机会和心理因素。

（3）初级指标（三级指标）：27个，具体见表5-2。

在此可将27个初级指标概括为三种类型的指标变量：一是连续型指标；二是虚拟二分类指标；三是虚拟定性指标。其中，连续型指标的数据为具体观测值，如农户家庭征地前的农业收入；虚拟二分类指标的取值为0或1，如征地前村里是否有自来水供应，若有取值为1，若没有则取值为0；虚拟定性指标是按照强弱不同程度进行分组，每个问项对应于量表中的一个数值。在进行问卷设计时，可按照李克特量表（Likert scale）设置不同的状态。例如，您对征地后的社会保障是否满意？存在5个选项："不满意""不算满意""一般""基本满意""满意"。这5个选项分别被赋值：1、2、3、4、5，具体取值依据访问时农户答题情况而定。

第三节 研究区域、数据来源与样本分类

本书选取南宁五象新区作为研究区域，主要原因有两个方面：一是从样本选取来说，该新区属于城市与乡村的过渡地带，在土地利用、人口特征和经济社会发展等方面，具有城市和乡村的双重特性。二是该新区的征地补偿政策具有多样性，尤其是"村集体经济组织主导、政府监督"的"那黄模

式”颇有特色。从样本的选择来说，该区域既具有一般性，又具有典型性。

一、研究区域概况

研究区域——南宁五象新区位于南宁市南端，东接邕宁老城区，南临那马组团，西起良凤江控制绿地，北至南宁邕江。规划中的五象新区核心区既是一个功能复合的城市中心区，也是一个以文化体育、行政办公为主，集居住、物流、休闲、娱乐为一体的综合性城市新区，更是一个融入自然的生态城市典范。

（一）南宁五象新区经济社会发展概况

南宁五象新区是与“一带一路”建设有机衔接的先行区，即广西实施强首府战略的核心承载区，是中国（广西）自由贸易试验区南宁片区、广西建设面向东盟金融开放门户、中国—东盟信息港、西部陆海新通道等国家战略实施的叠加区域，是中国—东盟开放合作的重要平台、西南中南开放发展的重要支撑。

南宁五象新区以当前南宁市 175 平方千米的城市规模为基准，再造一个土地面积为 175 平方千米，城市扩容 150 万人以上的城市区域。在功能上将形成“一个枢纽、两个平台、三大基地、四大中心”的新格局。其中，“一个枢纽”是指交通枢纽，包括水路、海运、陆路、铁路以及航空。“两个平台”是指面向东盟的区域性“信息高速公路”和服务于“数字南宁”的信息交流平台。“三大基地”是指物流基地、商贸基地与加工制造基地。“四大中心”是指市级行政中心、广西文化艺术中心、广西体育中心与大型娱乐主题公园。

南宁五象新区坚持高水平规划、高质量建设、高速度推进，新区建设发展得风生水起，“建设五象新区、再造一个新南宁”正从蓝图变为现实。新区成立以来，累计完成投资超过 2500 亿元。特别是党的十八大以来，累计完成投资超过 2000 亿元，年均增速超过 20%，引进项目超过 280 个，其中投资规模 10 亿元以上的项目有 128 个。① 目前，新区的交通、市政、公共服务配套

① 资料来源：南宁市人民政府门户网站 http：//www. nanning. gov. cn/zt/2018nztlm/jxkp/jxzs/2019nnjgjxzs/t4006500. html.

设施已基本完善，“七纵四横”主干路网已建成，七座跨江桥梁与邕宁老城区无缝连接，三条高速公路直达南宁吴圩国际机场，已建成 3 条贯穿核心区的地铁线，形成“核心区—机场—高铁站”20 分钟交通圈，实现了新区发展和主城区外拓的无缝连接。

（二）南宁五象新区征地补偿试点概况

原国土资源部将南宁市指定为全国第三批征地制度改革试点后，南宁市围绕缩小征地范围、规范征地程序、多元补偿安置方式，保障被征地农户长远生计等内容积极探索，并在南宁五象新区展开试点。2016 年以来，南宁五象新区已累计完成征地 24500 亩，房屋征拆 248.23 万平方米。

（1）南宁五象新区征地补偿试点做法。南宁五象新区属于南宁市第二征地区片，试点范围包括：玉洞村、平乐村、那平村、新村村、坛泽村、楞塘村、那黄村、渌绕村、新兰村、新团村。规划建设回建安置项目有 26 个、临时周转房项目 8 个。仅 2016 年，南宁五象新区就需安置被征地农民 6.3 万人，需要安排回建安置项目用地 8020 亩，安置被征地农户的压力大，如表 5-3 所示。

表 5-3　南宁五象新区回建安置被征地农户基本情况

村庄	规划安置（万人）	项目用地（亩）
坛泽、渌绕、新兰、新团	1.5	1867
玉洞、新村、那黄、平乐、那平、楞塘	4.8	6153
合计	6.3	8020

南宁五象新区坚持“以人为本、和谐征迁”的工作原则，以解决被征地农户的生活、就业、养老等关键问题为突破口，着力解决被征地农户的后顾之忧，积极构建和谐征迁、安置良好的工作氛围，并积极开辟渠道，想方设法帮助农户实现再就业，让被征地农户“失地”不“失业”。例如，2017 年政府出面与辖区企业对接，举办被征地农户专场招聘会、组织劳务输出等。近年来，促成被征地农民与用工企业达成就业意向 5000 多人，累计联系输出

劳务 7630 多人次。2019 年，政府为当地被征地农户和用人单位搭建双向选择平台，成功举办“被征地农户转移就业专场招聘会”。安置点附近 17 家企业为被征地农户提供了技术员、文员、销售服务等 30 多个工种、400 多个就业岗位，促进部分被征地农户实现了非农就业。

（2）南宁五象新区征地补偿基本政策。2019 年 1 月 1 日前，南宁五象新区执行的征地补偿基本政策是《南宁市人民政府关于印发南宁市集体土地征收与补偿安置办法的通知》（南府发〔2013〕10 号）。以征收水田、菜地、旱地、园地、鱼塘、林地为例，各征地区片综合价格如表 5-4 所示。

表 5-4　南宁市各征地区片综合价格

征地区片	土地补偿费（元/亩）	安置补助费（元/亩）	合计（元/亩）
第一区片	35000	58000	93000
第二区片	33000	50000	83000
第三区片	30000	42000	72000
第四区片	30000	30000	60000

根据上述《南宁市人民政府关于印发南宁市集体土地征收与补偿安置办法的通知》（南府发〔2013〕10 号），可通过人均土地面积修正系数表（见表 5-5），对不同村庄的人均土地面积存在的差异进行修正。其中，人均土地面积（X）指被征地村庄的人均农用地面积，因此征地区片的实际补偿价格的计算方式为：

宗地征地单价=修正系数×征地区片综合价格

表 5-5　人均土地面积修正系数表

人均土地面积（亩）	$X \geqslant 0.45$	$0.3 \leqslant X < 0.45$	$X \leqslant 0.3$
修正系数	1.0	1.2	1.4

注：人均土地面积=被征地村庄现有农用地面积÷被征地村庄登记在册农业人口数

为了保障土地资源的合理利用和城乡规划的顺利实施，保护被征地农户的合法权益，2018 年 12 月 29 日，南宁市人民政府对上述政策进行了修订，并连续出台3个征地补偿安置方面的政策：一是《南宁市人民政府关于印发南宁市征收集体土地补偿安置办法的通知》（南府规〔2018〕38号）；二是《南宁市人民政府关于印发南宁市征收集体土地补偿安置实施指导意见的通知》（南府规〔2018〕39号）；三是《南宁市人民政府关于印发南宁市征收集体土地补偿安置指导标准的通知》（南府规〔2018〕40号）。这一系列政策自2019年1月1日起执行，同时废止《南宁市人民政府关于印发南宁市集体土地征收与补偿安置办法的通知》（南府发〔2013〕10号）的执行。新的征地补偿政策进一步提高了征地补偿标准，完善了被征地农户安置措施。

（3）南宁五象新区征地补偿试点政策特色。在对被征地农户的回建安置试点过程中，南宁五象新区采取“两条腿走路”的方式。第一，承接我国东部产业转移；第二，实施“村集体经济组织主导、政府监督”的市场化运作模式。自2014年起，南宁五象新区经过考察研讨、剖析论证，在充分尊重被征地农户意愿的基础上，不断更新观念，按照连续收益、长期保障的准则，积极规划被征地农户“有住、有租、有铺、有保”的生活模式。南宁五象新区以那黄村为试点，通过积极探索走出了一条村集体经济组织主导、政府监督、市场化运作的被征地农户回建安置“那黄模式”。根据试点的要求，在征地补偿政策上，南宁五象新区目前主要形成三种政策组合。

政策组合Ⅰ：同时获得货币补偿和安置房，试点村庄为那黄村。

政策组合Ⅱ：同时获得货币补偿和周转房，主要实施村庄为楞塘村。

政策组合Ⅲ：仅仅获得货币补偿，实施村庄包括玉洞村、平乐村、那平村、新村村、坛泽村、渌绕村、新兰村、新团村。

二、 问卷设计与数据收集

（一）问卷设计

问卷设计包括深度调查、变量选择和问卷结构三个步骤。

1. 深度调查

为了研究南宁五象新区农户福利变化及其影响因素，使问卷调查内容更加符合实际，2017 年 1—2 月，调研小组（调研人员共 10 人，所学专业全部为土地资源管理。其中，南京农业大学博士生 2 人、硕士生 1 人，广西财经学院大四本科生 7 人）就调研内容分门别类，先行对南宁五象新区目标人群进行深度访谈。

第一，确定访谈目的和内容。首先，考察南宁五象新区农村土地征收状况、征地补偿安置情况，被征地农户对征地补偿的态度和意愿，探讨被征地农户福利结构优化的可能性与现实意义。其次，考察被征地农户福利内容和福利现状，分析被征地农户福利维度是否合理、是否全面。再次，根据研究目标，结合前人研究成果，分析变量是否已经覆盖了相关问项的全部选项，是否需要调整相应变量和选项。另外，与访问对象共同探讨问项在表达上是否通俗易懂，考察测量选项是否表达准确、语句是否通俗易懂。

第二，选择访谈对象。对于征地前后农户福利维度的深度访谈，主要邀请 3 类具有典型性的被调查者：一是被征地村干部。他们的个人素质相对较高，对于访谈内容能进行深入的讨论。二是被征地农户。他们的文化水平相对不高，表达能力有限，在访谈中需要进行适当引导，但只要运用当地语言交流，就能畅所欲言，准确表达自己的想法。三是由被征地农户自愿组建的资产管理公司的工作人员。他们的文化水平比较高，既是样本区被征地农户，也是样本区被征地农户的利益代表，负责就被征地农户的安置和发展问题，代表被征地农户与开发商进行谈判。

第三，访谈过程。首先，为了准确了解被访谈者（访谈对象采取随机选取方式）的真实想法，防止他们受到他人干扰，深度访谈过程都是在没有其他人参与的前提下，由访谈者和被访谈者单独交流。其次，在访谈之前，访谈者首先对被访谈者说明用意（访谈结果仅用于学术研究），目的是打消被访谈者的顾虑，鼓励其畅所欲言。最后，在访谈过程中，访谈者将研究设计的各个变量及其选项向被调查者展示，聆听他们的评价，记录访谈过程中每个问题的反馈意见。

第四，访谈结果。通过访谈，确认被征地农户福利。农户福利主要包括：

对当前的生产生活和未来的生产生活预期。因此，在测量变量上，根据访谈内容可进行两个调整：一是增加社会保障内容；二是增加心理因素的考量。

此外，失地农民养老保险政策虽然过去执行过，但由于享有的人数较少，不具有代表性，所以目前已经暂停办理。因此，本书不将失地农民养老保险作为征地补偿政策来考量，而是将其当作社会保障的一项内容考虑。

2. 变量选择

变量选择包括以下两个方面。

一是福利测度指标的选择。通过对被征地农户、村干部和资产管理公司工作人员的深度访谈，排除了选项不明确或不全面之处，得到相关测量的变量，形成初始的测量量表。具体如下。

一级指标：农户福利。

二级指标：包括经济状况、社会保障、居住条件、社区环境、社会机会、心理因素 6 个方面。

三级指标：根据相关文献，结合深度访谈，选取农业收入、非农收入、纯收入等 27 个测度农户福利的三级指标。

二是农户福利影响因素指标的选择。本书选取征地目的、征地面积、是否进行征地情况公告、是否组织征地听证等 8 个变量为核心解释变量，选择户主年龄、户主健康状况、被抚养人口数量 3 个变量为其他控制变量，作为农户福利影响因素的测量指标。

3. 问卷结构

问卷结构包括以下两个部分。

一是农户问卷。主要包括：农户特征，如户主年龄、户主健康状况、征地面积、家庭年收入、被抚养人口数量、劳动力非农就业比重、家庭人均年收入等；农户的福利测度指标，如经济状况、社会保障、居住条件、社区环境、社会机会和心理因素等；农户福利影响因素，如征地目的、征地过程和征地补偿政策等内容。

二是村级问卷。主要包括：全村土地资源、人口资源、劳动力资源的禀赋情况，非农就业情况、主要农产品价格、新农合、新农保覆盖情况，农业补贴发放、土地征收、征地补偿安置等基本情况。

（二）数据收集

数据收集过程包括三个环节：预调研、正式调研、数据汇总。

1. 预调研

2017 年 4 月，调研组在南宁五象新区的玉洞村进行问卷预调研。预调研地点之所以选择五象新区核心区的玉洞村，主要有三个方面原因：一是玉洞村具有南宁五象新区的典型特征。玉洞村地处五象新区的中心地带，征地面积大，征地次数多，经济发展迅速。二是玉洞村被征地农户疏密有间，其生产生活有序，非农就业活跃。三是预调研样本的选取具有可操作性。调研组在玉洞村具有较为丰富的人脉关系，能够更科学、合理地完成预调研工作。预调研对象为玉洞村老杨坡、了蕾坡、定天坡与谢坡 4 个屯的被征地农户。调研组预调研问卷 35 份，有效回收 33 份，有效问卷回收率为 94.29%。

2. 正式调研

2017 年 5 月，调研组以大样本量抽样调查方式收集数据。调研地点包括：良庆镇的 4 个村（坛泽村、那黄村、楞塘村、新村村）；玉洞街道办的 3 个村（玉洞村、平乐村、那平村）。调研组基于以下原则回收问卷：一是答题不符合要求的问卷，做无效处理。二是漏答题严重，答题数量不足 80%的问卷，不予回收。三是问卷收回后逐份检查，如果问卷数据前后矛盾，则予以剔除。四是问卷录入前反复甄别，如有雷同或者答题相似的问卷，放弃录入。

3. 数据汇总

本次调研共发放问卷 450 份，回收问卷 449 份，剔除答题不符合要求、漏答题严重、雷同、数据前后矛盾的问卷 16 份，共回收有效问卷 433 份，有效回收率为 96.22%。最终回收有效样本分布情况如表 5-6 所示。在本书所使用的数据中，土地征收的时间范围处于 2013—2016 年。其间，研究区域的征地补偿政策没有发生过变化，即始终执行《南宁市人民政府关于印发南宁市集体土地征收与补偿安置办法的通知》（南府发〔2013〕10号）。其中，“征地前”观察年份是指农户被征地的前一年。例如，农户被征地年份发生在2015年，征地前则指2014年；“征地后”观察年份则统一指2016年。

表 5-6　最终回收有效样本分布情况

镇、街道办	样本村	有效样本（份）	比例（%）
良庆镇	坛泽	62	14. 32
	那黄	60	13. 86
	楞塘	63	14. 55
	新村	63	14. 55
玉洞街道办	玉洞	62	14. 32
	平乐	62	14. 32
	那平	61	14. 09
		433	100

三、 样本分类与解释

（一）样本农户特征

根据调研数据统计得知，研究区域征地前户均土地面积2. 51亩，但人均土地面积仅有0. 43亩，已低于联合国粮农组织（Food and Agriculture Organization of the United Nations，FAO）划定的人均耕地面积0. 8亩警戒线（王万茂，2001）。通过对征地前样本农户收入结构的分析发现，农业收入比重仅占8. 45%，如图5-3所示。这说明土地征收可能对部分农户的影响较大，而对另一部分农户的影响可能较小。

在此基础上，本书侧重对农业收入比重的进一步考察，发现研究区域农户家庭的农业收入比重呈区间分布状态，如表5-7所示。

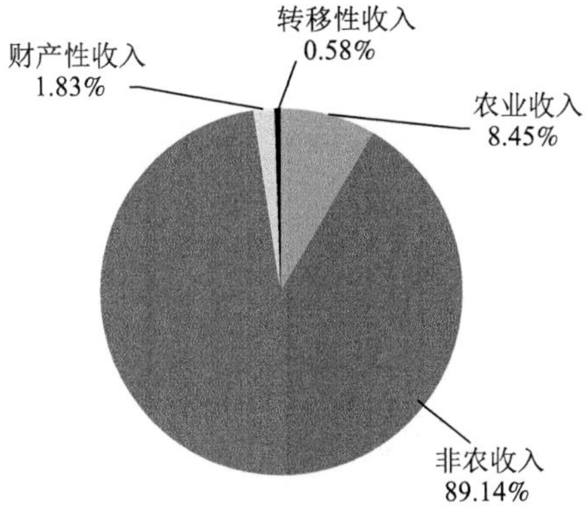

图 5-3　样本农户收入结构图

表 5-7　样本农户的农业收入比重分布区间与频数

分布区间（%）	[90,100]	[50,90)	[10,50)	[0,10)
分布频数（户）	50	15	115	253

（二）样本农户分类

对于农户分类，尽管学术界主要以农业收入比重为依据来衡量农户分化程度，并将农户划分为纯农户、Ⅰ兼农户、Ⅱ兼农户和非农户，但划分的标准却存在差异。从现有文献来看，国内通常有两种标准：一是中国社会科学院农村发展研究所提出的分类标准（苏群等，2016；曹淑英等，2017；陈美球等，2019）；二是原农业部全国农村固定观测点提出的分类标准（诸培新等，2015；王丽双等，2015；文长存等，2017；张琛等，2019）。这两种分类标准的依据都是家庭收入结构，并以家庭农业收入比重进行具体划分，但在比例上略有区别，如表 5-8 所示。

表 5-8　农户分化程度划分标准比较

分类标准	纯农户	Ⅰ兼农户	Ⅱ兼农户	非农户
中国社会科学院农村发展研究所提出的分类标准	[95，100]	[50，95)	[5，50)	[0，5)
原农业部全国农村固定观测点提出的分类标准	[80，100]	[50，80)	[20，50)	[0，20)

样本分类是否科学合理，直接关系到本书研究的成败。因此，在本书研究过程中，发现学者们也常常根据分类依据，对农业收入比重的区间随研究目标的不同进行适当的调整。鉴于以上分析，再结合样本农户的特点，可采取农业收入比重（X）作为分类依据，对分类标准进行定义，从而得到以下分类结果，如表 5-9 所示。

表 5-9　样本农户分类标准定义

农业收入比重（X）	农户类型
$X \geqslant 90\%$	纯农户
$50\% \leqslant X < 90\%$	Ⅰ兼农户
$10\% \leqslant X < 50\%$	Ⅱ兼农户
$X < 10\%$	非农户

（三）样本农户分类结果解释

对于以上分类结果，本书的解释如下：农业收入比重处于 10%~90%的为兼业农户。有两种情况：一是农业收入比重处于 50%~90%的为Ⅰ兼农户，样本数为 15 户；二是农业收入比重处于 10%~50%的为Ⅱ兼农户，样本数为 115 户。进一步分析发现，Ⅰ兼农户与Ⅱ兼农户、Ⅰ兼农户与非农户之间的区别十分明显，但是Ⅰ兼农户与纯农户之间却没有明显的区别。其原因有以下三个方面。

1. Ⅰ兼农户劳动时间分配

通过对问卷进行分析发现：Ⅰ兼农户的大部分劳动时间用于农业生产，

仍保持着浓厚的土地情结。尽管偶尔在当地打零工，但兼业程度很低，收入很不稳定。实际上，与纯农户没有多大的区别。

2. Ⅰ兼农户收入结构

通过对问卷进行分析还发现：Ⅰ兼农户家庭与纯农户家庭的最大区别是他们中的大多数人存在财产性收入。由于财产性收入的普遍存在，增加了家庭总收入，所以农业收入比重下降，从而与纯农户形成了微小差别。如果去除财产性收入这一因素，Ⅰ兼农户与纯农户基本上没有区别。

3. 纯农户和Ⅰ兼农户的散点图

由散点图分布不难看出，纯农户和Ⅰ兼农户的变化趋势基本一致，如图5-4所示。

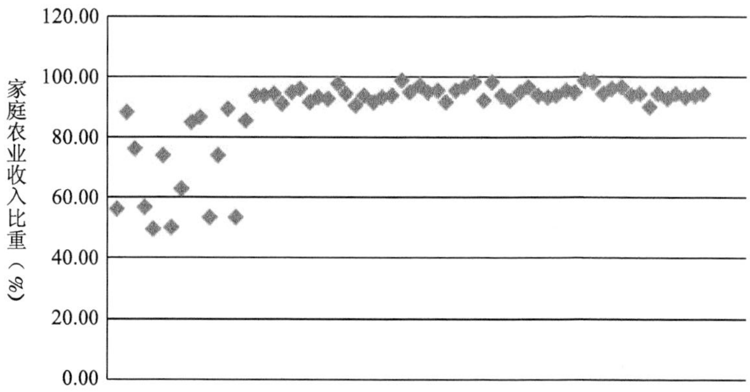

图 5-4　样本农户分布散点图

鉴于以上三个方面原因，加上Ⅰ兼农户样本数量仅 15 户，本书在实证研究中，将纯农户和Ⅰ兼农户合并在一起进行分析。

第四节　征地前后农户福利评价

一、描述性统计分析

本书用于评价农户福利的各项初级指标（三级指标）的含义已在表 5-2 中列出。相关评价指标的描述性统计分析结果，如表 5-10 所示。

表 5-10　农户福利评价指标的描述性统计分析结果

功能性活动及其对应的初级指标		征地前		征地后	
		均值	标准差	均值	标准差
经济状况	农业收入	4153.41	5022.70	526.39	1260.03
	非农收入	43102.19	47610.18	45512.70	42958.83
	纯收入	27424.49	17983.69	25925.53	17003.80
	恩格尔系数	0.43	0.12	0.44	0.12
社会保障	土地面积	2.47	2.05	0.62	1.01
	新农合	17.75	59.29	46.49	201.39
	新农保	5.56	2.73	75.36	669.59
	失地农民养老保险	0.18	0.60	130.67	417.02
居住条件	房屋位置	1.08	0.27	1.35	0.48
	房屋类型	1.10	0.37	1.41	0.60
	房屋结构	1.94	0.34	2.10	0.39
	装修程度	1.82	0.63	2.03	0.62
	人均居住面积	37.64	11.45	36.48	12.37
社区环境	硬化路面	0.64	0.48	0.93	0.25
	自来水供应情况	0.98	0.19	1.00	0.17
	电力供应情况	3.60	0.98	3.76	0.88
	治安情况	3.30	0.97	3.07	1.06
	噪声情况	3.59	0.83	2.66	1.05

续表

功能性活动及其对应的初级指标		征地前		征地后	
		均值	标准差	均值	标准差
社区环境	垃圾处理情况	3.05	0.86	3.88	0.74
	空气质量	3.66	0.86	2.94	0.95
	绿化状况	3.19	0.77	2.95	0.82
社会机会	就业技能培训	0.03	0.16	0.05	0.21
	技术推广会	0.04	0.19	0.03	0.17
	就业补贴	0.00	0.07	0.01	0.10
心理因素	社会保障满意度	2.93	1.21	2.90	1.31
	居住舒适度	1.82	0.71	1.92	0.77
	可自由支配的闲暇、社交和旅游等方面的时间	1.91	1.04	2.23	1.24

资料来源：根据调查数据计算而来。

二、评价过程

评价过程包括 5 个步骤：评价方法比较与选择、模糊函数设定、评价指标赋值、计算指标权重、计算模糊评价值。

（一）评价方法比较与选择

1981 年，阿玛蒂亚·森的著作《贫困与饥荒：论权利与剥夺》出版后，森的可行能力分析框架逐渐被借鉴和运用，学术界也尝试采用不同的统计手段或计量方法对福利进行测度。例如，Kalsen（2000）运用主成分分析法，根据南非家庭的调查数据，对贫困与剥夺问题进行了分析；Schokkaert（2009）运用回归分析法，对比利时失业群体的福利状况进行研究。目前，可用于评价农户福利的主要方法有以下几种。

1. 主成分分析法（PCA）

主成分分析法（Principal Components Analysis，PCA）是通过线性变换，

把给定的一组相关变量转成按照方差依次递减的顺序排列的另一组不相关的变量。在数学变换中，保持变量的总方差不变，使第一变量（第一主成分）具有最大的方差，第二变量（第二主成分）的方差次之，依次类推。这种分析方法的最大特点是在删除高阶主成分的同时，使低阶主成分得到保留，从而使数据方差贡献最大的特征向量得到保留。

2. 因子分析法（FAM）

因子分析法（Factor Analysis Method，FAM）是把一些错综复杂、具有重叠信息的变量，归纳为少数几个综合因子的统计分析方法。经过归纳得到的综合因子彼此互不相关。实际上，这种分析方法不是将原始的福利变量进行重新组合，而是将其分解成为不可直接观察的福利因子和可直接观察的福利因子。

3. 模糊综合评价法

由于某种事物或对象受到多种因素的影响，为了有利于对其进行总体评价，所以通常把定性评价转化为比较直观的定量评价。此时，需要应用模糊数学的隶属度理论，通过分析相关因素的权重和隶属度，形成一个总体的定量评价结果。

运用上述方法评价农户福利各有优缺点。为了选择一种比较合适的评价方法，本书将上述主要评价方法的优缺点进行比较，如表 5-11 所示。

表 5-11　农户福利主要评价方法优缺点比较

评价方法	优点	缺点
主成分分析法	基于信息不缺失的前提下，利用几个综合性变量来代替原始的、多个福利变量。分析结果比较客观，评价过程比较科学	依据主成分因子符号的正负，难以明确综合评价变量的意义
因子分析法	根据原始观测变量信息进行重新组合，通过找出具有共同性的影响福利大小的因子，将复杂的数据变量进行简单化处理，使形成的福利变量更加具有可解释能力	无法计算单个福利因子的得分

续表

评价方法	优点	缺点
模糊综合评价法	可较好地解决难以量化的、具有模糊性的事物或对象的评价问题	计算过程复杂，指标权重确定的难度大

资料来源：根据文献资料整理。

森（2002）将福利定义为“实质的自由”，但对这种“自由”却没有进行严格界定，使其概念的内涵和外延具有“模糊性”（fuzzy），导致在现实中无法通过经典数学方法对福利进行描述和解决。1965 年，由美国数控专家 Zadeh 教授创立的模糊数学方法，为解决福利无法精确界定的问题提供了一条崭新的思路。这种方法已被应用到福利分析、贫困测量与公平性等领域的研究（Martinetti，2000；Betti，et al，2008；徐峰峰等，2010；伽红凯等，2014；李晓园和陈颖，2019）。虽然福利本身具有模糊性和复杂性，难以精确地进行界定，并且在实证研究中也无法得出福利水平高或低的绝对结论，但通过模糊数学法可以计算出征地前后农户福利水平的模糊评价值。结合相关研究问题，本书认为，与主成分分析法和因子分析法相比，利用模糊综合评价法可把一些定性问题引入定量分析，能较好地解决评价对象的模糊性和不确定性，更加有利于整合农户福利构成的多个维度与多个指标的评价信息。因此，本书采用模糊综合评价法，对征地前后的农户福利进行评价。

（二）模糊综合评价法介绍

模糊综合评价法的主要步骤如下。

1. 函数的设定与初级指标隶属度加总

（1）模糊函数的设定。假设农户福利为模糊集 X，其对应的功能性活动集合以 W 表示。其中，W 为福利水平 X 的子集。那么，第 p 个农户的福利函数可表示为 $W^{(p)}=\{x, \mu_w(x)\}$，其中，$x \in X$，$\mu_w(x)$ 是 x 对 W 的隶属度，$\mu_w(x) \in [0, 1]$。隶属度数值越大，表明农户福利水平越高（马贤磊和孙晓中，2012）。一般设定：隶属度为 0 时，表示农户福利水平处于最差状态，即最低水平；隶属度为 0.5 时，表示农户福利水平处于中间状态，即中等水平；隶属度为 1 时，表示农户福利水平处于最好状态，即最高水平。

（2）隶属函数的设定。模糊评价的一个关键环节是隶属函数的选择，而选择隶属函数有赖于指标类型。通常有三类指标：一是连续型变量；二是虚拟二分变量；三是虚拟定性变量。

设 x_i 是由初级指标 x_{ij} 决定的被征地农户福利的第 i 个功能性活动子集，农户福利的初级指标为 $x=[x_{i1}, \cdots, x_{ij}, \cdots]$。

第一类指标类型为连续型变量，表示指标值是连续值，连续变量隶属函数 $\mu_w(x_{ij})$ 的确定取决于变量之间的关系，可以分为两种类型。Cerioli & Zani（1990）将其定义为：

$$\mu_w(x_{ij})=\begin{cases}0 & 0\leqslant x_{ij}\leqslant a\\ \dfrac{x_{ij}-a}{b-a} & a<x_{ij}<b\\ 1 & x_{ij}\geqslant b\end{cases} \tag{5-1}$$

$$\mu_w(x_{ij})=\begin{cases}1 & 0\leqslant x_{ij}\leqslant a\\ \dfrac{b-x_{ij}}{b-a} & a<x_{ij}<b\\ 0 & x_{ij}\geqslant b\end{cases} \tag{5-2}$$

在式（5-1）和式（5-2）中，a、b 分别表示被征地农户第 i 个功能性活动子集中第 j 项初级指标 x_{ij} 的最小值和最大值。其中，式（5-1）为被征地农户福利水平与初级指标呈正相关，即 $\mu_w(x_{ij})$ 值越大，说明被征地农户的福利水平越高；反之亦然。式（5-2）则为被征地农户福利水平与初级指标呈负相关，即 $\mu_w(x_{ij})$ 值越大，说明被征地农户福利水平越低；反之亦然。

第二类指标类型为虚拟二分变量。表示指标值仅存在两种情况，即虚拟二分变量要表达的对象非此即彼，用于表达农户对某事物的一种判断（Kung，2002）。其隶属函数为：

$$\mu_w(x_{ij}) = \begin{cases} 0 & x_{ij} = 0 \\ 1 & x_{ij} = 1 \end{cases} \tag{5-3}$$

式（5-3）表示虚拟二分变量及其对应的隶属函数的最大值和最小值。例如，在被征地农户家庭成员中，有人参加政府安排的就业培训时，x_{ij} 取值为1，该初级指标对应第 i 个功能性活动子集，其隶属度也等于1；否则，隶属度等于0。

第三类指标类型为虚拟定性变量。例如，对于治安情况、空气质量、绿化状况等指标进行评价时，根据李克特量表（Likert Scale）法，通常设置为一组陈述："很差""较差""一般""较好""很好"，共5种状态。假设一项研究中有 n 种状态，可对这 n 种状态等距依次赋值，即 $x_{ij} = \{x_{ij}^{(1)}, \cdots, x_{ij}^{(n)}\}$，即这些值是等距分布的。那么，农户福利水平的大小该如何表示呢？一般来说，指标值越大，农户福利水平越高；反之亦然。

通常：设 $x_{ij}^{(1)} < \cdots < x_{ij}^{(l)} < \cdots < x_{ij}^{(n)}$，并且 $x_{ij}^{(l)} = l(l = 1, \cdots, n)$（Miceli，2006）。对于虚拟定性变量来说，隶属函数可以表示为：

$$\mu_w(x_{ij}) = \begin{cases} 0 & x_{ij} \leqslant a \\ \dfrac{x_{ij} - a}{b - a} & a < x_{ij} < b \\ 1 & x_{ij} \geqslant b \end{cases} \tag{5-4}$$

式（5-4）中的 a、b 分别表示初级指标 x_{ij} 的最小值和最大值。$\mu_w(x_{ij})$ 值越大，说明农户福利水平越高。

（3）初级指标隶属度的加总。在获得初级指标隶属度数值的基础上，需要将隶属度汇总为一个综合指标，这就需要计算各初级指标的权重。然而，每个初级指标在被征地农户福利发生变化的过程中发挥的作用是各不相同的，需要为每个初级指标赋予不同的权重。初级指标的权重 ω_{ij} 通常通过式（5-5）进行定义（Cheli & Lemmi，1995）。

$$\omega_{ij} = \ln\left[\frac{1}{\mu_w(x_{ij})}\right] \tag{5-5}$$

根据式（5-5），对于 n 个被征地农户初级指标 x_{ij} 的隶属度来说，其均值通常可以表示为：

$$\overline{\mu(x_{ij})} = \frac{1}{n}\sum_{p=1}^{n}\mu^{(p)} \tag{5-6}$$

式（5-6）的含义是：隶属度较小的指标，有可能获得较大的权重，即对于初级指标来说，指标发生相同幅度变动时，隶属度较小的指标对福利变化的影响有可能很大。因此，本书更关注此类指标。

据此，在获得初级指标隶属度和权重之后，就可以通过式（5-7）的加总公式（Cerioli & Zani，1990）计算出各功能性活动的隶属度。

$$\mu(x_i) = \frac{\sum_{j=1}^{k}\overline{\mu(x_{ij})} * \omega_{ij}}{\sum_{j=1}^{k}\omega_{ij}} \tag{5-7}$$

在式（5-7）中，k 表示在第 i 个功能性活动子集中，包含 k 项初级指标。因此，可以通过式（5-8）计算出被征地农户福利水平的总隶属度，计算公式为：

$$W = \frac{\sum_{i=1}^{h}\mu(x_i) * \omega_i}{\sum_{i=1}^{h}\omega_i} \tag{5-8}$$

在式（5-8）中，各功能性活动的权重表示为：$\omega_i = \ln\left[\frac{1}{\mu_w(x_i)}\right]$，其中功能性活动的个数以 h 表示。同理，也可以通过式（5-9）计算出第 p 个农户的福利水平 $W^{(p)}$。

$$W^{(p)} = \frac{\sum_{i=1}^{h}\mu(x_i)^{(p)} * \omega_i^{(p)}}{\sum_{i=1}^{h}\omega_i^{(p)}} \tag{5-9}$$

2. 评价指标赋值

用于测度农户福利的初级指标有三类：一是连续型指标；二是虚拟二分

类指标；三是虚拟定性指标。如前所述，对于虚拟二分类指标的取值为 1 或 0，即为“是”时取值 1，为“否”时取值 0；对于虚拟定性指标的取值，在进行问卷设计时已经设置了不同的状态，如“不满意”“不算满意”“一般”“基本满意”“满意”，并分别被赋值 1、2、3、4、5。因此，本书在对农户福利的评价过程中，主要对连续型指标进行赋值。

在赋值过程中，首先需要对连续型指标的最大值和最小值进行设置，然后通过式（5-1）或式（5-2）进行计算，得到连续型指标的赋值。连续型指标包括农业收入、非农收入、家庭人均纯收入、恩格尔系数、土地面积、人均居住面积。设置连续型指标最大值和最小值的过程如下。

（1）农业收入。首先，确定样本农户的亩均土地收益的最大值与最小值，然后用这两个值分别乘以每个样本农户的土地面积，即可得到每个样本农户可能获得的农业收入的最大值与最小值。依据调研数据计算得出，样本农户亩均土地收益最大值达到 9659 元。尽管有些农户拥有土地，但由于征地后土地被污染，已经无法进行种植，此时农户的农业产出为 0。因此，按照就高原则，本书将样本农户亩均土地收益的最大值设为 9659 元，最小值设为 0。

（2）非农收入。首先，确定样本农户家庭人均非农收入的最大值与最小值，然后用这两个值分别乘以每个样本农户的家庭非农就业人数，即可得到每个样本农户的家庭非农收入的最大值与最小值。由于南宁五象新区农户居住在城市近郊，非农就业机会较多，所以非农就业较普遍，但是征地后仍存在无法实现非农就业的农户。从目前情况来看，城镇居民生活水平普遍高于农村居民，因此按照就高原则，本书选择城镇居民人均可支配收入作为人均非农收入的最大值。根据国家统计局南宁调查队的统计数据，2016 年城镇居民可支配收入为 30728 元，农村居民可支配收入为 11398 元。按照就高原则，本书将样本农户的家庭人均非农收入最大值设定为 30728 元，最小值设定为 0 元。

（3）家庭人均纯收入。家庭人均纯收入最大值与最小值的设置方法与非农收入的相同。根据 2016 年《南宁市政府工作报告》，2015 年南宁市农村居民人均纯收入 9408 元；另根据《南宁市人民政府关于提高农村居民最低生活保障标准的通知》（南府规〔2016〕23 号）的规定，2016 年南宁市各城区、开发区农村居民最低生活保障标准为每人每年 3500 元。因此，本书设定样本农户的家庭人均纯收入的最大值为 9408 元，最小值为 3500 元。①

（4）恩格尔系数。恩格尔系数（Engel' s Coefficient）是食品支出总额占个人消费支出总额的比重。根据联合国粮农组织（FAO）提出的标准，恩格尔系数达 59%以上为贫困，50%～59%为温饱，40%～50%为小康，30%～40%为富裕，低于 30%为最富裕。由于样本农户中仍存在当地政府确定的贫困户，结合《2016 年广西壮族自治区国民经济和社会发展统计公报》中 2016 年广西农村居民恩格尔系数为 34.5%，所以本书将样本农户家庭的恩格尔系数最大值设为 59%，最小值设为 30%。

（5）土地面积。首先，确定样本区农户人均土地面积的最大值和最小值，然后用这两个值分别乘以农户家庭的人口数量，即可得到每个样本农户土地面积的最大值与最小值。根据南宁市农业委员会公布的《2016 年南宁市农业发展基本情况》，南宁市农户人均耕地面积 1.93 亩。然而，调研人员在调研中发现，有一部分农户在最后一次征地中，土地已经全部被地方政府征收。因此，本书设定样本农户家庭人均土地最大值为 1.93 亩，最小值为 0 亩。

（6）人均居住面积。根据国家统计局的统计数据，2016 年我国农村居民人均住房建筑面积为 45.8 平方米；另据 2014 年南宁市住房保障和房产管理局颁布的《南宁市廉租住房申请条件》规定，南宁市廉租住房申请的门槛设定为家庭人均现有住房建筑面积低于 13 平方米。因此，本书将全国农村居民人均住房建筑面积设定为样本农户人均居住面积的最大值，将南宁市廉租住房申请的门槛值设定为样本农户人均居住面积的最小值，即样本农户人均居住面积最大值为 45.8 平方米，最小值为 13 平方米。

① 2016 年南宁市政府工作报告［N］. 南宁日报，2016-02-25.

3. 计算指标权重

实际上，各个初级指标被赋值后，即可得到隶属函数值，即 $\mu_w(x_{ij})$ 值。在此基础上，可以通过式（5-5）权重公式计算出各个指标的权重。

4. 计算模糊评价值

农户福利模糊评价值的形成包括三个步骤：一是获得各个初级指标隶属度和权重之后，可以通过式（5-7）计算各功能性活动的隶属度。本书设定的功能性活动包括经济状况、社会保障、居住条件、社区环境、社会机会、心理因素。二是通过式（5-5，权重公式）计算出各个功能性活动的权重。三是通过式（5-8）计算出农户福利模糊评价值。

第五节　结果与分析

一、 评价结果总体分析

本书运用模糊综合评价法，按照上述评价步骤，应用 Stata14. 1 软件辅助计算，可得到征地前后农户福利水平的模糊评价值。评价结果分析如下。

（一）样本农户福利总体评价

由表 5-12 所示样本农户福利水平模糊评价值可以看出，征地后样本农户总体福利水平略有上升，总模糊评价值从征地前的 0. 144 上升到征地后的 0. 165，上升幅度为 14. 58%。征地后得到改善的指标有 4 项：一是居住条件，升幅为 122. 81%；二是社会保障，升幅为 73. 33%；三是社会机会，升幅为 18. 78%；四是心理因素，升幅为 12. 84%。但是，有两项指标明显恶化：一是经济状况，降幅为 34. 57%；二是社区环境，降幅为 9. 09%。

表 5-12 样本农户福利水平模糊评价结果

功能性活动	隶属度		升降比例（%）
	征地前	征地后	
经济状况	0. 162	0. 106	-34. 57
社会保障	0. 015	0. 026	73. 33
居住条件	0. 171	0. 381	122. 81
社区环境	0. 495	0. 450	-9. 09
社会机会	0. 245	0. 291	18. 78
心理因素	0. 366	0. 413	12. 84
总模糊指数	0. 144	0. 165	14. 58

（二）样本农户福利水平区间分布

样本农户功能性活动指标的隶属度加总后，可得到农户福利水平分布情况。根据隶属度的区间分布情况，将隶属度≤0. 200 的定义为“较差福利水平”；隶属度处于 0. 200～0. 300 的定义为“中等福利水平”；隶属度≥0. 300 的定义为“较好福利水平”。

从表 5-13 可以看出，征地前后样本农户福利水平的分布区间。一是处于较差福利水平的农户，从 64 户下降到 48 户，下降比例从 14. 78%下降到 11. 09%；二是处于中等福利水平的农户，从 313 户下降到 287 户，比例从 72. 29%下降到 66. 28%；三是处于较好福利水平的农户，从 56 户上升到 95 户，比例从 12. 94%上升到 21. 94%。显然，样本农户福利水平分布区间比较集中，而且呈正态分布。

表 5-13 样本农户福利水平分布区间

	征地前		征地后	
	户数（户）	比例（%）	户数（户）	比例（%）
0. 100 以下	0	0	0	0
0. 100～0. 200	64	14. 78	48	11. 09
0. 200～0. 300	313	72. 29	287	66. 28
0. 300～0. 400	48	11. 09	78	18. 01

续表

	征地前		征地后	
	户数（户）	比例（%）	户数（户）	比例（%）
0.400~0.500	8	1.85	17	3.93
0.500 以上	0	0.00	3	0.69
汇总	433	100	433	100

（三）评价指标隶属度变化

从表 5-14 可以看出，征地后初级指标隶属度的变化情况。

表 5-14　初级指标隶属度和权重的变化情况

功能性活动及其对应的初级指标		隶属度		权重	
		征地前	征地后	征地前	征地后
经济状况	农业收入	0.096	0.012	2.343	4.409
	非农收入	0.112	0.119	2.187	2.133
	纯收入	0.181	0.170	1.708	1.772
	恩格尔系数	0.563	0.508	0.574	0.677
社会保障	土地面积	0.206	0.052	1.579	2.961
	新农合	0.006	0.015	5.130	4.167
	新农保	0.001	0.008	7.495	4.888
	失地农民养老保险	0.000	0.044	9.720	3.134
居住条件	房屋位置	0.076	0.353	2.574	1.040
	房屋类型	0.051	0.207	2.980	1.576
	房屋结构	0.470	0.551	0.755	0.596
	装修程度	0.412	0.517	0.886	0.659
	人均居住面积	0.751	0.716	0.286	0.334
社区环境	硬化路面	0.640	0.933	0.447	0.069
	自来水供应情况	0.244	0.251	1.410	1.384
	电力供应情况	0.650	0.691	0.431	0.369
	治安情况	0.575	0.518	0.553	0.658
	噪声情况	0.647	0.415	0.436	0.881
	垃圾处理情况	0.512	0.719	0.670	0.329

续表

功能性活动及其对应的初级指标		隶属度		权重	
		征地前	征地后	征地前	征地后
社区环境	空气质量	0.665	0.484	0.408	0.726
	绿化状况	0.548	0.487	0.602	0.720
社会机会	就业技能培训	0.025	0.046	3.673	3.075
	技术推广会	0.039	0.030	3.238	3.506
	就业补贴	0.005	0.009	5.378	4.684
心理因素	社会保障满意度	0.483	0.475	0.728	0.744
	居住舒适度	0.590	0.540	0.528	0.615
	可自由支配的闲暇、社交和旅游等方面的时间	0.229	0.307	1.476	1.180
	总模糊指数	0.144	0.165		

1. 隶属度提升的指标

首先，改善最多的指标包括：失地农民养老保险、新农保、房屋位置、房屋类型和新农合。其中，失地农民养老保险指标的隶属度从 0 提升到 0.044；新农保指标的隶属度从 0.001 提升到 0.008，升幅为 700%；房屋位置指标的隶属度从 0.076 上升到 0.353，升幅为 364.47%；房屋类型指标的隶属度从 0.051 上升到 0.207，升幅为 305.88%；新农合指标的隶属度从 0.006 上升到 0.015，升幅为 150%。其次，改善较多的指标包括：就业技能培训和就业补贴。其中，就业技能培训指标的隶属度从 0.025 上升到 0.046，升幅为 84%；就业补贴指标的隶属度从 0.005 上升到 0.009，升幅为 80%。最后，其他略有提升的指标包括：硬化路面、垃圾处理情况、可自由支配的闲暇与社交和旅游等方面的时间等。其中，硬化路面指标的隶属度从 0.640 提升到 0.933，升幅为 45.78%；垃圾处理情况指标的隶属度从 0.512 提升到 0.719，升幅为 40.43%；可自由支配的闲暇、社交和旅游等方面的时间指标的隶属度从 0.229 提升到 0.307，升幅为 34.06%。

2. 隶属度下降的指标

首先，下降最明显的指标包括：农业收入和土地面积。其中，农业收入指标的隶属度从 0.096 下降到 0.012，降幅为 87.5%；土地面积指标的隶属度从 0.206 下降到 0.052，降幅为 74.76%。其次，下降比较明显的指标包括：噪声情况和空气质量。其中，噪声情况指标的隶属度从 0.647 下降到 0.415，降幅为 35.86%；空气质量指标的隶属度从 0.665 下降到 0.484，降幅为 27.22%。

二、 评价结果差异性分析

（一）不同类型农户福利变化差异情况比较

根据前述评价过程的 5 个步骤，应用 Stata14.1 辅助计算，可以得到表 5-15所示不同类型农户福利变化差异情况比较。不难看出，征地后纯农户和Ⅰ兼农户、Ⅱ兼农户、非农户的福利水平均有所提升。但是，提升幅度存在差异。其中，提升幅度较大的农户类型有两个：一是纯农户和Ⅰ兼农户，模糊评价值从 0.135 上升到 0.159，升幅为 17.78%；二是非农户，模糊评价值从 0.141 上升到 0.166，升幅为 17.73%。提升幅度较小的农户类型是Ⅱ兼农户，模糊评价值从 0.157 上升到 0.167，升幅为 6.37%。

表 5-15 不同类型农户福利变化差异情况比较

功能性活动	纯农户和Ⅰ兼农户		Ⅱ兼农户		非农户	
	征地前	征地后	征地前	征地后	征地前	征地后
经济状况	0.140	0.084	0.175	0.104	0.162	0.112
社会保障	0.018	0.029	0.020	0.028	0.012	0.024
居住条件	0.120	0.340	0.146	0.353	0.196	0.404
社区环境	0.479	0.441	0.511	0.463	0.492	0.446
社会机会	0.395	0.275	0.372	0.296	0.149	0.292
心理因素	0.337	0.436	0.406	0.441	0.356	0.394
模糊指数	0.135	0.159	0.157	0.167	0.141	0.166

1. 纯农户和Ⅰ兼农户

根据表 5-15 可知，征地后纯农户和Ⅰ兼农户福利模糊评价值从 0.135 上升到 0.159，升幅为 17.78%。其中，升幅最大的福利模糊评价值是居住条件，从征地前的 0.120 上升到征地后的 0.340，升幅为 183%。降幅最大的福利模糊评价值是经济状况，从征地前的 0.140 下降到征地后的 0.084，降幅为 40%。各功能性活动及其对应的初级指标的隶属度和权重，如表 5-16 所示。

表 5-16　纯农户和Ⅰ兼农户福利水平模糊评价结果

功能性活动及其对应的初级指标		隶属度		权重	
		征地前	征地后	征地前	征地后
经济状况	农业收入	0.176	0.016	2.343	4.409
	非农收入	0.002	0.075	2.187	2.133
	纯收入	0.124	0.133	1.708	1.772
	恩格尔系数	0.571	0.432	0.574	0.677
社会保障	土地面积	0.249	0.071	1.579	2.961
	新农合	0.005	0.015	5.130	4.167
	新农保	0.001	0.013	7.495	4.888
	失地农民养老保险	0.000	0.035	9.720	3.134
居住条件	房屋位置	0.015	0.292	2.574	1.040
	房屋类型	0.008	0.169	2.980	1.576
	房屋结构	0.423	0.531	0.755	0.596
	装修程度	0.331	0.446	0.886	0.659
	人均居住面积	0.778	0.746	0.286	0.334
社区环境	硬化路面	0.554	0.831	0.447	0.069
	自来水供应情况	0.238	0.246	1.410	1.384
	电力供应情况	0.631	0.696	0.431	0.369
	治安情况	0.542	0.504	0.553	0.658
	噪声情况	0.638	0.396	0.436	0.881
	垃圾处理情况	0.496	0.731	0.670	0.329
	空气质量	0.646	0.458	0.408	0.726
	绿化状况	0.569	0.496	0.602	0.720

续表

功能性活动及其对应的初级指标		隶属度		权重	
		征地前	征地后	征地前	征地后
社会机会	就业技能培训	0.031	0.031	3.673	3.075
	技术推广会	0.062	0.031	3.238	3.506
	就业补贴	0.015	0.015	5.378	4.684
心理因素	社会保障满意度	0.435	0.450	0.728	0.744
	居住舒适度	0.531	0.562	0.528	0.615
	可自由支配的闲暇、社交和旅游等方面的时间	0.219	0.362	1.476	1.180
总模糊指数		0.135	0.159		

为了更加清晰地反映纯农户和Ⅰ兼农户福利变化情况，具体分析如下。

（1）经济状况。纯农户和Ⅰ兼农户经济状况指标的隶属度从征地前的0.140下降到征地后的0.084，降幅为40%。主要原因有两个方面：一是纯农户和Ⅰ兼农户的家庭经济来源主要依赖于土地的产出，征地后由于种植面积减少，农业产出直线下降，农业收入指标的隶属度从0.176下降到0.016。二是征地后纯农户和Ⅰ兼农户的自给自足能力明显下降，若要维持征地前的生活水平，必然会增加粮食、蔬菜、蛋类、鱼类、豆类、食用油等副食品的开支，导致恩格尔系数指标的隶属度从征地前的0.571下降到征地后的0.432。因此，与征地前相比，纯农户和Ⅰ兼农户征地后的经济状况变得更加糟糕。

（2）社会保障。纯农户和Ⅰ兼农户社会保障指标的隶属度从征地前的0.018上升到征地后的0.029，升幅为61.11%。征地后纯农户和Ⅰ兼农户的土地保障能力直线下降，隶属度从0.249下降到征地后的0.071，降幅为71.49%，但社会保障指标的隶属度仍有所上升，主要原因有两个方面：一是得益于新农合与新农保的普及；二是得益于失地农民养老保险制度。其中，因为新农合与新农保具有门槛低、广覆盖等特点，已经得到农户的广泛认可。新农合指标的隶属度从征地前的0.005上升到征地后的0.015；新农保指标的隶属度从征地前的 0. 001 上升到征地后的 0. 013；失地农民养老保险指标的隶属度从征地前的空白状态上升到征地后的 0. 035。因此，与征地前相比，纯农户和Ⅰ兼农户征地后的社会保障状况得到明显的改善。

（3）居住条件。纯农户和Ⅰ兼农户居住条件指标的隶属度从征地前的 0. 120 上升到征地后的 0. 340，升幅为 183. 33%。主要原因是：纯农户和Ⅰ兼农户征地后达到了当地政府规定的安置标准（人均土地小于 0. 3 亩），导致房屋位置、房屋类型、房屋结构与装修程度等指标的隶属度都发生了很大的改变。其中，房屋位置指标的隶属度从征地前的 0. 015 上升到征地后的 0. 292；房屋类型指标的隶属度从征地前的 0. 008 上升到征地后的 0. 169；房屋结构指标的隶属度从征地前的 0. 423 上升到征地后的 0. 531；装修程度指标的隶属度从征地前的 0. 331 上升到征地后的 0. 446。因此，与征地前相比，纯农户和Ⅰ兼农户征地后的居住条件得到显著提升。

（4）社区环境。纯农户和Ⅰ兼农户社区环境指标的隶属度从征地前的 0. 479 下降到征地后的 0. 441，降幅为 7. 93%。主要原因是：征地前，农户住所附近是农田，并远离大城市的喧闹，周围植被覆盖很好，绿化率较高，空气质量和治安状况都比较好。征地后，农户住所附近变成了公路、行政中心、商业中心或文化中心，导致农户住所周围的人员结构变得复杂，绿化面积减少，噪声增加，空气质量和治安状况恶化。其中，噪声情况指标的隶属度从征地前的 0. 683 下降到征地后的 0. 396；空气质量指标的隶属度从征地前的 0. 646 下降到征地后的 0. 458；绿化状况指标的隶属度从征地前的 0. 569 下降到征地后的 0. 496；治安情况指标的隶属度从征地前的 0. 542 下降到征地后的 0. 504。因此，与征地前相比，纯农户和Ⅰ兼农户征地后的社区环境指标的隶属度有所下降。

（5）社会机会。纯农户和Ⅰ兼农户社会机会指标的隶属度从征地前的 0. 395 下降到征地后的 0. 275，降幅为 30. 38%。主要原因是由技术推广会指标的隶属度从征地前的 0. 062 下降到征地后的 0. 031 所致。因此，与征地前相比，纯农户和Ⅰ兼农户征地后的社会机会指标的隶属度有所下降。

（6）心理因素。纯农户和Ⅰ兼农户心理因素指标的隶属度从征地前的0.337上升到征地后的0.436，升幅为29.38%。主要原因是：征地后种植面积减少，相对于征地前可以用于休闲和社交的时间明显增加了，从这个角度上说，生活的“自由度”更大，导致可自由支配的闲暇、社交和旅游等方面的时间指标的隶属度从征地前的0.219上升到征地后的0.362。此外，征地后社会保障满意度和居住舒适度指标的隶属度也有所增加。社会保障满意度指标的隶属度从征地前的0.435上升到征地后的0.450；居住舒适度指标的隶属度从征地前的0.531上升到征地后的0.562。因此，与征地前相比，纯农户和Ⅰ兼农户征地后的心理因素指标的隶属度有所上升。

2. Ⅱ兼农户

Ⅱ兼农户福利模糊评价值从0.157上升到0.167，升幅为6.37%。其中，社会保障模糊评价值和心理因素模糊评价值有所改善，居住条件模糊评价值显著提升；经济状况、社会机会、社区环境等模糊评价值有所下降。各功能性活动及其对应的初级指标的隶属度和权重，如表5-17所示。

表5-17 Ⅱ兼农户福利水平模糊评价结果

功能性活动及其对应的初级指标		隶属度		权重	
		征地前	征地后	征地前	征地后
经济状况	农业收入	0.170	0.020	2.343	4.409
	非农收入	0.077	0.093	2.187	2.133
	纯收入	0.169	0.168	1.708	1.772
	恩格尔系数	0.583	0.523	0.574	0.677
社会保障	土地面积	0.277	0.059	1.579	2.961
	新农合	0.009	0.019	5.130	4.167
	新农保	0.001	0.003	7.495	4.888
	失地农民养老保险	0.000	0.049	9.720	3.134

续表

功能性活动及其对应的初级指标		隶属度		权重	
		征地前	征地后	征地前	征地后
居住条件	房屋位置	0.035	0.296	2.574	1.040
	房屋类型	0.035	0.174	2.980	1.576
	房屋结构	0.478	0.565	0.755	0.596
	装修程度	0.357	0.474	0.886	0.659
	人均居住面积	0.768	0.757	0.286	0.334
社区环境	硬化路面	0.704	0.974	0.447	0.069
	自来水供应情况	0.248	0.257	1.410	1.384
	电力供应情况	0.674	0.733	0.431	0.369
	治安情况	0.620	0.548	0.553	0.658
	噪声情况	0.689	0.422	0.436	0.881
	垃圾处理情况	0.485	0.743	0.670	0.329
	空气质量	0.689	0.480	0.408	0.726
	绿化状况	0.543	0.500	0.602	0.720
社会机会	就业技能培训	0.035	0.043	3.673	3.075
	技术推广会	0.061	0.035	3.238	3.506
	就业补贴	0.009	0.009	5.378	4.684
心理因素	社会保障满意度	0.511	0.487	0.728	0.744
	居住舒适度	0.604	0.543	0.528	0.615
	可自由支配的闲暇、社交和旅游等方面的时间	0.283	0.359	1.476	1.180
总模糊指数		0.157	0.167		

（1）经济状况。Ⅱ兼农户经济状况指标的隶属度从征地前的0.175下降到征地后的0.104，降幅为40.57%。与纯农户和Ⅰ兼农户相比，Ⅱ兼农户对土地的依赖性明显减弱，非农收入指标的隶属度从征地前的0.077上升到0.093，升幅为20.78%；农业收入指标的隶属度从征地前的0.170下降到征地后的0.020，但由于征地后农业收入的权重较大，导致其降幅很明显，并达到88.24%。此外，由于Ⅱ兼农户的学历层次也不高，在非农收入没有较大突

破的情况下，要维持原有生活的其他刚性开支，可以通过减少在外用餐频率，降低食物性支出，使恩格尔系数指标的隶属度从征地前的0.583下降到征地后的0.523，降幅为10.29%。因此，与征地前相比，Ⅱ兼农户征地后的经济状况指标的隶属度有所下降。

（2）社会保障。Ⅱ兼农户社会保障指标的隶属度从征地前的0.020上升到征地后的0.028，升幅为40%。主要原因有两个方面：一是征地后农户参加了失地农民养老保险。失地农民养老保险指标的隶属度征地前为0，征地后显著提升到的0.049。二是新农保与新农合指标的隶属度得到了显著提高。其中，新农合指标的隶属度从征地前的0.009提升到征地后的0.019，升幅为111.11%；新农保指标的隶属度从征地前的0.001提升到征地后的0.003，升幅为200%。因此，征地后Ⅱ兼农户社会保障指标的隶属度有所提升。

（3）居住条件。Ⅱ兼农户居住条件指标的隶属度从征地前的0.146显著上升到征地后的0.353，升幅为141.78%。主要原因有两个方面：一是征地后农户搬迁到安置房或周转房居住，使在本村居住变为集中居住，即从自建房居住变为生活小区居住，导致房屋位置和房屋类型指标的隶属度得到显著提升。其中，房屋位置指标的隶属度从征地前的0.035显著提升到征地后的0.296，升幅为745.74%；房屋类型指标的隶属度从征地前的0.035显著提升到征地后的0.174，升幅为397.14%。二是征地后房屋结构和装修程度指标的隶属度也得到提升，即从砖瓦房变为砖混或框架结构，从毛坯房变为简单装修或精装修。其中，房屋结构指标的隶属度从征地前的0.478提升到征地后的0.565，升幅为18.20%；装修程度指标的隶属度从征地前的0.357提升到征地后的0.474，升幅为32.77%。因此，与征地前相比，Ⅱ兼农户征地后的居住条件得到了显著改善。

（4）社区环境。Ⅱ兼农户社区环境指标的隶属度从征地前的0.511下降到征地后的0.463，降幅为9.39%。主要原因有三个方面：一是搬迁到安置房或周转房居住后，居住地更加靠近市区，尽管生活更加便利，但噪声增加，空气质量不如原住所清新。其中，噪声情况指标的隶属度从征地前的0.689

下降到征地后的 0.422，降幅为 38.75%；空气质量指标的隶属度从征地前的 0.689 下降到征地后的 0.422，降幅为 30.33%。二是搬迁到安置房或周转房居住后，由于人员往来复杂，社会治安不如从前。治安情况指标的隶属度从征地前的 0.620 下降到征地后的 0.548，降幅为 11.61%。三是搬迁后的绿化状况不如原乡村住所，尤其是搬迁到周转房后，活动空间变小，绿化覆盖率变低。绿化状况指标的隶属度从征地前的 0.543 下降到征地后的 0.500，降幅为 7.92%。因此，与征地前相比，Ⅱ兼农户征地后的社区环境指标的隶属度有所下降。

（5）社会机会。Ⅱ兼农户社会机会指标的隶属度从征地前的 0.372 下降到征地后的 0.296，降幅为 20.43%。主要原因是：征地后农户更加倾向于非农就业，但由于生产技术的不断创新，加上缺乏提升专业技能培训的机会，所以技术推广会指标的隶属度从征地前的 0.061 下降到征地后的 0.035，降幅为 42.62%。因此，与征地前相比，Ⅱ兼农户征地后的社会机会指标的隶属度有所下降。

（6）心理因素。Ⅱ兼农户心理因素指标的隶属度从征地前的 0.406 上升到征地后的 0.441，升幅为 8.62%。主要原因有两个方面：一是征地后农户用于农业生产的时间减少，休闲的时间相对增加，加上搬迁到安置房或周转房居住后，社会交往更加便利，导致可自由支配的闲暇、社交和旅游等方面的时间指标的隶属度从征地前的 0.283 上升到征地后的 0.359，升幅为 26.86%。因此，与征地前相比，Ⅱ兼农户征地后的可自由支配的闲暇、社交和旅游等方面的时间指标的隶属度有所提高。

3. 非农户

非农户福利模糊评价值从 0.141 上升到 0.166，升幅为 17.73%。其中，社会保障、居住条件、社会机会、心理因素等模糊评价值得到提高，但经济状况模糊评价值和社区环境模糊评价值有所下降。各功能性活动及其对应的初级指标的隶属度和权重，如表 5-18 所示。

表 5-18　非农户福利水平模糊评价结果

功能性活动及其对应的初级指标		隶属度		权重	
		征地前	征地后	征地前	征地后
经济状况	农业收入	0.042	0.008	2.343	4.409
	非农收入	0.157	0.141	2.187	2.133
	纯收入	0.202	0.180	1.708	1.772
	恩格尔系数	0.552	0.520	0.574	0.677
社会保障	土地面积	0.163	0.044	1.579	2.961
	新农合	0.005	0.014	5.130	4.167
	新农保	0.001	0.008	7.495	4.888
	失地农民养老保险	0.000	0.044	9.720	3.134
居住条件	房屋位置	0.111	0.395	2.574	1.040
	房屋类型	0.069	0.231	2.980	1.576
	房屋结构	0.478	0.549	0.755	0.596
	装修程度	0.458	0.555	0.886	0.659
	人均居住面积	0.737	0.690	0.286	0.334
社区环境	硬化路面	0.632	0.941	0.447	0.069
	自来水供应情况	0.244	0.249	1.410	1.384
	电力供应情况	0.643	0.671	0.431	0.369
	治安情况	0.563	0.508	0.553	0.658
	噪声情况	0.629	0.416	0.436	0.881
	垃圾处理情况	0.528	0.706	0.670	0.329
	空气质量	0.659	0.492	0.408	0.726
	绿化状况	0.544	0.478	0.602	0.720
社会机会	就业技能培训	0.020	0.051	3.673	3.075
	技术推广会	0.024	0.028	3.238	3.506
	就业补贴	0.000	0.008	5.378	4.684
心理因素	社会保障满意度	0.482	0.476	0.728	0.744
	居住舒适度	0.599	0.534	0.528	0.615
	可自由支配的闲暇、社交和旅游等方面的时间	0.207	0.270	1.476	1.180
总模糊指数		0.141	0.166		

（1）经济状况。非农户经济状况指标的隶属度从征地前的 0.162 下降到征地后的 0.112，降幅为 30.87%。主要原因有三个方面：一是农业收入。农业收入指标的隶属度从征地前的 0.042 下降到征地后的 0.008，降幅为 80.96%，尽管其隶属度变化值不大，但由于农业收入权重从征地前的 2.343 显著提升到征地后的 4.409，因此农业收入对非农户的家庭经济状况仍产生很大的影响。二是纯收入。由于农业收入下降，如果非农就业没有新的突破，势必导致非农户家庭纯收入下降。因此纯收入指标的隶属度从征地前的 0.202 下降到征地后的 0.180，降幅为 10.89%。三是恩格尔系数。征地后由于农户自给自足能力下降，如果搬迁到安置房或市内的生活小区居住，由于物价的差异，若要维持原有的生活水平，家庭的总开支会增加，所以恩格尔系数会下降。恩格尔系数指标的隶属度从征地前的 0.552 下降到征地后的 0.520，降幅为 5.80%。因此，与征地前相比，非农户征地后的经济状况指标的隶属度略有下降。

（2）社会保障。非农户社会保障指标的隶属度从征地前的 0.012 上升到征地后的 0.024，升幅为 100%。主要原因有两个方面：一是征地后非农户可能符合《南宁市人民政府关于印发南宁市集体土地征收与补偿安置办法的通知》（南府发〔2013〕10 号）的相关规定，加上农户社会保障意识日益增强，征地后非农户参加了失地农民养老保险，所以失地农民养老保险指标的隶属度从征地前的 0 显著提升到征地后的 0.044。二是新农合与新农保指标的隶属度得到了显著提升。新农合指标的隶属度从征地前的 0.005 提升到征地后的 0.014，升幅为 180%。特别值得指出的是，新农保指标的隶属度从征地前的 0.001 显著提升到征地后的 0.008，升幅为 700%。因此，与征地前相比，非农户征地后的社会保障指标的隶属度得到了显著提升。

（3）居住条件。非农户居住条件指标的隶属度从征地前的 0.196 显著上升到征地后的 0.404，升幅为 106.12%。主要原因有两个方面：一是非农户家庭经济状况比较好，征地后可能搬迁到安置房或市区内居住，与征地前相比，征地后房屋位置和房屋类型指标的隶属度发生显著变化。其中，房屋位置指标的隶属度从征地前的 0. 111 提升到征地后的 0. 395，升幅为 255. 86%；房屋类型指标的隶属度也从征地前的 0. 069 提升到征地后的 0. 231，升幅为 234. 78%。二是安置房和生活小区的房屋结构和装修程度均优于其原来农村的住所，房屋结构指标的隶属度从征地前的 0. 478 上升到征地后的 0. 549，升幅为 14. 86%；装修程度指标的隶属度从征地前的 0. 458 上升到征地后的 0. 555，升幅为 21. 18%。因此，与征地前相比，非农户征地后居住条件指标的隶属度得到显著提升。

（4）社区环境。非农户社区环境指标的隶属度从征地前的 0. 492 下降到征地后的 0. 446，降幅为 9. 35%。主要原因有三个方面：一是搬迁到安置房或市区的生活小区后，都市的喧闹导致社区环境噪声增加，再加上小区容积率与农村住所相比有所增加，人群更加密集，导致空气质量下降。其中，噪声情况指标的隶属度从征地前的 0. 629 下降到征地后的 0. 416，降幅为 33. 86%；空气质量指标的隶属度从征地前的 0. 659 下降到征地后的 0. 492，降幅为 25. 34%。二是由于人员交往复杂，社会治安环境不容乐观，导致治安情况指标的隶属度从征地前的 0. 563 下降到征地后的 0. 508，降幅为 9. 77%。三是征地后农户居住的小区以人工绿化为主，尽管规划比较好，但绿化覆盖率低，与征地前的自然景观相比仍然存在局限性，导致绿化状况指标的隶属度从征地前的 0. 544 下降到征地后的 0. 478，降幅为 12. 13%。因此，与征地前相比，非农户征地后的社区环境指标的隶属度有所下降。

（5）社会机会。非农户社会机会指标的隶属度从征地前的 0. 149 显著提升到征地后的 0. 292，升幅为 95. 97%。主要得益于两个方面：一是农户积极参加各种就业技能培训，努力提高非农就业的竞争力，使就业技能培训指标的隶属度从征地前的 0. 020 显著提升到征地后的 0. 051，升幅为 155%。二是农户积极学习各种技术，不断提高自主创业的能力，使技术推广会指标的隶属度从征地前的 0. 024 提升到征地后的 0. 028，升幅为 16. 67%。因此，相对于其他类型农户来说，非农户征地后获得的社会机会要多一些。

（6）心理因素。非农户心理因素指标的隶属度从征地前的 0. 356 上升到征地后的 0. 394，升幅为 10. 67%。主要原因是：征地后举家搬迁到安置房或市区的生活小区后，交通更加便利，社会交往更加广泛，社交时间更多，使可自由支配的闲暇、社交和旅游等方面的时间指标的隶属度从征地前的 0. 207 上升到征地后的 0. 270，升幅为 30. 43%。因此，非农户征地后心理因素指标的隶属度有所提高。

（二）不同征地补偿政策下农户福利变化差异情况比较

如前所述，研究区域征地补偿安置政策主要有三种：一是货币补偿；二是通过周转房临时安置；三是通过安置房长期安置。在政策的执行过程中，形成以下三种不同的征地补偿政策组合。

政策组合Ⅰ：同时获得货币补偿和安置房。

政策组合Ⅱ：同时获得货币补偿和周转房。

政策组合Ⅲ：仅获得货币补偿。

其中，对于纯农户和Ⅰ兼农户、Ⅱ兼农户、非农户来说，货币补偿部分的补偿标准都是一样的。政策组合Ⅰ与政策组合Ⅱ均是在政策组合Ⅲ的基础上，通过政策叠加形成的。根据前述评价过程的 5 个步骤，应用 Stata14. 1 辅助计算，可得到上述三种不同政策组合下农户福利模糊评价值，如表 5-19 所示。

表 5-19 不同征地补偿政策下农户福利水平模糊评价

	政策组合Ⅰ		政策组合Ⅱ		政策组合Ⅲ	
	征地前	征地后	征地前	征地后	征地前	征地后
模糊评价值	0. 146	0. 201	0. 142	0. 167	0. 144	0. 158

1. 不同政策组合下农户福利水平变化比较

如前所述，本书采用 Stata14. 1 辅助计算，可得到不同政策组合下农户福利变化，如表 5-20 所示。可以看出，在上述三种不同政策组合下，农户福利水平均有所提升。其中，政策组合Ⅰ的模糊评价值从征地前的 0. 146 提升到征地后的 0. 201，升幅为 37. 67%，属于农户福利水平提升比较快的组别。政策组合Ⅱ的模糊评价值从征地前的0.142提升到征地后的0.167，升幅为17.61%，属于农户福利水平提升中等的组别。政策组合Ⅲ的模糊评价值从征地前的0.144提升到征地后的0.158，升幅为9.72%，属于农户福利水平提升比较慢的组别。

表5-20 不同征地补偿政策组合下农户福利变化比较

功能性活动	政策组合Ⅰ		政策组合Ⅱ		政策组合Ⅲ	
	变化值	变化率	变化值	变化率	变化值	变化率
经济状况	-0.049	-33.11	-0.051	-34.00	-0.058	-34.73
社会保障	0.002	18.18	0.000	0.00	0.010	58.82
居住条件	0.443	190.95	0.331	116.14	0.139	101.46
社区环境	0.009	1.73	-0.106	-21.77	-0.043	-8.74
社会机会	-0.037	-32.17	—	—	0.071	22.19
心理因素	0.136	34.17	-0.090	-25.28	0.057	15.75
总模糊值	0.055	37.67	0.025	17.61	0.014	9.72

注：①变化值=征地后农户福利模糊评价值-征地前农户福利模糊评价值；②变化率=变化值/征地前农户福利模糊评价值。

2. 不同政策组合对农户福利变化的干预效应

从表5-21可以看出，样本农户征地前后福利水平的分布区间。如前所述，根据隶属度的区间分布情况，将隶属度≤0.200的定义为“较差福利水平”；隶属度处于0.200~0.300的定义为“中等福利水平”；隶属度≥0.300的定义为“较好福利水平”。以此考察不同政策组合对农户福利的干预效应。

表5-21 不同征地补偿政策下样本农户征地前后福利水平的分布区间

		征地前			征地后		
		政策组合Ⅰ	政策组合Ⅱ	政策组合Ⅲ	政策组合Ⅰ	政策组合Ⅱ	政策组合Ⅲ
0.000~0.100	户数（户）	8	5	51	2	0	46
	比例（%）	13.33	7.94	16.45	3.33	0.00	14.84

续表

		征地前			征地后		
		政策组合Ⅰ	政策组合Ⅱ	政策组合Ⅲ	政策组合Ⅰ	政策组合Ⅱ	政策组合Ⅲ
0.100~0.200	户数（户）	45	51	217	28	51	208
	比例（%）	75.00	80.95	70.00	46.67	80.95	67.10
0.200~0.300	户数（户）	6	7	35	27	10	41
	比例（%）	10.00	11.11	11.29	45.00	15.87	13.23
0.300~0.400	户数（户）	1	0	7	3	2	12
	比例（%）	1.67	0.00	2.26	5.00	3.17	3.87
0.400~0.500	户数（户）						3
	比例（%）						0.97

政策组合Ⅰ的干预效应：较差福利水平组别户数从53户下降到30户，比例从88.33%下降到50%；中等福利水平组别户数从6户上升到27户，比例从10%上升到45%；较好福利水平组别户数从1户上升到3户，比例从1.67%上升到5%。

政策组合Ⅱ的干预效应：较差福利水平组别户数从56户下降到51户，比例从88.89%下降到80.95%；中等福利水平组别户数从7户上升到10户，比例从11.11%提升到15.87%；较好福利水平组别户数从0户上升到2户，比例从0上升到3.17%。

政策组合Ⅲ的干预效应：较差福利水平组别户数从268户下降到254户，比例从86.45%下降到81.94%；中等福利水平组别户数从35户上升到41户，比例从11.29%上升到13.23%；较好福利水平组别户数从7户上升到15户，比例从2.26%上升到4.84%。

总的来看，政策组合Ⅰ、Ⅱ和Ⅲ对较差福利水平组别、中等福利水平组别和较好福利水平组别都产生了干预效应，并且政策干预效果都沿着提升农户福利的方向发展。然而，无论是从户数变化，还是从比例变化来看，政策组合Ⅰ的干预效应都明显优于政策组合Ⅱ和政策组合Ⅲ，如表5-22所示。

表 5-22　不同征地补偿政策组合对农户福利干预效应比较

	政策组合Ⅰ		政策组合Ⅱ		政策组合Ⅲ	
	户数变化（户）	比例变化（%）	户数变化（户）	比例变化（%）	户数变化（户）	比例变化（%）
较低福利水平组	23	38.33	5	7.94	14	4.51
中等福利水平组	21	35	3	4.76	6	1.94
较高福利水平组	2	3.33	2	3.17	8	2.58

（三）相同政策下不同类型农户福利变化差异比较

根据相同政策下不同类型农户福利变化的情况，主要考察实施政策组合Ⅲ（仅获得货币补偿）的村庄不同类型农户福利变化差异情况。这些村庄包括：坛泽村、新村村、玉洞村、平乐村和那平村。同理，根据前述评价过程的 5 个步骤，应用 Stata14.1 辅助计算，可以得到相同政策下，纯农户和Ⅰ兼农户、Ⅱ兼农户和非农户福利变化差异情况，如表 5-23 所示。

表 5-23　相同政策下不同类型农户福利变化差异情况比较

功能性活动	纯农户和Ⅰ兼农户		Ⅱ兼农户		非农户	
	征地前	征地后	征地前	征地后	征地前	征地后
经济状况	0.145	0.090	0.174	0.105	0.170	0.116
社会保障	0.019	0.032	0.022	0.026	0.014	0.027
居住条件	0.754	0.761	0.129	0.275	0.744	0.739
社区环境	0.484	0.445	0.505	0.454	0.487	0.447
社会机会	0.494	0.343	0.398	0.379	0.225	0.412
心理因素	0.309	0.413	0.417	0.458	0.349	0.401
模糊评价值	0.137	0.153	0.157	0.160	0.140	0.159

1. 纯农户和Ⅰ兼农户

纯农户和Ⅰ兼农户模糊评价值从征地前的 0.137 上升到征地后的 0.153，升幅为 11.68%。社会保障和心理因素模糊评价值提升较快，居住条件模糊评价值也略有改善。其中，社会保障模糊评价值从征地前的 0.019 上升到征地后的 0. 032；心理因素模糊评价值从征地前的 0. 309 上升到征地后的 0. 413；居住条件模糊评价值从征地前的 0. 754 上升到征地后的 0. 761。但经济状况、社区环境和社会机会模糊评价值均有所下降。

2. Ⅱ兼农户

Ⅱ兼农户模糊评价值从征地前的 0. 157 上升到征地后的 0. 160，升幅为 1. 91%。居住条件模糊评价值有显著改善，社会保障和心理因素模糊评价值也有所改善。其中，居住条件模糊评价值从征地前的 0. 129 上升到征地后的 0. 275，升幅为 113. 18%；社会保障模糊评价值从征地前的 0. 022 上升到征地后的 0. 026，升幅为 18. 19%；心理因素模糊评价值从征地前的 0. 417 上升到征地后的 0. 458，升幅为 9. 84%。但是，经济状况、社区环境和社会机会模糊评价值均有所下降。

3. 非农户

非农户模糊评价值从征地前的 0. 140 上升到征地后的 0. 159，升幅为 13. 57%。社会保障和社会机会模糊评价值提升较快，心理因素模糊评价值也略有改善。其中，社会保障模糊评价值从征地前的 0. 014 上升到征地后的 0. 027，升幅为 92. 86%；社会机会模糊评价值从征地前的 0. 225 上升到征地后的 0. 412，升幅为 83. 12%；心理因素模糊评价值从征地前的 0. 349 上升到征地后的 0. 401，升幅为 14. 9%。但是，经济状况、居住条件和社区环境模糊评价值却有所下降。

三、 评价结果典型性分析

如前所述，征地前后不同类型农户福利变化存在差异；不同征地补偿政策下农户福利变化也存在差异。但是，从样本构成来看，政策组合Ⅰ的实施对象是那黄村；政策组合Ⅱ的实施对象是楞塘村；政策组合Ⅲ的实施对象是其他村，即那黄村和楞塘村以外的坛泽村、新村村、玉洞村、平乐村、那平村 5 个样本村庄。

对于上述样本村庄的征地补偿安置来说，那黄村是在回建安置土地的综合开发中，由村集体经济组织自主招商，将产业用地与安置用地进行捆绑，即统一规划安置标准，统一建设安置小区，这种模式在当地被称为“那黄模式”。对于楞塘村来说，征地后尽管农户统一搬迁到政府提供的周转房居住，但仍属于政府统一安置范畴。实际上，楞塘村与其他村一样，采取的都是通常所说的“政府模式”，即通过政府“大包大揽”，对被征地农户进行安置。那么，上述样本村庄征地前后农户福利变化具有哪些典型性特征呢？

（一）征地前后不同村庄农户福利变化特征

根据前述评价过程的 5 个步骤，应用 Stata14.1 辅助计算，可以得到表 5-24所示征地前后不同村庄农户福利变化情况比较。不难看出，征地前那黄村、楞塘村和其他村农户福利水平的模糊评价值分别为 0.146、0.142、0.144，彼此之间差别非常小。但是，征地后那黄村、楞塘村和其他村农户福利水平的模糊评价值分别上升为 0.201、0.167、0.158，彼此之间形成很大差异。其中，那黄村农户福利变化最大，变化率为 37.67%；楞塘村农户福利变化次之，变化率为 17.60%；其他村农户福利变化最小，变化率为 9.72%。显然，那黄村征地前后的农户福利变化最具典型性。

表 5-24　征地前后不同村庄农户福利变化情况比较

农户福利	那黄村	楞塘村	其他村
征地前	0.146	0.142	0.144
征地后	0.201	0.167	0.158
征地前后农户福利变化率（%）	37.67	17.61	9.72

（二）征地前后那黄村农户福利变化特征

分析那黄村征地前后农户福利变化的特征时，主要从农户福利构成的功能性活动指标及其对应的初级指标两个方面入手。

一是从评价农户福利的功能性活动指标来看，对于那黄村农户而言，征地前后功能性活动指标的最大变化值和最大变化率均指向“居住条件”，如表

5-25 所示。

表 5-25　征地前后那黄村农户功能性活动指标的隶属度变化情况

功能性活动	隶属度		隶属度变化	
	征地前	征地后	变化值	变化率（%）
经济状况	0. 148	0. 099	-0. 049	-33. 11
社会保障	0. 011	0. 013	0. 002	18. 18
居住条件	0. 232	0. 675	0. 443	190. 95
社区环境	0. 521	0. 530	0. 009	1. 73
社会机会	0. 115	0. 078	-0. 037	-32. 17
心理因素	0. 398	0. 534	0. 136	34. 17
总模糊评价值	0. 146	0. 201	0. 055	37. 67

二是从功能性活动指标对应的初级指标来看，征地前后那黄村农户居住条件对应的 5 项初级指标中：首先，房屋位置指标位于榜首，其隶属度变化值为 0. 633，变化率高达 422%；其次，房屋类型指标，隶属度变化值为 0. 333，变化率为 361. 96%；再次，房屋结构、装修程度和人均居住面积指标的变化值和变化率均有不同程度的提高，如表 5-26 所示。

表 5-26　征地前后那黄村农户居住条件对应的初级指标的隶属度变化情况

初级指标	隶属度		隶属度变化	
	征地前	征地后	变化值	变化率（%）
房屋位置	0. 150	0. 783	0. 633	422. 00
房屋类型	0. 092	0. 425	0. 333	361. 96
房屋结构	0. 542	0. 867	0. 325	59. 96
装修程度	0. 500	0. 767	0. 267	53. 40
人均居住面积	0. 777	1. 000	0. 223	28. 70
居住条件隶属度	0. 232	0. 675	0. 443	190. 95

实际上，征地前那黄村农户大多数居住在农村，房屋类型基本属于自己

修建的“天地房”，农户之间的房屋缺乏统一规划，房屋风格不一，参差不齐。房屋结构既有砖混结构，又有砖瓦结构。大多数农户居住的仍是毛坯房，人均居住面积小，舒适程度低。征地后那黄村农户由于搬迁到安置房，居住条件、生活便利程度、教育资源等方面都得到了明显改善，导致被征地农户福利水平明显得到提升。

第六节　本章小结

首先，本章基于森的可行能力理论，从农户家庭的发展目标与土地征收的特征出发，构建农户可行能力的概念框架。其次，构建被征地农户福利评价模型。最后，对征地前后农户福利水平进行评价。从评价结果来看，具有以下三个典型特征。

一是征地后农户总体福利水平略有上升，总模糊评价值从征地前的 0.144 上升到征地后的 0.165，升幅为 14.58%。其中，纯农户和Ⅰ兼农户模糊评价值从 0.135 上升到 0.159，升幅为 17.78%；Ⅱ兼农户模糊评价值从 0.157 上升到 0.167，升幅为 6.37%；非农户模糊评价值从 0.141 上升到 0.166，升幅为 17.73%。

二是不同征地补偿政策对农户福利变化的干预效应形成差异性。其中，政策组合Ⅰ（货币补偿+安置房）使农户福利模糊评价值从征地前的 0.146 上升到征地后的 0.201，升幅为 37.67%；政策组合Ⅱ（货币补偿+周转房）使农户福利模糊评价值从征地前的 0.142 上升到征地后的 0.167，升幅为 17.61%；政策组合Ⅲ（单一货币补偿）使农户福利模糊评价值从征地前的 0.144 上升到征地后的 0.158，升幅为 9.72%。

三是相同政策下不同类型农户福利变化具有差异性。其中，纯农户和Ⅰ兼农户模糊评价值从 0.137 上升到征地后的 0.153，升幅为 11.68%；Ⅱ兼农户模糊评价值从 0.157 上升到征地后的 0.160，升幅为 1.91%；非农户模糊评价值从 0. 140 上升到征地后的 0. 159，升幅为 13. 57%。

进一步分析发现，征地前后不同村庄农户福利变化的差异性很大。其中，那黄村、楞塘村和其他村农户福利水平的模糊评价值分别从征地前的 0. 146、0. 142、0. 144 上升为征地后的 0. 201、0. 167、0. 158。那黄村农户福利变化最大，变化率为 37. 67%；楞塘村农户福利变化次之，变化率为 17. 61%；其他村农户福利变化最小，变化率为 9. 72%。显然，那黄村征地前后的农户福利变化最具典型性。

第六章　土地征收对不同类型农户福利变化的影响：实证研究

本书在第四章剖析了土地征收对农户福利变化的影响机理，其内容主要包括：一是土地征收对农户福利的影响；二是征地前后不同类型农户福利变化的差异。本章将对此进行实证研究。本章结构：首先，介绍回归模型与变量选择。其次，对变量进行描述性统计分析与数据处理。最后，对回归结果进行讨论。

第一节　回归模型构建

一、构建思路

在第五章的“征地前后不同类型农户福利变化评价研究”中，已经对样本农户进行了分类讨论。农户分类的依据是农户家庭的农业收入比重，分类标准结合样本特征进行综合考察。由于对农户的分类带有主观性，所以如何合理避免因此导致的回归结果偏误呢？这里需要解决一个问题：既要依据研究假说，又要尊重样本农户特征。鉴于此，本书借鉴 Hansen（1999）的门槛回归模型（Threshold Regression Model），参照连玉君和程建（2006）、陈强（2010）、林青宁和毛世平（2019）等学者的相关文献，结合不同农户家庭的收入结构和数据本身的特点内生地进行区间划分，从而考察不同区间内农户家庭收入水平与土地征收福利效应之间的内在逻辑关系。

二、构建过程

模型构建是建立在单一门槛模型设定的基础上，逐步扩展到双重门槛模型、三重门槛模型，以此类推。

（一）单一门槛模型

根据上述分析，单一门槛模型设定如下：

$$Y_i = \mu_i + \beta_1 X_i I(g_i \leqslant \gamma) + \beta_2 X_i I(g_i > \gamma) + \varepsilon_i \tag{6-1}$$

模型（6-1）中，Y_i 为被解释变量，表示征地前后农户福利水平的变化，即征地后农户福利模糊评价值与征地前农户福利模糊评价值之差。其中，i 表示农户个体；μ 用于反映农户的个体效应，g 为门槛变量，表示农户家庭收入构成中的农业收入比重；γ 为待估计的门槛值；$I(\cdot)$ 为指标函数；ε 为随机扰动项。

模型（6-1）中，X_i 为一组解释变量，代表核心解释变量 X_1 与其他控制变量 X_2。

估计方法是：首先假设单一门槛模型中估计出的 γ_1 为已知，然后进行 γ_2 的搜索。对于给定的门槛值，可以通过 OLS 对方程进行估计，得到待估计值的 β 值。

（二）双重门槛模型

模型（6-1）中，解释变量与被解释变量之间仅仅存在单一门槛的情况。根据本书的研究假说，解释变量与被解释变量之间可能存在多个门槛的情况。因此，需要构建双重门槛模型（实际上，双重门槛模型是在单一门槛模型的基础上进行扩展的）。在双重门槛模型中，存在两个门槛的估计值 γ_1 和 γ_2，模型设定如下：

$$Y_i = \mu_i + \beta_1 X_i I(g_i \leqslant \gamma_1) + \beta_2 X_i I(\gamma_1 < g_i \leqslant \gamma_2) + \beta_3 X_i I(g_i > \gamma_2) + \varepsilon_i \tag{6-2}$$

模型（6-2）是解释变量与被解释变量之间存在双重门槛模型的情况。由此可分析不同收入结构下，土地征收与农户分化对福利变化的影响关系。

三重门槛模型与三重以上门槛模型设定方法与双重门槛模型设定方法相同，本书不再赘述。

第二节　变量选择

森（2013）认为，异质性因素在使核心变量向功能性活动转化的过程中形成系统性差异，即异质性因素影响功能性活动效率，从而导致福利不平等。如前所述，农户福利存在“复杂性”和“模糊性”，加上解释变量对被解释变量的因果效应（Causal Effect）可能存在差异，如果解释变量太少，则可能存在遗漏变量偏差（Omitted Variable Bias）。因此，本书将解释变量区分为“核心解释变量”与“其他控制变量”。由此将变量设置为四个组别：一是被解释变量；二是核心解释变量；三是其他控制变量；四是门槛变量。下面对变量选择进行说明。

一、被解释变量

土地征收使农户从征地前的一种福利状态变化为征地后的另一种福利状态。被征地农户福利变化是指“征地后农户福利水平”与“征地前农户福利水平”之差。因此，本书的因变量是指“被征地农户福利变化”，即“征地后农户福利水平-征地前农户福利水平”。

二、核心解释变量

根据第四章的理论分析，被征地农户福利变化主要受到土地征收特征变量、农户分化特征变量和门槛变量的影响。主要原因有三个方面：一是我国《宪法》和《土地管理法》的相关规定，形成了我国征地制度的三个构成要件，即征地范围、征地程序和征地补偿标准（刘守英，2014；欧阳君君，2016）。我国法律赋予政府“征地权”的同时，要求征地范围必须基于公共利益；征地过程必须遵循“正当程序”；对土地的原使用者给予“合理补偿”（陈国富，卿志琼，2009；刘旭华，2017）。因此，上述三个征地要件既是我国征地制度改革的主流观点，也是被征地农户的土地合法权益是否得到保障的关键所在。但是，在执行征地制度的过程中可能存在某些偏误，导致农户福利受到影响。鉴于此，本书以征地范围、征地程序和征地补偿标准为基础，选择土地征收特征变量。其中，征地范围以“征地目的”表示；征地程序在“两公告一登记”制度和《国土资源听证规定》的基础上，以“征地面积”“是否进行征地情况公告”和“是否组织征地听证”表示；征地补偿标准则根据研究区域的实际情况，以征地补偿政策代替，并以“是否获得周转房”与“是否获得安置房”表示。二是改革开放以来，尤其进入21世纪以后，农户进入城市非农领域工作越来越普遍，农户分化日趋明显（李宪宝，高强，2013；孙小宇等，2019）。对于农户分化的特征，有学者按照收入划分（黄贻芳，钟涨宝，2013；苏群等，2016；赵丹丹，周宏，2018），也有学者按照职业划分（王敏等，2016）。由于农村政策多元化，使农户分化类型不断细化，所以前述划分已难以准确描述农户的微观特征（邹伟等，2017；陈中伟，2018）。从表面上看，农户分化表现为职业分化，但最终还是反映到收入分化上。借鉴已有研究成果，本书选取不同类型农户的家庭收入水平与劳动力非农就业比重来反映农户分化特征变量。

（一）征地目的

一般而言，如果政府征地是基于公共利益，就理应接纳农户，并为农户提供公益性非农就业岗位，从而改善征地后农户福利水平。但是，如果政府征地是基于非公共利益，开发商是理性的“经济人”，其追求的目标是其利益最大化，则不愿意为被征地农户提供非农就业岗位，导致征地后农户福利水平下降。

（二）征地面积

土地是农户最基本的生产资料。征地面积越大，对家庭农业收入的影响就越大，从而对农户福利水平的影响也越大。然而，根据农户分化机理，征地面积越大越能促进农户家庭的非农就业，导致家庭总收入增加。此时，征地面积越大，对农户福利水平的影响反而越小。

（三）是否进行征地情况公告

根据《国土资源部关于完善征地补偿安置制度的指导意见》（国土资发〔2004〕238 号）的规定，征地情况公告属于“批前三程序”的重要内容。其中，第一次公告内容为“征收土地公告”。根据我国《征用土地公告办法》（中华人民共和国国土资源部令　第 10 号）和《征收土地公告办法》（2010 年中华人民共和国国土资源部令　第 49 号），被征土地所在地的市、县人民政府应当在收到省级政府批准征地的文件后，以村为单位拟订“征收土地公告”，公告期为 10 个工作日。公告内容包括：征地批准机关、批准文号、批准时间、批准用途，被征收土地的所有权人、位置、地类、面积、征地补偿标准，农业人员安置途径，办理征地补偿登记的期限、地点等。未依法进行公告的，被征地村集体、村民或者其他权利人有权依法要求公告，有权拒绝办理征地补偿登记手续。第二次公告内容为“征地补偿安置方案公告”。根据上述规定，被征土地所在地的市、县人民政府，应当在收到省级政府批准征地文件（《征收土地方案》）后 45 日内，以村为单位拟订“征地补偿安置方案公告”，并予以公告，公告期为 10 个工作日。公告内容包括：建设项目名称、被征地村庄、征收土地位置、征地面积、补偿安置方案等。因此，进行征地情况公告，不但能保证农户获得征地知情权和参与权，而且会增加农户对征地的满意度，使征地后农户的福利水平得到提高。

（四）是否组织征地听证

2004 年，原国土资源部出台的《国土资源听证规定》（国土资源部令　第 22 号），规定了依职权听证和依申请听证的范围和程序。根据《国土资源部关于进一步做好征地管理工作的通知》（国土资发〔2010〕96 号）的规定，征收农民土地要确保农民的知情权、参与权、申诉权和监督权。因此，听证和公告是征地程序的“一个问题的两个方面”。是否组织征地听证，意味着征地程序是否公开透明，农户的知情权、参与权、申诉权和监督权能否得到保证。因此，组织征地听证关系到农户土地合法权益的保护，能保证农户对征地补偿方案拥有知情权和参与权。一般来说，政府组织征地听证能增加农户对征地的满意度，使征地后农户的福利水平得到一定程度的提高。

（五）是否获得周转房

周转房是指临时安排人员居住和存放物品的过渡性住房。一方面，周转房居住面积小、设备简陋、配套设施不完善等原因，可能导致被征地农户居住的舒适度和征地满意度降低，从而使征地后农户福利水平下降。从另一方面来看，虽然征地可能直接影响农户的生产生活，但政府为农户提供临时过渡的周转房，可解决被征地农户的燃眉之急，反而使农户得到一种心理满足，从而提高农户福利水平。

（六）是否获得安置房

安置房是经过政府统一规划、统一建设、统一配套的，为安置被征地农户所建造的房屋。一般来说，与农户原来居住的村庄相比，安置房及其小区生活环境大有改观。因此，征地后如果农户获得安置房，会使农户的居住条件和社区环境得到改善，从而提高农户福利水平。

（七）家庭人均年收入

如前所述，土地征收对农户家庭收入影响最大的是“农业收入”。因此，本书将“农业收入比重”作为农户分化程度的划分依据。然而，对于家庭收入水平来说，主要表征指标有农业收入、非农收入、总收入、纯收入、人均年收入等。其中，家庭总收入包括农业收入和非农收入。总收入比较大的家庭其人口也可能较多；家庭纯收入较大的家庭其收入总量可能不大，并且支出总量也不大。显然，农业收入、非农收入、总收入和纯收入都无法很好地解释农户家庭经济状况。从这一点来说，“人均年收入”这个指标恰恰具有很明显的优势。因此，在本书中将“农业收入比重”作为门槛变量，农户分化特征变量用“家庭人均年收入”来表示。

（八）劳动力非农就业比重

这一指标可以反映农户之间的职业分化程度。一般而言，劳动力非农就业比重越高，农户之间的职业分化程度越大，征地对农户福利的影响反而越小。

但是，也有可能出现另一种情况：劳动力非农就业比重越高，农户越不愿意放弃土地（李荣耀和叶兴庆，2019），而是要保留土地“有在那里”的感觉（贺雪峰，2013），导致劳动力非农就业比重越高，征地对农户福利的影响越大。

三、其他控制变量

为了更准确地把握土地征收与农户分化对农户福利变化的影响，需要将可能引起“农户福利变化”的其他变量“控制住”。因此，本书将可能引起“农户福利变化”的其他变量作为控制变量进行考察。这些变量包括：户主年龄、户主健康状况、被抚养人口数量等。

（一）户主年龄

户主是家庭经营的倡导者和决策者。在家庭成员中，户主最具影响力，对家庭的生产经营活动具有很大的影响（许恒周和郭忠兴，2011；张建杰和张政清，2019）。但是，户主的思维方式和行事逻辑与其年龄有关。一般而言，户主的年龄越大，土地情结越浓，农业生产技能越高，经验越丰富，接受非农就业的能力越弱，所以征地对农户福利水平的影响越大。但是，如果户主过于年轻，也有可能因缺乏人脉和经验而导致决策失误，使征地对农户福利水平的影响也比较大。

（二）户主健康状况

户主不但在家庭劳动力安排和生产决策方面拥有决定权（Kung，2002），还是家庭经济的引领者和代言人。户主的健康状况直接影响家庭的生产安排与生活决策。一般认为，户主身体越健康，带领家庭成员致富的能力越强，家庭的生产经营安排得更有条理，导致征地对农户福利水平的影响越小。

（三）被抚养人口数量

被抚养人口的数量是家庭负担的一个标志。一般来说，被抚养人口越多，家庭负担越重，征地对农户的生存和发展造成的压力越大。因此，对于农户来说，被抚养人口数量越多，征地对其福利水平的影响也越大。

第三节　描述性统计分析与数据处理

一、描述性统计分析

本书在对被解释变量和解释变量进行定义的基础上，进行描述性统计分析，包括总体样本描述性统计分析和单因素描述性统计分析。

（一）总体样本描述性统计分析

根据前述理论分析，结合实地调研数据，得到总体样本的相关变量定义与描述性统计，分析结果如表 6-1 所示。

表 6-1　总体样本描述性统计分析

变量类型	变量名称	代码	变量赋值	均值	标准差
被解释变量	农户福利变化	Y	农户福利模糊评价值（征地后-征地前）	0.02	0.01
核心解释变量	征地目的	X_1	1=公共利益；0=非公共利益	0.37	0.48
	征地面积	X_2	实际观测值（亩）	1.88	1.68
	是否组织征地情况公告	X_3	1=是；0=否	0.57	0.50
	是否组织征地听证	X_4	1=是；0=否	0.21	0.41
	是否获得周转房	X_5	1=是；0=否	0.15	0.35
	是否获得安置房	X_6	1=是；0=否	0.14	0.35
	家庭人均年收入	X_7	实际观测值（万元）	0.93	0.84
	劳动力非农就业比重	X_8	非农就业劳动力人数/家庭劳动力总数（%）	60.83	33.09
其他控制变量	户主年龄	X_9	实际观测值（岁）	46.70	10.07
	户主健康状况	X_{10}	1=不好；2=一般；3=好	2.70	0.58
	被抚养人口数量	X_{11}	实际观测值（人）	2.28	1.64

（二）单因素描述性统计分析

单因素描述性统计分析以解释变量与被解释变量的关系展开，包括三项内容：一是土地征收特征与农户福利变化；二是农户分化特征与农户福利变化；三是农户基本特征与农户福利变化。

1. 土地征收特征与农户福利变化

一是征地目的。基于公共利益的征地活动的农户福利水平变化值（0.027）大于基于非公共利益的征地活动的农户福利水平变化值（0.018）。二是征地面积与农户福利水平变化呈反向关系，即征地面积越大，农户福利水平变化越小。其中，征地面积≤1 亩时，农户福利水平变化值（0.028）最大；征地面积>3 亩时，农户福利水平变化值（0.006）最小。三是是否进行征地情况公告。进行征地情况公告时的农户福利水平变化值（0.026）大于不进行征地情况公告时的农户福利水平变化值（0.015）。四是是否组织征地听证。组织征地听证时的农户福利水平变化值（0.034）大于不组织征地听证时的农户福利水平变化值（0.018）。五是是否获得周转房。获得周转房时的农户福利水平变化值（0.025）大于未获得周转房时的农户福利水平变化值（0.020）。六是是否获得安置房。获得安置房时的农户福利水平变化值（0.055）大于未获得安置房时的农户福利水平变化值（0.016）。土地征收特征与农户福利变化的详细情况，如表 6-2 所示。

表 6-2　土地征收特征与农户福利变化

（1=是；0=否）	代码	频数	比例（%）	均值	标准差
是否公共利益	X_1				
$X_1=1$		161	37.18	0.027	0.059
$X_1=0$		272	62.82	0.018	0.050
征地面积（亩）	X_2				
$X_2\leqslant 1$		178	41.11	0.028	0.049
$1<X_2\leqslant 2$		126	29.10	0.023	0.052
$2<X_2\leqslant 3$		65	15.01	0.015	0.059

续表

（1=是；0=否）	代码	频数	比例（%）	均值	标准差
$X_2>3$		64	14.78	0.006	0.059
是否进行征地情况公告	X_3				
$X_3=1$		245	56.58	0.026	0.056
$X_3=0$		188	43.42	0.015	0.049
是否组织征地听证	X_4				
$X_4=1$		92	21.25	0.034	0.063
$X_4=0$		341	78.75	0.018	0.050
是否获得周转房	X_5				
$X_5=1$		63	14.55	0.025	0.050
$X_5=0$		370	85.45	0.020	0.054
是否获得安置房	X_6				
$X_6=1$		60	41.11	0.055	0.055
$X_6=0$		373	29.10	0.016	0.051

2. 农户分化特征与农户福利变化

一是家庭人均年收入与农户福利变化呈反向关系。人均年收入≤0.5万元时，农户福利水平变化值（0.025）最大；人均年收入>1.5万元时，农户福利水平变化值（0.010）最小。二是劳动力非农就业比重与农户福利变化呈正向关系。劳动力非农就业比重≤25%时，农户福利水平变化值（0.016）最小；劳动力非农就业比重>75%时，农户福利水平变化值（0.027）最大。农户分化特征与农户福利变化的详细情况，如表6-3所示。

表6-3 农户分化特征与农户福利变化

	代码	频数	比例（%）	均值	标准差
家庭人均年收入（万元）	X_7				
$X_7\leq 0.5$		149	34.41	0.025	0.057
$0.5<X_7\leq 1.0$		135	31.18	0.023	0.055
$1.0<X_7\leq 1.5$		68	15.70	0.023	0.046
$X_7>1.5$		81	18.71	0.010	0.059

续表

	代码	频数	比例（%）	均值	标准差
劳动力非农就业比重	X_8				
$X_8 \leqslant 25\%$		75	17.32	0.016	0.051
$25\% < X_8 \leqslant 50\%$		141	32.56	0.019	0.046
$50\% < X_8 \leqslant 75\%$		68	15.70	0.020	0.055
$X_8 > 75\%$		149	34.41	0.027	0.060

3. 农户基本特征与农户福利变化

一是户主年龄与农户福利变化的关系以40岁为界限。当户主年龄大于40岁时，年龄越大，征地对农户福利水平的影响越大。其中，户主年龄为40~50岁的农户，农户福利水平变化值（0.014）最小；户主年龄大于60岁的农户，农户福利水平变化值（0.039）最大。二是户主健康情况与农户福利水平变化呈反向关系。户主健康情况表现为“不好”时，农户福利水平变化值（0.041）最大；户主健康情况表现为“好”时，农户福利水平变化值（0.019）最小。户主健康情况越好，征地对农户福利水平的影响越小。三是被抚养人口数量与农户福利变化呈正向关系。被抚养人口数量为0时，农户福利水平变化值（0.017）最小；被抚养人口数量≥4人时，农户福利水平变化值（0.028）最大。农户基本特征与农户福利变化的详细情况，如表6-4所示。

表6-4　农户基本特征与农户福利变化

	代码	频数	比例（%）	均值	标准差
户主年龄（岁）	X_9				
$X_9 \leqslant 40$		138	31.87	0.025	0.047
$40 < X_9 \leqslant 50$		132	30.48	0.014	0.049
$50 < X_9 \leqslant 60$		115	26.56	0.017	0.055
$X_9 > 60$		48	11.09	0.039	0.070
户主健康情况	X_{10}				
$X_{10} = 1$		28	6.47	0.041	0.077

续表

	代码	频数	比例（%）	均值	标准差
$X_{10}=2$		72	16.63	0.021	0.053
$X_{10}=3$		333	76.91	0.019	0.051
被抚养人口数量（人）	X_{11}				
$X_{11}=0$		51	11.78	0.017	0.056
$X_{11}=1$		87	20.09	0.018	0.054
$X_{11}=2$		135	31.18	0.019	0.044
$X_{11}=3$		80	18.48	0.025	0.051
$X_{11}\geqslant 4$		80	18.48	0.028	0.064

二、多重共线性检验

在多元回归分析中，如果存在两个或两个以上解释变量彼此相关时，可能导致结果混乱，甚至将回归分析引入歧途。因此，在进行 Stata 回归分析之前，需要判断解释变量是否存在多重共线性（Multicollinearity），以确保模型的稳定性与准确性。检验过程如下。

首先，通过计算模型中各个解释变量之间的相关系数，得到相关系数矩阵。检验结果显示：是否进行征地情况公告 X_3 与是否组织征地听证 X_4 之间的相关系数是 0.221。这个系数是所有解释变量之间相关系数最大的两个变量。除此之外，其他解释变量之间的相关系数都小于 0.221。初步表明，本书选择的 12 个解释变量之间不存在多重共线性。

其次，为了进一步证实解释变量之间不存在多重共线性，本书通过容忍度（Tolerance）进行多重共线性检验。具体步骤：假设征地目的 X_1 为因变量，其他自变量作为预设变量，进行回归，计算出容忍度值。通常认为，容忍度值小于 0.1 时，变量之间存在多元共线性。然而，通过依次轮换变量作为因变量，可分别得到每个自变量的容忍度值。从检验结果来看，最小容忍度值为 0.784，远远大于容忍度下限值 0.1，进一步证明 11 个解释变量之间不存在多重共线性。

最后，如果通过观察方差扩大因子值（VIF）就会发现，VIF 值为 1.13。其中，VIF 等于容忍度值的倒数，一般认为，VIF 大于 10 时，变量之间存在多元共线性。显然，VIF 为 1.13 远远小于其上限值 10。由此得知，本书所选择的变量之间不存在多重共线性，因此可以通过模型进行回归分析。

三、门槛值估计

在进行影响因素对农户福利的回归分析之前，首先需要确定门槛的个数，然后以此来确定模型的形式。在此可以通过“自抽样法”（Bootstrap）获得其渐进分布（Hansen，2000）。具体做法是：依次在不存在门槛、一个门槛、两个门槛和三个门槛的设定下，对模型（6-2）进行估计，由此得出 F 统计量，同时采用“自抽样法”得到 P 值。

抽样结果显示：模型没有拒绝研究假说，门槛个数表现为最少 1 个，最多 3 个。检验结果表明：单一门槛效果都在 1%的统计水平下显著，自抽样 P 值为 0.000；双重门槛效果都在 1%的统计水平下显著，自抽样 P 值为 0.010；三重门槛效果都在 10%统计水平下显著，自抽样 P 值为 0.073，如表 6-5 所示。根据抽样结果，本书认为，选择双重门槛模型更具有优越性。为此，本书将根据双重门槛模型展开分析。

表 6-5　门槛效果检验结果

				临界值		
模型	F 值	P 值	BS 次数	1%	5%	10%
单一门槛	23.455***	0.000	300.000	7.783	3.449	2.439
双重门槛	6.755***	0.010	300.000	6.685	3.600	0.752
三重门槛	4.792*	0.073	300.000	7.831	5.378	3.452

注：***、** 和 * 分别表示在 1%、5%和 10%水平下显著，下同。

四、 检验与解释

（一）门槛值检验

根据上述内容，得到门槛参数的估计值后，需要进行两个方面检验：一是门槛效果是否显著；二是门槛估计值是否等于其真实值。实际上，表 6-5 已经表明门槛效果是显著的，即双重门槛模型在 1%的统计水平下显著。接下来，需要进一步检验门槛估计值是否与真实值一致，检验步骤如下。

一是门槛值是否处于置信区间。表 6-6 已经很清晰地给出了与两个门槛的估计值 8.642 和 48.852 相对应的置信区间。结果显示：这两个门槛值都处于 95%置信区间。

表 6-6　门槛值估计结果

	门槛估计值	95%置信区间
门槛值 γ_1	8.642	[6.210，12.302]
门槛值 γ_2	48.852	[7.913，96.971]

二是分析置信区间构造过程。为了更加清晰地获知两个门槛值 γ_1 和 γ_2 的估计与置信区间的构造过程，可以通过似然比函数图加以理解。可将似然比检验统计量 LR 为 0 时 γ 的取值确定为门槛参数估计值。首先，在双重门槛模型中得到第一个门槛估计值 8.642，然后借助 Stata14.1 绘制出似然比函数图，如图 6-1 所示。由于门槛值的 95%置信区间是所有 LR 值小于 5%显著水平下的临界值 7.352，即图 6-1 中对应虚线的 γ 构成的区间。

同理，可得到第二个门槛估计值 48.852，并借助 Stata14.1 绘制出似然比函数图，如图 6-2 所示。由于门槛值的 95%置信区间是所有 LR 值小于 5%显著水平下的临界值 48.852，即图 6-2 中对应虚线的 γ 构成的区间。

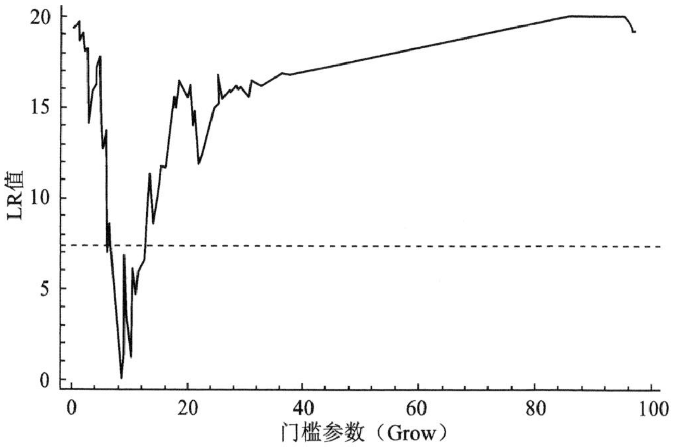

图 6-1　第一个门槛估计值和置信区间的似然比函数图

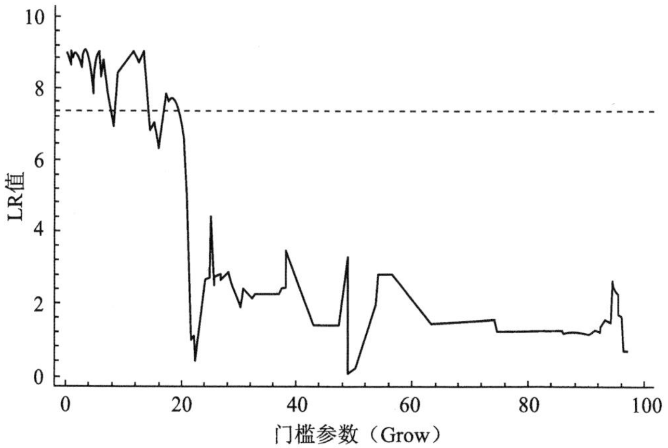

图 6-2　第二个门槛估计值和置信区间的似然比函数图

（二）门槛值检验结果解释

由于上述多重门槛模型不拒绝本书的研究假设，验证了不同农业收入比重下，农户的人均年收入与其福利变化之间呈非线性关系，存在多重门槛效应。但是，本章在对农户福利进行测度之前，已经以农业收入比重为农户分化程度的划分依据，按照农业收入的区间分布把样本农户分为纯农户、Ⅰ兼农户、Ⅱ兼农户和非农户，即按照农户收入比重进行主观分类。这里就出现了一个新问题：原来的农户分类结果与模型拟合结果是否一致？下面就针对这个问题进行解释。

如前所述，本书选择的双重门槛模型最具有优越性。因为双重门槛模型不仅在1%的统计水平下显著，而且模型拟合得到的两个门槛估计值8.642和48.852分别被置于95%置信区间［6.210，12.302］和［7.913，96.971］内。据此，可以根据这两个门槛估计值及农户家庭农业收入比重分三种情况进行讨论：一是 $48.852<Grow\leq 100$，这种情况对应于纯农户和Ⅰ兼农户；二是 $8.642<Grow\leq 48.852$，这种情况对应于Ⅱ兼农户；三是 $Grow\leq 8.642$，这种情况对应于非农户。

上述三种情况恰恰对“原来的农户分类结果与模型拟合结果是否一致”这一问题产生了很强的解释能力。如表6-7所示，纯农户和Ⅰ兼农户的模型拟合结果的分布区间完全包含原来农户分类结果的分布区间；Ⅱ兼农户和非农户的模型拟合结果的分布区间绝大部分包含原来农户分类结果的分布区间。这不仅说明原来对农户的分类结果是可信的，也说明了由于纯农户与Ⅰ兼农户的分异特征不明显，将二者合并在一起讨论也是正确的。

表6-7　农户分类结果与模型拟合结果比较

频数（户）	纯农户	Ⅰ兼农户	Ⅱ兼农户	非农户
	50	15	115	253
农户分类	[90，100]	[50，90)	[10，50)	[0，10)
模型拟合	[48.852，100]	[8.642，48.852)	[0，8.642)	

第四节　结果与讨论

一、回归结果总体分析

本书利用Stata14.1软件，采用OLS方法与双重门槛模型进行估计，侧重考察土地征收与农户分化对农户福利变化的影响。总体样本回归结果显示：一是土地征收对农户福利产生影响；二是农户分化导致征地前后不同类型农户福利变化形成差异；三是不同类型农户的家庭收入水平与征地前后农户福利变化之间存在门槛效应。总体样本回归结果验证了本书的三个研究假说。总体样本农户回归结果如表 6-8 所示。

表 6-8　总体样本农户回归结果

类型	变量	代码	回归系数	标准误
核心解释变量	征地目的	X_1	0.002	0.400
	征地面积	X_2	-0.007***	-4.80
	是否进行征地情况公告	X_3	0.008*	1.660
	是否组织征地听证	X_4	0.014**	2.400
	是否获得周转房	X_5	0.027***	4.090
	是否获得安置房	X_6	0.051***	7.440
	家庭人均年收入	X_7	-0.003***	-2.750
其他控制变量	劳动力非农就业比重	X_8	0.001*	1.730
	户主年龄	X_9	0.001*	1.850
	户主健康状况	X_{10}	-0.011***	-2.740
	被抚养人口数量	X_{11}	0.003**	2.000
	常数项		0.004	0.180
模型参数	R^2	0.325		
	调整后的 R^2	0.303		
	F 统计量	14.400		
	样本量	433		

（一）核心解释变量对农户福利变化的影响

核心解释变量对农户福利变化的影响包括土地征收特征变量和农户分化特征变量对农户福利的影响。具体分析如下。

1. 征地目的表现为不显著

可能的原因：一是如果征地是基于公共利益，理应为农户提供公益性非农就业岗位，使征地后农户福利水平得到提高；反之，如果征地是基于非公共利益，因开发商追求的是其利益最大化，所以一般不愿意为农户提供非农就业岗位，导致征地后农户的福利水平下降。二是由于公共利益与非公共利益的界限很模糊，加上征地后政府安排的非农就业人数很少，导致征地目的对农户福利变化表现为不显著。

2. 征地面积表现为显著负向影响

可能的原因：征地面积越大，农户向非农产业转移的可能性就越大，使农户福利受到的影响反而越小。

3. 是否进行征地情况公告表现为显著的正向相关，且在0的统计水平下显著

可能的原因：进行征地情况公告可提升征地的透明度，在一定程度上可保证农户对征地的“话语权”，增加农户对征地的满意度，从而使农户福利水平得到提高。

4. 是否组织征地听证表现为显著的正向相关，且在5%的统计水平下显著

可能的原因：组织征地听证能进一步规范征地程序，使农户利益得到充分表达，有利于保障农户的合法权益，从而使农户福利水平得到提高。

5. 是否获得周转房表现为显著的正向影响，且在1%的统计水平下显著

可能的原因：对于获得周转房的农户来说，因为征地后政府为其提供临时过渡的周转房，可解决燃眉之急，使农户得到一种心理满足，从而使农户福利水平得到提高。

6. 是否获得安置房表现为显著的正向影响，且在1%的统计水平下显著

可能的原因：对于获得安置房的农户来说，由于安置房的居住条件及其小区环境比原来居住的农村有所改观，搬进安置房后既改善了居住的硬件，又提高了公共服务水平，所以使农户福利水平得到提高。

7. 家庭人均年收入对农户福利变化的影响

纯农户和Ⅰ兼农户表现为显著的负向相关，在1%的统计水平下显著；Ⅱ兼农户表现为显著的负相关，在10%的统计水平下显著；非农户表现为不相关。具体原因将在回归结果的差异性分析中进行详细阐述。

8. 劳动力非农就业比重表现为显著的正向影响

可能的原因：劳动力非农就业比重越高，农户反而越不愿意放弃土地。例如，家庭经济状况比较好的非农户可能存在这种情况，对于他们来说，征地补偿不会使他们的生活发生质的改变，他们宁可将土地“放在那里”，也不愿意被征收。这就导致征地对他们造成心理负担，从而对农户福利产生正向影响。

（二）其他控制变量对农户福利变化的影响

其他控制变量对农户福利变化影响的简要分析如下。

1. 户主年龄与户主健康状况

户主年龄表现为显著的正向影响；户主健康状况对农户福利变化有显著的负向影响。可能的原因：户主年龄越大，土地情结越浓，农业生产技能越高，经验越丰富，越不愿意接受非农就业，难以使其征地后农户福利水平得到提高；然而，户主身体越健康，家庭经营管理能力越强，能对家庭的生产经营活动做出有条理的安排，反而使其征地后农户福利水平得到提高。

2. 被抚养人口数量表现为显著的正向影响

可能的原因：农户家庭的被抚养人口越多，家庭负担越重。与征地前相比，农户面临的生存压力和发展压力更大，使征地后农户福利水平更加难以得到提高。

3. 家庭人均年收入表现为显著的负向影响

可能的原因：家庭人均年收入越多，化解征地风险的能力越强。因此，征地对农户福利水平的影响反而越小。

二、 回归结果差异性分析

纯农户和Ⅰ兼农户、Ⅱ兼农户、非农户的回归结果如表6-9所示。不同类型农户回归结果的差异性分析如下。

表6-9 不同类型农户回归结果的差异性

类型	变量	代码	农户分化程度		
			纯农户和Ⅰ兼农户	Ⅱ兼农户	非农户
门槛变量	家庭农业收入比重	X_0	$X_0 \geqslant 50\%$	$10\% \leqslant X_0 < 50\%$	$X_0 < 10\%$
核心解释变量	征地目的	X_1	-0.021 (-1.580)	0.008 (-0.750)	0.004 (-0.690)
	征地面积	X_2	-0.004 (-1.160)	0.002 (-0.520)	-0.002 (-0.920)
	是否进行征地情况公告	X_3	0.024 * (-1.880)	0.003 (-0.250)	0.012 * (-1.850)
	是否组织征地听证	X_4	-0.016 (-0.910)	0.004 (-0.360)	0.037 *** (-4.450)
	是否获得周转房	X_5	-0.021 (-1.070)	0.019 (-1.200)	0.014 (-1.620)
	是否获得安置房	X_6	0.073 *** (-3.240)	0.053 *** (-3.370)	0.029 *** (-3.300)
	家庭人均年收入	X_7	-0.051 *** (-3.300)	-0.013 * (-1.750)	0.010 (1.630)
	劳动力非农就业比重	X_8	0.000 (-1.210)	0.001 (-0.530)	0.001 ** (-2.010)
其他控制变量	户主年龄	X_9	-0.001 (-1.030)	0.000 (-0.730)	0.001 (-1.650)
	户主健康状况	X_{10}	-0.025 ** (-2.440)	0.002 (-0.240)	-0.013 ** (-2.350)
	被抚养人口数量	X_{11}	0.003 (-0.770)	0.002 (-0.750)	0.003 (-1.550)
	常数项	C	0.116 * (-2.430)	-0.024 (-0.650)	0.008 (-0.310)

续表

类型	变量	代码	农户分化程度		
			纯农户和Ⅰ兼农户	Ⅱ兼农户	非农户
模型参数	R^2		0.385	0.148	0.207
	调整后的 R^2		0.258	0.057	0.171
	F 统计量		3.021	1.623	5.727
	样本量		65	115	253

（一）纯农户和Ⅰ兼农户

1. 核心解释变量对农户福利变化的影响

（1）表现为显著的变量有 3 个：一是是否进行征地情况公告，有显著的正向影响，且在 10%的统计水平下显著；二是是否获得安置房，有显著的正向影响，且在 1%的统计水平下显著；三是家庭人均年收入，有显著的正向影响，且在 1%统计水平下显著。可能的原因：第一，进行征地情况公告有利于增加纯农户和Ⅰ兼农户的“话语权”，提升征地的透明度，可使他们获得比较好的心理感受，从而对福利变化呈现出显著的正向影响。第二，如果纯农户和Ⅰ兼农户从农村搬迁到安置房居住，能够明显改善他们的居住条件和居住环境，从而对农户福利变化产生显著的正向影响。第三，在纯农户和Ⅰ兼农户的家庭人均年收入构成中，农业收入的占比很大。征地影响的主要是家庭的农业收入。因此，家庭人均年收入越多，征地对其影响越大，征地后福利水平越难以得到提高，导致家庭人均年收入对福利变化呈现出显著的负向影响。

（2）表现为不显著的变量有 5 个：征地目的、征地面积、是否组织征地听证、是否获得周转房、劳动力非农就业比重。可能的原因：第一，征地目的表达过于模糊，而且征地后政府向农户提供的非农就业岗位不多，用地单位也不会向农户提供相关就业岗位。第二，政府是否组织征地听证和被征地农户是否获得周转房均表现为不显著，因为纯农户和Ⅰ兼农户在农村相对生活在底层，关注上述内容的户数比较少，导致样本分布特征不明显。第三，征地面积和劳动力非农就业比重表现为不显著，是由纯农户和Ⅰ兼农户的样本容量（Sample Size）偏小，分布特征不明显所致。

2. 其他控制变量对农户福利变化的影响

（1）表现为显著的变量有1个：户主健康状况。其对农户福利变化有显著的负向影响，且在5%的统计水平下显著。可能的原因：纯农户和Ⅰ兼农户对土地具有很强的依赖性，主要从事以体力劳动为主的农业生产。因此，户主身体越健康，对生产经营活动的变化越敏感，也越有利于化解征地带来的风险和征地后福利水平的提高，从而降低征地对农户福利水平的影响。

（2）表现为不显著的变量有2个：户主年龄、被抚养人口数量。可能的原因：纯农户和Ⅰ兼农户的样本容量（Sample Size）偏小，分布特征不明显等。

（二）Ⅱ兼农户

1. 核心解释变量对农户福利变化的影响

（1）表现为显著的变量有2个：是否获得安置房和家庭人均年收入。一是是否获得安置房对农户福利变化有显著的正向影响，在1%的统计水平下显著。可能的原因：Ⅱ兼农户的家庭经济状况对于纯农户和Ⅰ兼农户来说，总体上要好一些，客观上存在搬迁的意愿。如果征地后能够获得安置房，既能改善Ⅱ兼农户的居住条件和居住环境，也能满足Ⅱ兼农户对搬迁的诉求，从而提高农户福利水平。二是家庭人均年收入对农户福利变化有显著的负向影响，且在10%统计水平下显著。可能的原因：由于征地对家庭收入的影响主要是农业收入。然而，Ⅱ兼农户的家庭人均年收入构成中，非农收入比重上升幅度较大。因此，家庭人均年收入越多，征地风险的化解能力就越强，征地对农户福利变化的影响越小。

（2）表现为不显著的变量有6个：征地目的、征地面积、是否进行征地情况公告、是否组织征地听证、是否获得周转房、劳动力非农就业比重。可能的原因：第一，征地目的的表达过于模糊，征地后用地单位一般没有向农户提供非农就业岗位的意愿。第二，政府是否进行征地情况公告、是否组织征地听证、是否获得周转房均表现为不显著，因为尽管Ⅱ兼农户对上述内容给予一定的关注，但关注的农户数量有限，分布特征不明显。第三，尽管在Ⅱ兼农户的家庭人均年收入构成中，非农收入比重上升幅度较大，但是其收入来源还不够稳定，家庭经济来源仍在农业生产收益和非农收入之间徘徊。因此，劳动力非农就业比重对农户福利变化的影响不显著。

2. 其他控制变量对农户福利变化的影响

（1）表现为显著的变量：无。

（2）表现为不显著的变量有 3 个：户主年龄、户主健康状况、被抚养人口数量。可能的原因：Ⅱ兼农户对土地的依赖性已经减弱，家庭生产经营已经不是简单意义上的农业生产。在家庭收入构成中，非农收入比重已经占有比较大的份额，家庭的生活来源与征地风险的化解可以通过非农收入实现。

（三）非农户

1. 核心解释变量对农户福利变化的影响

（1）表现为显著的变量有 4 个：是否进行征地情况公告、是否进行征地听证、是否获得安置房、劳动力非农就业比重。它们对农户福利变化均有显著的正向影响。其中，是否进行征地情况公告在 10%的统计水平下显著；是否进行征地听证在 1%的统计水平下显著；是否获得安置房也在 1%的统计水平下显著。可能的原因：第一，进行征地情况公告和组织征地听证都可以提升政府的征地透明度，强化征地的公众参与行为，增加非农户对征地的满意度，使非农户福利水平得到提高。第二，非农户一般具有相对稳定的非农就业，家庭经济条件也比较好，为了便于工作，客观上存在搬迁的意愿。如果征地后能够获得安置房，不但满足了非农户对搬迁的诉求，也更有利于他们在城市的工作和生活，从而提高非农户福利水平。第三，劳动力非农就业比重越高，意味着农户的非农收入越高，从而可以有效地化解征地风险，导致劳动力非农就业比重与农户福利水平变化呈正向相关。

（2）表现为不显著的变量有4个：征地目的、征地面积、是否获得周转房、家庭人均年收入。可能的原因：第一，征地目的不显著的原因如前所述，即征地目的的表达过于模糊，征地后用地单位一般没有向农户提供非农就业岗位的意愿。同时，Ⅱ兼农户的非农收入占比已经比较高，对于他们来说，对土地的依赖性较弱。因此，征地目的和征地面积表现为不显著。第二，由于周转房的居住面积较小，活动空间有限，与非农户的诉求相悖。虽然非农户获得周转房，但临时过渡特征很明显，不利于非农户的工作和生活，对非农户生产生活的帮助也不大。因此，征地目的和是否获得周转房对非农户福利变化表现为不显著。第三，对于非农户来说，在家庭人均年收入的构成中，农业收入的比重本来就不大，相比之下，征地对农户福利的影响并不大。因此，非农户的家庭人均年收入对农户福利变化表现为不显著。

2. 其他控制变量对农户福利变化的影响

（1）表现为显著的变量有1个：户主健康状况。它对农户福利变化有显著的负向影响，且在5%的统计水平下显著。可能的原因：非农户对土地的依赖性比较弱，主要供职于城市的非农产业。户主的健康状况越好，对劳动力市场的变化越敏感，越有利于安排家庭的生产经营活动，从而获得稳定的非农收入来源，降低征地对农户福利变化的影响。

（2）表现为不显著的变量有2个：户主年龄和被抚养人口数量。可能的原因：非农户对土地的依赖性不强，户主年龄与家庭经营管理的关联性不大。同时，非农户的家庭经济状况比较好，非农收入比重的份额比较大，扶养老人和孩子没有形成多大的压力。

三、回归结果进一步讨论

尽管实证结果验证了本书的研究假说，但通过进一步总结发现，回归结果具有以下特征。

（一）存在对不同类型农户福利变化都产生影响的变量

这种变量只有 1 个：是否获得安置房。它对纯农户和Ⅰ兼农户、Ⅱ兼农户、非农户均有显著的正向影响，均在 1%的统计水平下显著。

（二）存在对不同类型农户福利变化产生差异性影响的变量

分为两种情况：一是核心解释变量中，对不同类型农户产生差异性影响的变量有 4 个，即是否进行征地情况公告、是否组织征地听证、家庭人均年收入与劳动力非农就业比重。首先，是否组织征地听证对非农户有显著的正向影响，且在 1%的统计水平下表现为显著。但是，其对纯农户和Ⅰ兼农户、Ⅱ兼农户均表现为不显著。其次，是否进行征地情况公告对纯农户和Ⅰ兼农户、非农户均有显著的正向影响，且均在 10%的统计水平下显著。但是，其对Ⅱ兼农户表现为不显著。再次，家庭人均年收入对纯农户和Ⅰ兼农户、Ⅱ兼农户均有显著的反向影响。它对纯农户和Ⅰ兼农户的影响在 1%的统计水平下显著；对Ⅱ兼农户的影响在 10%的统计水平下显著。最后，劳动力非农就业比重对非农户有显著的正向影响，且在 5%的统计水平下显著。但是，其对纯农户和Ⅰ兼农户、Ⅱ兼农户均表现为不显著。

二是其他控制变量中，对不同类型农户存在差异性影响的控制变量有 1 个：户主健康状况。这种差异性体现在：户主健康状况对纯农户和Ⅰ兼农户、非农户均有显著的反向影响，且均在 5%的统计水平下显著，但对Ⅱ兼农户表现为不显著。

（三）存在对总体样本农户福利变化产生影响，但对不同类型农户福利变化不产生影响的变量

分为两种情况：一是核心解释变量中，对不同类型农户福利变化表现为不显著影响的变量有 2 个，即征地面积和是否获得周转房。它们对纯农户和Ⅰ兼农户、Ⅱ兼农户、非农户均表现为不显著。

二是其他控制变量中，对不同类型农户福利变化均表现为不显著的变量有 2 个，即户主年龄和被抚养人口数量。它们对纯农户和Ⅰ兼农户、Ⅱ兼农

户、非农户均表现为不显著。

（四）存在对总体样本农户福利变化表现为不显著，对不同类型农户福利变化也表现为不显著的变量

这种变量只有1个：征地目的。它对总体样本农户福利变化和不同类型农户福利变化均表现为不显著。

第五节 本章小结

本章通过实证检验，考察土地征收与农户分化对农户福利变化的影响。回归结果显示：一是土地征收对农户福利产生影响；二是农户分化导致征地前后农户福利变化产生差异；三是家庭收入结构差异下农户的家庭收入水平与征地前后不同类型农户福利变化之间存在门槛效应。由此验证了本书提出的三个研究假说，同时，家庭收入水平与农户福利变化之间在不同收入结构下呈现出门槛特征。根据门槛效果检验结果，表现为双重门槛效应，门槛估计值分别为8.642和48.852。这对原来的农户分类结果产生了很强的解释能力。在土地征收特征变量、农户分化特征变量和农户基本特征变量中，对农户福利变化形成了以下两个差异化影响特征。

特征之一：存在对不同类型农户福利变化产生差异性影响的变量，分为以下两种情况。

一是在核心解释变量中，对不同类型农户产生差异性影响的变量有4个：是否进行征地情况公告、是否组织征地听证、家庭人均年收入与劳动力非农就业比重。首先，是否组织征地听证对非农户有显著的正向影响，且在1%的统计水平下表现为显著。但是，其对纯农户和Ⅰ兼农户、Ⅱ兼农户均表现为不显著。其次，是否进行征地情况公告对纯农户和Ⅰ兼农户、非农户均有显著的正向影响，且在10%的统计水平下显著。但是，其对Ⅱ兼农户表现为不

显著。再次，家庭人均年收入对纯农户和Ⅰ兼农户、Ⅱ兼农户均有显著的反向影响。其对纯农户和Ⅰ兼农户的影响均在1%的统计水平下显著，对Ⅱ兼农户的影响在10%的统计水平下显著。最后，劳动力非农就业比重对非农户有显著的正向影响，且在5%的统计水平下显著。但是，其对纯农户和Ⅰ兼农户、Ⅱ兼农户均表现为不显著。

二是在其他控制变量中，对不同类型农户存在差异性影响的控制变量有1个：户主健康状况。这种差异性体现在：户主健康状况对纯农户和Ⅰ兼农户、非农户均有显著的反向影响，且均在5%的统计水平下显著，但其对Ⅱ兼农户表现为不显著。

特征之二：存在对总体样本农户福利变化产生影响，但对不同类型农户福利变化不产生影响的变量，分为以下两种情况。

一是核心解释变量中，对不同类型农户福利变化表现为不显著影响的变量有2个：征地面积和是否获得周转房。它们对纯农户和Ⅰ兼农户、Ⅱ兼农户、非农户均表现为不显著。

二是其他控制变量中，对不同类型农户福利变化均表现为不显著的变量有2个：户主年龄和被抚养人口数量。它们对纯农户和Ⅰ兼农户、Ⅱ兼农户、非农户均表现为不显著。

第七章　被征地农户福利提升差异化路径研究：政策优化

上一章实证检验了土地征收对农户福利变化的影响机理。回归分析结果显示：一是土地征收对农户福利变化造成影响；二是农户分化导致征地前后农户福利变化产生差异；三是不同类型农户的家庭收入水平与征地前后农户福利变化之间存在门槛效应，由此验证了本书提出的三个研究假说。本章将在此基础上，研究被征地农户福利提升差异化路径，即对现有征地补偿政策进行优化。本章结构：首先，分析被征地农户福利提升的政策目标；其次，分析被征地农户福利提升的政策措施；最后，结合调研区域的典型案例南宁“那黄模式”，分析被征地农户福利提升的政策绩效，并从经济学角度对试点成效进行解释。

第一节　被征地农户福利提升政策目标

通过对回归结果的进一步分析发现：是否进行征地情况公告、是否组织征地听证、家庭人均年收入、户主健康状况、劳动力非农就业比重等变量，导致征地前后不同类型农户福利变化产生差异性影响。那么，要提高征地后不同类型农户的福利水平，应该“如何做”呢？如前所述，由于土地是一个涵盖自然、经济、社会和人文等综合特性的自然经济综合体（周诚，2003；曲福田，诸培新，2018），所以土地具有经济功能、社会功能和生态功能等多种基本功能（Nelson，2009；Heltberg，2010；张红旗等，2015）。其实，被征地农户对征地后的福利诉求是多样化的，既有生产上的，也有生活上的；既有近期的，也有远期的。因此，需要构建一个多元化的农户福利提升政策目标体系。

2019 年 8 月 26 日，全国人大常委会通过《中华人民共和国土地管理法》（第四次修正）强调要兼顾国家、集体、个人合理分享土地增值收益，给予公平合理补偿，确保被征地农民原有生活水平不降低、长远生计有保障。然而，要使被征地农户分享土地增值收益的前提是“农户利益不受损”。因此，被征地农户福利水平提升的政策目标体系应当体现以下三个方面内容：一是农户利益不受损；二是农户原有生活水平不降低；三是农户长远生计有保障。

一、农户利益不受损

回归分析结果显示：一是“是否组织征地听证”变量对非农户有显著的正向影响，但对纯农户和Ⅰ兼农户、Ⅱ兼农户均表现为不显著。二是“是否进行征地情况公告”变量对纯农户和Ⅰ兼农户、非农户均有显著的正向影响，但对Ⅱ兼农户表现为不显著。出现这种情况的原因是：不同类型农户对土地经济功能、土地社会功能、土地生态功能的效用存在差异，或者说不同类型农户的利益诉求存在区别。然而，根据我国的征地制度，无论对于纯农户和Ⅰ兼农户，还是Ⅱ兼农户和非农户来说，土地征收都包含以下两个阶段：一是政府向农户征收土地；二是被征收土地进入市场交易。

第一阶段发生的交易在政府与农户之间，土地交易的价格与数量完全由政府单方面确定，农户只能被动接受。如图 7-1 所示，在征地过程中，农户作为土地供给者，供给曲线是 P_1P_1'。政府作为农地需求者，需求曲线为垂直曲线 SS'，土地征收的均衡价格为 P_1，均衡数量为 S。由于政府严格控制农用地转为建设用地，此时农户获得的生产者剩余（producer surplus）为 OP_1AS。也就是说，这是农户在土地产权交易中获得的收益。然而，政府付出的成本也是 OP_1AS。从理论上说，征地价格应当是土地预期收益的贴现，即征地价格需要充分考虑农地利用的多功能性与农地用途，并在买卖双方供求博弈的基础上形成，这样才能确保农户获得的生产者剩余价值最大化，保障农户在征地过程中取得的利益。

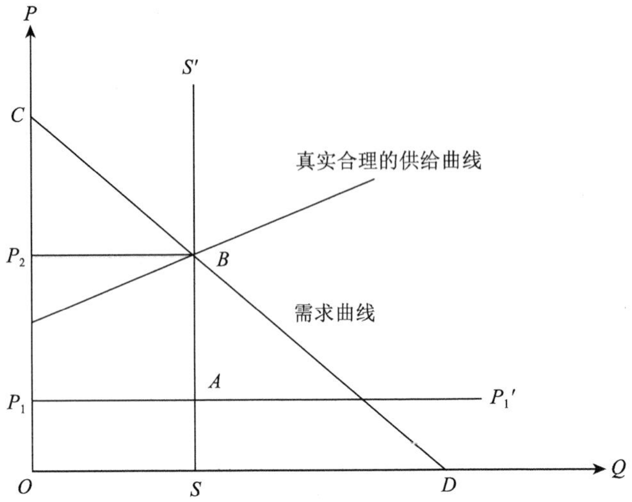

图 7–1　征地过程中利益主体之间的交易关系

第二阶段的交易发生在政府与用地单位之间。此时，SS' 是土地供求曲线，CD 为土地需求曲线，均衡交易价格为 P_2，均衡交易数量为 S。在这个阶段，政府获得的生产者剩余为 OP_2BS，用地单位获得的消费者剩余是 P_2BC。不难看出，对于同一块土地来说，农户作为第一阶段的土地供给者，政府作为第二阶段的土地供给者，二者获得的生产者剩余之差为 P_2P_1AB，这个差额就是被征地农户损失的利益。

根据以上分析，要确保征地过程中“农户利益不受损”，首先应该制定不同类型农户福利提升最根本的政策目标。

二、 农户原有生活水平不降低

回归分析结果显示：农户的家庭人均年收入对纯农户和Ⅰ兼农户、Ⅱ兼农户这两个组别都产生显著的负向影响，但对非农户的影响不显著。这是因为被征地农户异质性的客观存在，他们适应环境变化的能力存在差异，导致政府的制度安排对不同类型农户的生活水平产生差异性影响（于宏，周升起，2016）。因此，制度安排是保障被征地农户生活水平的重要载体。反过来说，要保障被征地农户原有生活水平不降低，还有赖于政府对征地补偿政策的优化设计。当然，这也包括与被征地农户生活水平相关的配套政策（冀县卿，钱忠好，2011；韦嘉燕，乐永兴，2018）。

生活水平不仅是人们对不同层次生活需求的满足程度，更是人们在物质生活和精神生活各方面所能享受到的平均程度（吴岩等，2011；钱瑛瑛，孙思竹，2016）。它综合反映了人们生活质量的好坏，是人们福利增减的重要标志（厉以宁，1986）。然而，农户生活水平不但具有很强的针对性，而且是动态发展的。由于征地前后农户的生活水平涉及多层次、多方面的需求，所以不同阶段农户的需求是不同的，对生活水平的理解及其满足程度也是不同的。

如前所述，土地征收对不同类型农户可造成不同的生活与发展风险境遇。马斯洛（Maslow）认为，人的需求包括生理需求、安全需求、社会需求、尊重需求和自我实现需求，它们之间是由较低层次到较高层次依次发展的。根据马斯洛的需求层次理论，结合前述“被征地农户可行能力概念框架”，本书认为，要使征地后农户的生活水平不降低，首先，要提高农户家庭的经济条件与资源拥有条件；其次，要促使农户的衣食住行更为便利；最后，要为农户提供更为完善的公共福利，如子女入学等。因此，被征地农户“原有生活水平不降低”理应成为不同类型农户福利提升的最基本政策目标。

三、 农户长远生计有保障

回归分析结果显示：农户家庭的“劳动力非农就业比重”对非农户有显著的正向影响，但对纯农户和Ⅰ兼农户、Ⅱ兼农户这两个组别均表现为不显著。主要原因是：由于纯农户和Ⅰ兼农户、Ⅱ兼农户的家庭收入结构中，非农收入比重比较低，所以土地征收对其农业收入的影响仍然是最主要的。

从理论上说，征地补偿至少应该确保农户对原有“土地基本功能效用”得到延续。在我国征地实践中，尽管一次性买断的货币补偿政策被诟病多年，但由于操作方便，一直是主要的补偿方式，其致命缺点是缺乏对农户长远生计的考量。实际上，要实现被征地农户“长远生计有保障”的政策目标，关键在于土地增值收益如何在国家、集体和农户之间进行分配。马克思指出，在生产领域，初次分配取决于参与生产的方式。随着剩余价值的发展，土地所有者只是坐享剩余产品和剩余价值中一个不断增大的份额，这是其所处地位的特征。在我国，农村集体土地是以家庭承包责任制为基础的所有制形式，即使农户对土地区位条件的改善没有任何投资，但仅凭土地所有权的主体成员身份，就应该分配到土地增值收益（郑振源，2000；唐欣瑜，唐俐，2015）。因此，被征地农户福利水平提升与土地增值收益如何在国家、集体和农户之间分配是一脉相承的。

从实践上说，我国大中型水电工程的征地实践已对被征地农户“长期补偿”进行了探索，主张把项目开发商和被征地农户当作完全独立的利益团体，引入成果共享、风险同担机制。这种方式从制度安排上可保障被征地农户直接分享项目效益（胡宝柱等，2011）。实际上，广西岩滩水电站、广西长洲水利枢纽、四川毛尔盖水电站、云南金沙江金安桥水电站等工程项目的征地活动，都对被征地农户采取了长期补偿方式，持续提升了农户福利水平，成效十分显著（郭万侦等，2014；张家豪，黄勇文，2019）。因此，“长远生计有保障”理应成为被征地农户福利提升政策目标的一项重要内容。

第二节　被征地农户福利提升政策措施

如前所述，我国征地补偿政策趋于同质化，未能发挥良好的政策绩效。然而，有效的公共政策应当对不同群体的政策效果产生差异性（Pfeffe & Langton，1993；黄贻芳，钟涨宝，2013）。对于纯农户、Ⅰ兼农户、Ⅱ兼农户、非农户来说，他们对土地的依赖性是有差异的。政府不可能做到对每个农户都设计不同的政策，但兼顾到每一类型农户是完全可以做到的。例如，按照同样的补偿标准测算，既可以将征地补偿货币化，也可以将其转化为产业转移费（如就业补贴等），还可以将其量化为安居房或宅基地等。通过人性化政策设计，把农户不愿意接受的货币补偿转化为愿意接受的“政策套餐”。只有这样，才能产生更好的政策效果。但是，要建立兼顾不同类型农户的政策体系，还取决于征地补偿制度的完善。因为不同类型农户可行能力的调整，取决于制度框架下的资源配置与机会分配规则。有鉴于此，就需要重构被征地农户的可行能力，具体政策措施如下。

一、 强化征地过程中的农户参与

被征地农户成为特殊困境下的弱势群体，是由其可行能力严重缺失所致。主要表现为三个方面：利益表达能力欠缺、经济参与能力有限、社会机会不足（杨涛等，2010；罗序，2014）。根据森的可行能力理论，可行能力培养要从政治自由、经济条件、社会机会、透明性保证、防护性保障方面出发。这5种工具性自由对提升人们的可行能力可起到构建性作用。与工具性自由对应的发展方式可以理解为各种机会、权利和权益（聂飞，2015）。从提高不同类型农户可行能力的角度来说，应当基于异质性因素完善利益表达机制。

由于“是否进行征地情况公告”与“是否组织征地听证”这2个变量对不同类型农户福利变化产生差异性影响。所以这既反映出征地过程是否公开透明，也反映出农户利益表达能力是否欠缺，更反映出农户的人力资本和社会资本拥有量。实际上，农户可以有效利用的社会表达渠道是非常有限的。在征地过程中，地方政府既是“运动员”，又是“裁判员”；既是“决策者”，又是“执行者”。具体来说，就是集“征地批准方”“征地方”“征地管理方”“征地异议解决方”为一体。因此，要完善利益表达机制，就应当引入人民代表大会、听证会和司法机关的参与。其中，由人民代表大会或听证会作为征地的批准方；由司法机关作为征地争议的解决方；由上级人民政府作为土地征收的管理方（李增刚，2015）。只有这样，才能真正完善农户利益表达机制。

二、实现征地补偿政策“套餐化”

回归分析结果显示：“是否获得安置房”变量对纯农户和Ⅰ兼农户、Ⅱ兼农户、非农户均有显著的正向影响；“是否获得周转房”变量仅对样本农户产生显著影响，而对纯农户和Ⅰ兼农户、Ⅱ兼农户、非农户均表现为不显著。这就需要对征地补偿模式进行优化，建立被征地农户长远生计的动态保障体系。但是，要实现征地补偿政策“套餐化”，关键在于如何确保土地增值收益能够惠及不同类型农户。

随着工业化和城镇化的快速发展，人口结构、资源与环境随之发生变化，土地基本功能也随之不断丰富和发展，并从维护农户生存与生计的传统农业社会的保障功能，发展为现代社会的基本功能——生产功能、保障功能与财产功能。其中，土地财产功能决定了农户应参与土地增值收益分配（欧胜彬，陈利根，2016）。农户土地被征收后，便从农用地变为城市建设用地，集体土地使用权通过权利的重新配置，进入土地市场流通，实现土地产权资本化。其实，土地资本化主要是指土地产权的资本化，是实现土地财产权收益的重要途径。农村土地使用权和土地承包经营权是一种用益物权，是法律赋予农户的财产权利。由于资本可以创造物质利益，所以产生了级差地租Ⅱ，并形成了巨大的土地增值收益。但是，从按生产要素分配的理论上说，土地使用权和承包权均属于农户的财产，土地增值收益是各种生产要素在土地市场中共同作用的结果。这就应该允许农户以其“财产权”获得报酬，即应让农户参与土地增值收益分配。本书认为，征地补偿政策应当体现这一点。

如前所述，由于农户的家庭年收入、劳动力非农就业比重、家庭人均年收入对不同类型农户福利水平的影响表现出差异性，所以这种影响最终还是反映到家庭的经济能力上来。然而，农户可行能力欠缺往往表现为经济参与能力有限。但经济参与能力的核心是就业竞争力，即农户参与生产、交换和消费等经济活动的能力。农户经济参与能力有限既与人力资本和社会资本存量不足有关，也与排斥性的制度安排有关。因为农户从事农业生产的劳动力专属性很强，加上长期的乡土社会和农村生活，导致农户普遍缺乏从事非农业领域工作所需要的知识和技能。因此，为被征地农户开辟更多的就业渠道，实施积极的福利政策，应当成为征地补偿政策的另一项重要内容。其实，征地补偿政策是一个帕累托改进过程。无论是对纯农户和Ⅰ兼农户，还是对Ⅱ兼农户和非农户，征地补偿政策都是对农户可行能力的再造。也就是说，通过资源配置和社会机会分配，使某一类型农户的可行能力进入整体性提升通道，其他类型农户的可行能力可能处于整体性“调整”状态。因此，政府必须建立一个多层次的、动态的政策体系，具体包括两大部分：一是征地补偿政策；二是配套政策，如就业指导、教育培训、医疗保健等。然而，要维系该政策体系，必须调整土地增值收益分配格局，实现土地补偿资本化（李增刚，2015）。只有这样，才能实现征地补偿政策“套餐化”。

第三节　被征地农户福利提升政策绩效：典型案例分析

一、案例描述：南宁试点“那黄模式”

那黄村位于南宁五象新区的核心区域，地处南宁市良庆区，相邻村庄为坛泽村、新村村、渌绕村、新兰村、新团村等。2016 年，那黄村共有居民2109 户，人口 6600 余人。其中，劳动力 3561 人，占比 53.96%，全村人均纯收入为 11800 元。纳入新农合的人数为 6351 人，覆盖率达到 96.23%；纳入失地农民养老保险的人数为 1231 人，覆盖率达到 18.65%。在当地实现的非农就业人数为 506 人，非农就业的劳动力比例达到 14.21%。那黄村原有农地 2088 亩，并以种植水稻、花生、玉米、西瓜等经济作物为主。近年来，由于城镇化发展不断提速，那黄村的农地多次被征收。截至 2016 年底，累计征地面积达到 1480 亩，占原有土地面积的 70.88%，全村人均土地面积不足 0.1 亩。根据《南宁市人民政府关于印发南宁市集体土地征收与补偿安置办法的通知》（南府发〔2013〕10 号）和《南宁市人民政府关于印发〈南宁市被征地农民就业培训和社会保障暂行办法〉的通知》（南府发〔2010〕32 号）的相关规定，那黄村被征地农户已被政府纳入“整体安置”范畴。

在征地补偿安置过程中，被征地农户普遍担心的是被征地后生产生活如何安排？即没有了土地后“住哪里”“吃什么”？为了打消那黄村被征地农户的顾虑，当地政府认真倾听他们的心声，潜下心来调查研究，积极探索征地补偿安置的新路子，最终形成一条尊重农户意愿，切合当地实际，符合征地补偿政策的回建安置新路子，使那黄村农户“零成本”享受“有住、有租、有铺、有保”的安居生活，征地补偿安置得以顺利开展。而与那黄村毗邻的楞塘村，尽管与那黄村的征地情况基本相同，但安置方式却大相径庭。早在 2013 年，楞塘村就已进入政府“整体安置”的视野，征地后农户的回建安置采取“政府统建模式”，但农户对此很抵触，直至 2017 年 5 月调研小组开展实地调研时，该村的回建安置工作还没有落实到位。

按照政府原来的设计，那黄村回建安置属于“留地安置”项目，包括住宅用地和第三产业用地。该项目位于南宁五象新区核心区的 1 号和 8 号地块，占地 160 亩。安置房依托南宁市五象湖和良庆河的景观工程环境优势，融入“舒适、生态、人文”的设计理念，总建筑面积约为 27 万平方米，容积率为 4.0，分为两个高层组团，为轴线对称的空间布局。周边配套有学校、幼儿园、文化广场、购物中心、邮局、公交线路、地铁等。尽管那黄村对于上述规划也不满意，但该村从实际情况出发，主动与政府沟通，希望对回建安置项目进行试点，将过去“政府统建模式”改为“村集体主导、被征地农户参与”的“市场化方式”，由那黄村、开发商和政府共同实施回建安置项目。这一想法得到了当地政府的支持。经过公开招标，那黄村与上海光明地产集团股份有限公司（以下简称“上海光明地产”）达成合作协议，将住宅安置用地与产业安置用地合并综合开发。由于引入市场机制，解决了那黄村回建安置项目的资金来源，因此15栋安置房拔地而起。截至2018年12月，那黄村被征地农户共选到安置房1804套。被征地农户搬进安置小区后，改变了过去的生产生活方式，开启了崭新的安居生活。由此，那黄村征地补偿安置的试点经验被人们称为“那黄模式”。

二、 试点主要做法

（一）征地补偿政策优化

在南宁市党委、市政府与南宁五象新区规划建设管理委员会的支持下，借鉴各地征地回建安置的经验，那黄村成立了“被征地农民回建安置互助协会”，探讨如何充分调动不同类型农户对征地补偿安置的参与度。最终，确定以村集体经济组织为载体，以农户“原有生活水平不降低”与“长远生计有保障”为目标，通过“市场化方式”，推进征地补偿安置的各项工作。

试点项目启动后，政府通过优化征地补偿政策，提高了征地后农户的福利水平。南宁“那黄模式”的关键是把决策权和选择权还给被征收农户。具体表现在三个方面：一是自由组合。农户以自然坡、生产队、宗族维系，自由组成资产管理公司主导开发进程，农户主体地位因此得到充分体现。二是自主招商。公司委托中介机构，面向社会公开招商。公司代表农户与开发商协商合作条件，签订开发协议。三是角色转换。在项目开发安置过程中，政府仅起协调与监督作用。例如，具体负责协调公司与开发商的关系，共同商定回建安置物业的明细条件与价款、建设时限、物业管理等，在规划和履约方面对农户、资产管理公司与开发商进行协调和监督。

（二）征地补偿安置模式创新

2014 年 6 月，那黄村被征地农户自愿成立 4 个村集体经济组织，具体为：广西创美联合资产管理有限责任公司、广西五象兴达资产管理有限责任公司、广西五象跃龙资产管理有限公司、南宁市伏花资产管理有限公司。通过上述公司自主招商，依法确定开发商并与上海光明地产结为合作开发单位，从而改变过去政府在回建安置中“大包大揽”的做法，形成“市场主导、农户参与、政府监督”的新模式，开创了开发商得益、农户受惠、政府减负的“三赢”局面。南宁“那黄模式”在不突破现行征地补偿安置政策，不增加财政负担的情况下，有效凝聚起被征地农户的人心，使被征地农户真正得到了实惠。

（三）征地补偿安置“套餐化”

当下，农户福利已被逐步融入健康、社会关系和自然环境等非经济要素，农户福利含义及其发展已被学术界关注（施雯等，2015）。因此，征地补偿安置要贴近生活，体现差异化。从理论上说，征地补偿安置应体现对多重土地功能价值的补偿，要把农户生活中的差异化要素纳入征地补偿安置框架中。例如，纯农户可能更看重住房安置和社会保障，而非农户则更看重物业铺面。显然，实行征地补偿安置“套餐化”，更能兼顾不同类型农户的当前生活与长远生计。

在南宁“那黄模式”中，被征地农户得到了以下三种补偿：一是按照《南宁市人民政府关于印发南宁市集体土地征收与补偿安置办法的通知》（南府发〔2013〕10 号）规定的一次性货币补偿；二是每人可免费获得 60 平方米的全产权安置住房、25 平方米产业用房及相应停车位，其中安置房购房款（每人 10800 元）由上海光明地产全额向政府缴纳；三是上海光明地产配合政府对被征地农户提供职业技能培训、信贷支持与产业用房代管等业务，彻底解决了被征地农户的后顾之忧。

那黄村的被征地农户在选择安置房与产业用房过程中，可以根据自身的需求，选择心仪的“套餐”。可选择的安置房共有3种户型：60平方米、90平方米、120平方米。例如，对于一个四口之家而言，总共可分到240平方米的安置房与100平方米的产业用房。如果自己住一套120平方米的安置房，多余的房子可以用来出租，形成“房东经济”。对于产业用房，如果没有经营能力，可以交给开发商统一经营，定期取得分红。也就是说，通过“套餐化”政策设计，使农户实现“有住、有租、有铺、有保”的安居生活，充分体现征地补偿“多元化”政策目标。这种做法，兼顾了不同类型农户的实际需求，体现了不同类型农户福利提升“差异化”做法。

借鉴南宁“那黄模式”的成功经验，当地政府将这种模式推广到周边的村庄，但由于每个村庄的区位条件存在差异，导致好地段的被征地农户谈判筹码足、腰杆硬，开发商愿意让利促进协议签订；差地段的被征地农户则谈判筹码少，开发商更为强硬且不愿意让利。为解决这个问题，政府对南宁“那黄模式”进行了改进，让被征地农户从“那黄模式”与“政府统建模式”中自主选择，不搞“一刀切”，既保障了被征地农户的自主权和选择权，又提升了不同地段被征地农户的福利水平。

三、试点政策绩效及其经济学解释

（一）试点政策绩效

那黄村的征地补偿安置实践，提升了不同类型农户福利水平，彰显出以下政策绩效。

一是住有所居。“那黄模式”充分尊重农户意愿，充分调动农户在征地补偿安置过程中的参与热情。通过项目运作，使农户每人可获得60平方米的安置住宅。本需要向政府缴纳每平方米1800元的土地出让金，折合成60平方米的安置房购房款10.8万元，已由光明地产全额支付，农户不需要归还。这样，农户可以根据需求，从60平方米、90平方米、120平方米这3种房型中选择自己最喜欢的户型。农户除了日常居住以外，还可以将多余的房子进行出租，可实现零成本“洗脚上楼”，享受“真金白银”的实惠，开启“住有所居，有住有租”的新生活。

二是劳有所得。除了安置住房以外，农户每人还获得15平方米的全产权商铺。通过产业商铺“返租”方式，由光明地产统一经营。根据协议，自2020年起，光明地产应向农户每人每年支付基本生活补助费至少1万元。光明地产经营物业满20年后，再整体移交给村集体经济组织自行运营，使农户生产方式由过去的“耕田种地”，变成了今天的“开门搞产业”。为了让农户尽快适应未来的生产方式，根据合约，光明地产需要免费给农户进行专业辅导和培训，以提高农户的自主经营能力，实现“劳有所得”。

三是老有所养。根据《南宁市被征地农民就业培训和社会保障暂行办法》（南府发〔2010〕32号）的第二条规定：“本村、村民小组或村民集体土地承包户人均剩余耕地面积不足0.3亩时，年满16周岁及以上农业户籍的在册人口，整体纳入城镇企业职工基本养老保险范围，达到退休年龄时，按企业职工基本养老退休待遇标准领取养老金。”那黄村被征地农户符合上述文件规定，并且农户的养老保障已经从土地保障整体进入城市居民养老保障，从而解决了被征地农户的后顾之忧，实现“老有所养”。

（二）试点绩效解析

如前所述，“那黄模式”是对留地安置项目用地进行综合开发的结果。然而，地方政府作为留地安置政策的供应者，往往将留地安置比例通过政策方式确定下来，采取对自己最为有利的政策。而农户作为留地安置政策的需求者，参与征地过程中的“农地转用租金”分配会影响到地方政府的决策。具体分析如下。

（1）“那黄模式”提高了被征地农户整体福利水平。如图7-2所示，在土地征收过程中，曲线ABC表示单位面积的收益。曲线DBE表示地方政府的单位面积征地成本。两条曲线的交点B表示地方政府的单位面积征地成本等于单位面积征地收益。如果M表示单位土地面积，$ACFO$表示单位土地面积的级差地租，*OF* 表示面积为 1 平方米的土地，*AO* 表示单位土地面积的级差收益。在征地过程中，地方政府将通过征地补偿政策，把级差地租 *ACFO* 在被征地农户之间进行分配。也就是说，在征地过程中，农户获得多少“收益”主要取决于政府制定的征地补偿政策。

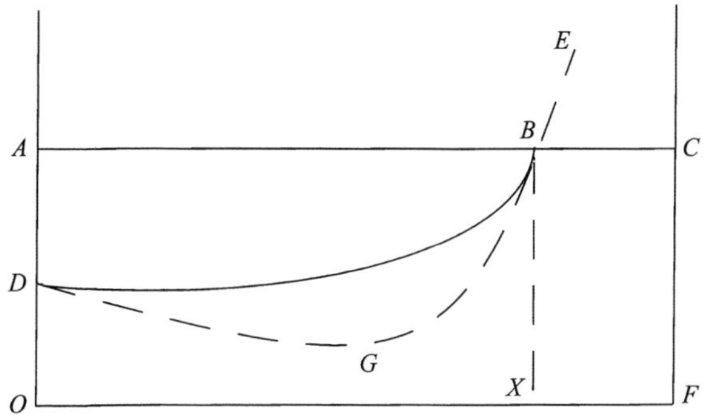

图 7-2 基于“那黄模式”的被征地农户福利提升示意图

如果曲线 *DBE* 代表地方政府征地的边际成本，那么随着曲线向右上方倾斜，曲线斜率逐渐增大。此时的经济含义是：随着地方政府征地面积的增加，被征地农户的土地面积逐渐减少，征地后的农户面临的生活和就业压力越来越大，抵触情绪不断增加，导致征地风险加大，反对征地的“行为”不断升级，征地补偿安置期望值也不断提高。这也给地方政府“维稳”工作带来极大的挑战。尽管地方政府对于征地具有强制性，但维护社会稳定却是政府的头等大事。因此，地方政府需要在控制征地成本和维护社会稳定之间寻找平衡。从经济学角度来说，就需要地方政府从征地补偿政策上寻求突破口。

假设地方政府是理性的“经济人”，在制定征地补偿政策时，就需要考虑征地成本与收益的关系。基于对征地成本、征地风险和维护社会稳定的统筹考虑，假设曲线 *DBE* 的高度可以通过政策工具得到控制，不难理解，征地成本越高，曲线 *DBE* 越高；征地潜在风险越高，曲线 *DBE* 越高；维护社会稳定压力越大，曲线 *DBE* 越高。此时的经济含义是：在不增加征地成本的前提下，地方政府需要创新政策，改善农户福利水平，让农户从征地中得到更多的“利益”，以化解征地风险，维护社会稳定。

如何让农户感觉已经得到了更多的“利益”，是达成上述政策目标的关键。在本案例中，首先曲线 DBE 越高，意味着征地成本越高，征地风险越大，维护社会稳定的压力越大，此时地方政府推行留地安置的可能性也越大。在推动留地安置过程中，会产生三种情况：一是留地安置比例等于（$1-X$）时，单位土地面积上的级差收益等于土地的边际征地成本。二是留地安置比例小于（$1-X$）时，地方政府在单位土地面积上获得的级差收益将小于边际征地成本，地方政府就会扩大留地安置比例。三是留地安置比例大于（$1-X$）时，地方政府在单位土地面积上获得的级差收益将大于边际征地成本，地方政府就会缩小留地安置比例。

根据以上分析，推行留地安置之前，地方政府获得的土地级差收益为 ABD，农户获得的土地级差收益为 $BCFX$。推行留地安置之后，征地边际成本曲线 DB 向下移动（见图 7-2 中的虚线），形成新的征地边际成本 $DGBE$。实际上，推行留地安置后，如果地方政府支付的征地成本一部分转化为农户收益 V，另一部分转化为地方政府与农户争夺级差地租的社会净耗损 S，此时，V 与 S 之和等于 $DBXO$。实际上，农户得到的级差地租为 V 与 $BCFX$ 之和。此时，地方政府获得的土地级差收益增加 DBG，农户获得的土地级差收益增加 $\Delta S- DBG$。

（2）“那黄模式”增加了农户非农就业机会。一般来说，被征地农户选址意向与土地利用总体规划难以保持一致，导致留地安置项目难以落实，用地指标难以落地，土地开发层次低，政府监管困难等。为了更好地监管留用地使用及与规划衔接，在实践中，留地安置方式已在向留房、留物业、留产业等方式发展（唐健等，2014）。在“那黄模式”试点目标的形成过程中，通过进行土地综合开发，建设多层住宅，既可以解决农户安居问题，又可以让农户通过将多余房子出租来增加收入。此外，“那黄模式”还考虑到农户的生计转换问题，通过建设一定数量的铺面和车位，推动第三产业发展，增加农户非农就业机会。

（3）“那黄模式”保障了农户的长远生计。不难看出，留地安置制度有利于规范地方政府与农村集体经济组织之间对土地级差地租的争夺。因此，用于争夺级差地租的无效社会资源消耗就会减少 ΔS。此时，地方政府实际的边际征地成本曲线 DB 向下移，形成 $DGBE$ 曲线，地方政府获得的土地级差收益增加 DBG。农户获得的土地级差收益增加 $\Delta S-DBG$，从而形成了“双赢”的利益格局。由于留地安置政策让农户参与了土地增值收益的分配，农户因此获得了持续、稳定的经济来源，在一定程度上保障了农户的长远生计。

第四节　本章小结

首先，本章提出了被征地农户福利提升的多元化政策目标：一是农户利益不受损；二是农户原有生活水平不降低；三是农户长远生计有保障。其次，分析被征地农户福利提升政策措施：一是强化征地过程中的农户参与；二是实现征地补偿政策“套餐化”。最后，对调研区域典型案例“那黄模式”试点进行剖析，并从经济学角度，对试点政策绩效进行解释。

南宁“那黄模式”通过对留地安置项目用地的综合开发，使村集体经济组织与开发商形成良性互动，践行了被征地农户福利提升差异化路径，不仅推动了南宁五象新区的建设，也有效化解了征地矛盾。通过政策创新，实现了土地增值收益在政府、开发商和农户之间的重新分配，达成“一举五得”的政策绩效，即农户得利益、企业得项目、社会得稳定、新区得发展、政府得声誉。

通过案例分析还发现，要提升征地后农户的福利水平，就要从解决农户“最关心、最直接、最现实的利益问题”出发，通过“差异化”政策设计来实现政策效应最大化。在本案例中，通过政策创新，使那黄村农户开启了“有住、有租、有铺、有保”的安居生活，真正解决了征地后农户的后顾之忧。

第八章　研究结论与展望

本书以农户分化为视角，综合运用土地经济学理论、福利经济学理论与森的可行能力理论，分析土地征收对农户福利变化的影响机理。首先，在文献综述和理论回顾的基础上，构建本书的理论分析框架。其次，基于农户家庭发展目标与马斯洛的需求层次理论，构建被征地农户可行能力概念框架。在此基础上，剖析土地征收对农户福利变化的影响机理，包括两个方面：一是土地征收对农户福利的影响；二是农户分化导致征地前后不同类型农户福利变化形成差异。再次，利用研究区域——南宁五象新区的调研数据，采用模糊综合评价法，对征地前后农户福利变化进行评价，并利用 Hansen 门槛回归模型，实证检验土地征收对农户福利变化的影响机理。最后，结合回归分析结果，提出被征地农户福利提升差异化政策，同时对研究区域征地补偿安置典型案例南宁试点“那黄模式”进行剖析，对试点政策绩效进行经济学解释。作为本书的收尾，本章将对本书研究问题进行全面归纳和总结，形成本书的研究结论，并针对有待进一步深入探讨之处进行研究展望。

第一节　研究结论

一、土地征收对农户福利产生影响

尽管征地后农户总体福利略有提升，但经济状况明显恶化。

理论分析认为，征地构成要件包括征地范围、征地程序和征地补偿标准。

从征地范围来看，地方政府同时具有“征地权”和“单方面制定征地补偿政策”的权力，加上我国法律对“公共利益”的界定较模糊，导致某些地方政府滥用征地权。从征地程序来看，批准程序缺乏“公共利益”的认定程序，也没有第三方评估机构的介入；实施程序对被征地农户的知情权保障不够充分。从征地补偿标准来看，尽管我国政府多次提高征地补偿标准，但始终没能改变两个事实：一是征地补偿标准不是以土地的“市场价格”为依据，而是以被征土地原来的“农业用途”为依据；二是征地补偿标准始终由政府“单方面”决定，农户只能被动接受。征地补偿价格实行“最高限价”价格管制，并不是对土地市场供求关系的真实反映，这直接影响农户的经济福利。然而，农户福利是一个整体性概念，包括经济福利、社会福利与生态福利，它是对农户的经济状况、社会保障、居住条件、社区环境、社会机会、心理因素等功能性活动的综合反映。征地前后某一种功能性活动形成的福利只是农户福利的一部分；某一类型农户福利变化也仅是农户总体福利变化的一部分。

实证分析结果表明，与征地前相比，征地后农户总体福利水平略有上升，主要得益于两个方面：一是征地后农户“功能”指标得到完善，主要包括社会保障和居住条件等；二是征地后农户“能力”指标有所改善，主要包括社会机会和心理因素等。但是，征地后农户的经济状况明显恶化，主要原因是征地后农户家庭的农业收入下降。

二、农户分化导致征地前后农户福利变化形成差异

不管征地补偿政策是否相同，不同类型农户福利变化的差异性都客观存在。

理论分析认为，农户分化程度存在差异，导致不同类型农户土地的依赖程度存在区别。这种区别会反映到农户对土地基本功能（经济功能、社会功能与生态功能）效用上的差异，从而导致征地前后农户福利变化形成差异。

然而，征地前后农户福利变化又需要对纯农户、Ⅰ兼农户、Ⅱ兼农户、非农户分别进行深入刻画。但是，无论征地补偿政策是否相同，征地前后不同类型农户福利变化的差异性都客观存在。

实证分析结果表明：征地前后不同类型农户福利变化很悬殊。具体表现为：一是在相同征地补偿政策下，非农户福利变化最大，纯农户和Ⅰ兼农户福利变化次之，Ⅱ兼农户福利变化最小。二是在不同征地补偿政策下，纯农户和Ⅰ兼农户福利变化最大，非农户福利变化次之，Ⅱ兼农户福利变化最小。

三、 纯农户和兼业农户家庭收入水平与征地前后农户福利变化呈反比关系

在不同类型农户中，非农户家庭收入水平与征地前后农户福利变化无关；其他类型农户家庭收入水平越高，征地前后农户福利变化越小。

理论分析认为，无论哪种类型的农户，土地征收对家庭收入来源影响最大的依然是家庭农业收入。具体表现为：一是对于纯农户和Ⅰ兼农户来说，征地前的家庭收入构成中50%以上来源于农业收入，农户的粮食、蔬菜、食用油等处于自给自足状态；征地后家庭收入结构发生变化，他们失去低成本生活的优势，导致面临生存与发展的双重风险。因此，家庭收入水平越高，征地对纯农户和Ⅰ兼农户福利变化的影响越大，征地后福利水平越难以得到提高，导致家庭收入水平对福利变化表现为显著的负向影响。二是对于Ⅱ兼农户来说，征地前的家庭收入构成中50%以上来源于非农收入，征地后仍然能保障基本生活。也就是说，尽管征地使Ⅱ兼农户的农业收入减少，但对于他们的基本生存来说，基本构不成威胁。因此，对于Ⅱ兼农户来说，家庭收入水平越高对征地前后农户福利变化的影响越小。三是对于非农户来说，他们对土地的依赖性极低，在家庭收入结构中农业收入比重不足10%，土地征收并不会动摇他们的生活来源和日常开支。相反，征地前非农户已具有一定非农就业技能或经商能力，土地征收可以促使他们将更多的精力投入非农活

动，从而获得更大的发展。因此，对于非农户来说，征地前后农户福利变化几乎不受家庭收入水平的影响。

实证检验表明：不同类型农户家庭收入水平与征地前后农户福利变化之间存在明显差异。其中，纯农户和Ⅰ兼农户、Ⅱ兼农户家庭收入水平与征地前后农户福利变化呈负相关；非农户家庭收入水平与征地前后农户福利变化不相关。

四、不同类型农户福利提升可以通过差异化政策设计实现

实现征地补偿政策“套餐化”，可以缓解“农户异质”与“政策同质”之间的矛盾。

理论分析认为，被征地农户对福利诉求多样化，既有生产上的，也有生活上的；既有近期的，也有远期的。因此，需要构建一个多元化的农户福利提升政策目标体系。对于纯农户、Ⅰ兼农户、Ⅱ兼农户、非农户来说，他们对土地的依赖性是有差异的。政府不可能做到对每个农户都设计不同的政策，但兼顾到每个类型农户是可以做到的。通过人性化、差异化政策设计形成的“政策套餐”，可以缓解农户分化与政策同质化之间的矛盾。

南宁“那黄模式”试点经验：一是通过引进市场机制，被征地农户自主招商，优化了征地补偿政策。二是创新征地补偿安置模式，改变了以往政府在征地补偿安置中“大包大揽”的做法，走出一条“市场主导、农户参与、政府监督”的新路子，开创了开发商得益、农户受惠、政府减负的“三赢”局面。三是通过“差异化”政策设计，保障了不同类型农户的当前生活水平与长远生计，使那黄村农户在“住有所居、劳有所得、老有所养”方面取得突破，由此开启“有住、有租、有铺、有保”的安居生活。

第二节　研究展望

在土地征收过程中，农户不得不放弃对土地的依赖，甚至丧失土地保障这一道“最后防线”，并面临生产和生活的双重考验。本书首先将森提出的可行能力从“个人”拓展到“农户”，形成“农户福利”的功能性活动清单，然后通过研究土地征收对农户福利变化的影响，以及农户分化如何导致征地前后不同类型农户福利变化形成差异，在一定程度上突破了森的可行能力理论的局限性。但是，关于被征地农户福利的研究，还可以从以下角度进行深入讨论。

一、多元化保障与被征地农户福利完善

已有国外学者研究地方分权对乡村生活和农户福利的影响。他们通过卫生设施、饮用水源、烹饪材料、房屋类型与房屋结构等变量构建农户福利指标。研究结果表明，农户福利指数均处于较低水平，收入不平等与福利指数呈负向关系（Olubunmi & Daniel, 2009）。尽管我国被征地农户的生产生活问题日益得到重视，但目前主要是基于政策、产业、扶贫、移民等对农户福利的影响展开研究。对于被征地农户来说，就业是最大的民生（朱延逵，许红军，2015），要让就业成为民生最大的福祉（刘燕斌，2017；莫荣，2019），不断推动被征地农户实现非农就业，实施积极的就业促进政策（吴春林，2019）。同时，影响农户福利的因素至少有：住房、教育、交通与电力等。因此，对被征地农户福利的研究至少可以沿着三个方向拓展：一是被征地农户的非农就业对农户福利的影响；二是农村公共物品与农业补贴等政策供给对农户福利的影响；三是农户的金融行为与农业技术投入行为对农户福利的影响。

二、 差异化政策与被征地农户长远生计

中共十九大报告指出，中国特色社会主义进入新时代，社会主要矛盾已经转化为人民日益增长的美好生活需要和不平衡不充分的发展之间的矛盾。实施“乡村振兴战略”是解决新时代我国社会主要矛盾的关键所在。因此，要多谋民生之利、多解民生之忧！这就要求被征地农户福利提升政策的目标应从农户最关心、最直接、最现实的利益问题入手，而差异化政策设计可有利于将被征地农户长远生计落到实处。

我国农村土地制度是以家庭联产承包责任制为基础的集体所有制形式。从理论上说，不同类型农户之间的人力资源资本存量存在差异，非农就业机会与社会资源禀赋也存在差异。从大处着眼，要妥善安排被征地农户的生产生活，保障被征地农户的长远生计，关键在于科学地界定征地范围，强化征地过程中农户的参与度，让农户分享土地增值收益。我国农村土地制度改革从中共十八届三中全会“点题”，到中共十九届四中全会“破题”，形成以“三权分置”改革为龙头，推出农村土地征收、集体经营性建设用地入市、宅基地制度改革等多项举措，再次释放出农村发展的巨大活力。2019 年 8 月 26 日，全国人大常委会通过的《中华人民共和国土地管理法》（第四次修正）尽管对土地征收中涉及的“公共利益”进行了界定，但随着城镇化的发展，农户分化仍将不断加剧。因此，探索差异化政策设计，形成征地补偿安置“政策套餐”，无疑是可以进一步探讨的方向。

参考文献

[1] ALCHIAN. Some Economics of Property Rights [J]. IL Politico, 1965 (4): 816-829.

[2] AMARTYA SEN. Commodities and Capabilities [M]. Oxford: Oxford University Press, 1999.

[3] ANDERSON. Public policymaking: an introduction [M]. Boston: Houghton Mifflin, 2003.

[4] BABIARZ, MILLER G, YI H, et al. China's new cooperative medical scheme improved finances of township health centers but not the number of patients served. [J]. Health Affairs, 2012, 31 (5): 1065-1074.

[5] BARZEL. Economic Analysis of Property Rights [M]. Cambridge: Cambridge University Press, 1989.

[6] BLAU G, MERRIMAN K, TATUM D S, et al. Cambridge: Antecedents and Consequences of Basic versus Career Enrichment Benefit Satisfaction [J]. Journal of Organizational Behavior, 2001, 22 (6): 669-688.

[7] BROWN P H, BULTE E, ZHANG X. Positional spending and status seeking in rural China [J]. Journal of Development Economics, 2011, 96 (1): 139-149.

[8] CABRERA, HILDEBRAND, JONES J W. Modelling the effect of household composition on the welfare of limited-resource farmers in Coastal Cañete, Peru [J]. Agricultural Systems, 2005, 86 (2): 207-222.

[9] CASELLI & COLEMAN. The World Technology Frontier [J]. American Economic Review, 2006, 96 (3): 499-522.

[10] CHAMBERLIN, RICKERGILBERT J. Participation in Rural Land Rental Markets in Sub-Saharan Africa: Who Benefits and by How Much? Evidence from Malawi and Zambia [J]. American Journal of Agricultural Economics, 2016, 98 (5): 1507-1528.

[11] COADY, GROSH M, HODDINOTT J. Targeting Outcomes Redux [J]. Social Science Electronic Publishing, 2004, 19 (1): 61-85.

[12] CORNEO, JEANNE. Conspicuous consumption, snobbism and conformism [J]. Journal of Public Economics, 1997, 66 (1): 55-71.

[13] CRAFTS. The Human Development Index and changes in standards of living: Some historical comparisons [J]. European Review of Economic History, 1997, 1 (3): 299-322.

[14] CUTLER, ZECKHAUSER R J. The Anatomy of Health Insurance [J]. NBER Working Papers, 1999 (1): 563-643.

[15] DAVID, RASMUSSEN, THOMAS W, ZUEHLKE. On the choice of functional form for hedonic price functions [J]. Applied Economics, 2001, 22 (4): 431-438.

[16] DEFRANCESCO E, GATTO P, RUNGE F, et al. Factors Affecting Farmers' Participation in Agri-Environmental Measures: A Northern Italian Perspective [J]. Journal of Agricultural Economics, 2008, 59 (1): 114-131.

[17] DEININGER, JIN, NAGARAJAN H K. Efficiency and equity impacts of rural land rental restrictions: Evidence from India [J]. European Economic Review, 2008, 52 (5): 892-918.

[18] DERCON. Assessing Vulnerability to Poverty [M]. London: Department for International Dopartment, 2001.

[19] DING C, LICHTENBERG E. Landand Urban Economic Growthin China [J]. Journal of Regional Science, 2011, 51 (2): 299-317.

[20] DING. Policy and praxis of land acquisition in China [J]. Land Use Policy,

2007, 24 (1): 1-13.

[21] EASTERLIN. Income and Happiness: Towards a Unified Theory [J]. Economic Journal, 2001, 111 (473): 465-484.

[22] EDWARDS. Encyclopedia of social work [M]. Boston: National Association of Social Workers, 1987.

[23] EGGERTSSON. Economic Behavior and Institutions [M]. Cambridge: Cambridge University Press, 1990.

[24] GILDER. Wealth and Poverty [M]. New York: Basic Books, 1981.

[25] GITLIN. The Whole World Is Watching [M]. Berkeley: University of California Press, 1980.

[26] HART. Urban Encroachment on Rural Areas [J]. Geographical Review, 1976, 66 (1): 1-17.

[27] HELTBERG. Property Rights and Natural Resource Management in Developing Countries [J]. Journal of Economic Surveys, 2010, 16 (2): 189-214.

[28] HOME, BALMER, JAHRL, et al. Motivations for implementation of ecological compensation areas on Swiss farms. [J]. Journal of Rural Studies, 2014, 34 (2): 26-36.

[29] HOUNSOME, EDWARDS R T, EDWARDS-JONES G. A note on the effect of farmer mental health on adoption: The case of agri-environment schemes [J]. Agricultural Systems, 2006, 91 (3): 229-241.

[30] IKENBERRY. Essence of decision: explaining the Cuban missile crisis [J]. American Political Science Association, 1987, 78 (3): 13108-13113.

[31] JALAN, RAVALLION. Estimating the Benefit Incidence of an Antipoverty Program by Propensity - Score Matching [J]. Journal of Business & Economic Statistics, 2003, 21 (1): 19-30.

[32] JOHANSSON-STENMAN, CARLSSON F, DARUVALA D. Measuring Future

Grandparents' Preferences for Equality and Relative Standing [J]. Economic Journal, 2002, 112 (479): 362-383.

[33] KUMAR. Economic security for the elderly in India: an overview [J]. Journal of Aging & Social Policy, 2003, 15 (2-3): 45.

[34] KUNG. Off-Farm Labor Markets and the Emergence of Land Rental Markets in Rural China [J]. Journal of Comparative Economics, 2002, 30 (2): 395-414.

[35] LANJOUW, RAVALLION. Benefit Incidence, Public Spending Reforms, and the Timing of Program Capture [J]. World Bank Economic Review, 1999, 13 (2): 257-273.

[36] LIBECAP. Contracting and Property Rights [M]. Cambridge: Cambridge University Press, 1989.

[37] MARTINETTI. A multidimensional assessment of well-being based on Sen's functioning approach [J]. Rivista International Di Science Social, 2000, 108 (2): 207-239.

[38] MCBRIDE. Relative-income effects on subjective well-being in the cross-section [J]. Journal of Economic Behavior & Organization, 2001, 45 (3): 251-278.

[39] WISEAE, LIPCKYM. Street-Level Bureaucracy: Dilemmas of the Individual in Public Services [J]. Michigan Law Review 1981, 3 (5): 102-104.

[40] NAKAJIMA. Subjective Equilibrium Theory of the Farm Household [M]. Amsterdam: Elsevier, 1986.

[41] NELSON, MENDOZA G, REGETZ J, et al. Modeling multiple ecosystem services, biodiversity conservation, commodity production, and tradeoffs at landscape scales [J]. Frontiers in Ecology & the Environment, 2009, 7 (1): 4-11.

[42] NICHOLS. Land and economic growth [J]. American Economic Review,

1990, 60 (3): 332-340.

[43] NORTH. Institutions and Credible Commitment [J]. Social Science Electronic Publishing, 1994, 149 (1): 11-23.

[44] OLUBUNMI, DANIEL. Income Inequality and the Welfare of Rural Households in Imo State, Nigeria [J]. Icultural Journal, 2009 (5): 221-225.

[45] OVERBYE. Extending social security in developing countries: a review of three main strategies [J]. International Journal of Social Welfare, 2010, 14 (4): 305-314.

[46] PFEFFER, LANGTON N. The Effect of Wage Dispersion on Satisfaction, Productivity, and Working Collaboratively: Evidence from College and University Faculty [J]. Administrative Science Quarterly, 1993, 38 (3): 382-407.

[47] PIGOU. The Economics of Welfare [M]. London: Macmillan and Co. Ltd, 1920.

[48] ROSEN. Hedonic Prices and Implicit Markets: Product Differentiation in Pure Competition [J]. Journal of Political Economy, 1974, 82 (1): 34-55.

[49] SAPSFORD, SALISU. Foreign Direct Investment and Growth [J]. Social Science Electronic Publishing, 1998, 70 (3): 291-314.

[50] SARAGA. Embodying the social: constructions of difference [M]. London: Routledge in association with the Open University, 1998.

[51] SCHOKKAERT. The Capabilities Approach [J]. SSRN Electronic Journal, 2009, 26 (599): 1-38.

[52] SHAVELL. Eminent Domain versus Government Purchase of Land Given Imperfect Information about Owners' Valuations [J]. Journal of Law & Economics, 2007, 53 (1): 1-27.

[53] SUDIPTA BHATTACHARYYA. Capitalist development, peasant differentiation and the state: Survey findings from West Bengal [J]. Journal of Peasant Studies, 2001, 28 (4): 95-126.

[54] TEKLU, LEMI. Factors affecting entry and intensity in informal rental land markets in Southern Ethiopian highlands [J]. Agricultural Economics, 2004, 30 (2): 117-128.

[55] THOMAS. The Mystery of Capital: Why Capitalism Triumphs in the West and Fails Everywhere Else by Hernando de Soto [J]. Appraisal Journal, 2003, 61 (100): 1166-1168.

[56] VRANKEN L, SWINNEN J. Land rental markets in transition: Theory and evidence from Hungary [J]. World Development, 2006, 34 (3): 481-500.

[57] WAGSTAFF, LINDELOW M, GAO J, et al. Extending health insurance to the rural population: An impact evaluation of China's new cooperative medical scheme [J]. Journal of Health Economics, 2009, 28 (1): 1-19.

[58] ZIPPAY. Dynamics of income packaging: a 10-year longitudinal study [J]. Social Work, 2002, 47 (3): 291.

[59] ARNESON R J. Equality and Equal Opportunity for Welfare [J]. Philosophical Studies an International Journal for Philosophy in the Analytic Tradition, 1989, 56 (1): 77-93.

[60] BESLEY T J, BURCHARDI K B, GHATAK M. Incentives and the de Soto effect [J]. Quarterly Journal of Economics, 2012 (1): 237-282.

[61] BRATT, RACHEL G. Housing and Family Well - being [J]. Housing Studies, 2002, 17 (1): 13-26.

[62] CARBONELL A. Income and well-being: an empirical analysis of the comparison income effect [J]. Journal of Public Economics, 2005 (6): 997-1019.

[63] CHANG K L, LANGELETT G L, WAUGH A W. Health, health Insurance, and decision to exit from farming [J]. Journal of Family and Economic Issues, 2011, 32 (2): 356-372.

[64] DAVID MICELI. Multidimensional and fuzzy poverty in Switzerland [M].

Boston: Springer US, 2006.

[65] GIANNI BETTI, BRUNO CHELI, ACHILLE LEMMI, et al. The Fuzzy Set Approach to Multidimensional Poverty: the Case of Italy in the 1990s [M]. London: Quantitative Approaches to Multidimensional Poverty Measurement. 2008.

[66] HANSEN B E. Sample Splitting and Threshold Estimation [J]. Econometrica, 2000, 68 (3): 575-603.

[67] LIANG Y, LU W, WU W. Are social security policies for ChineseA34: B97 landless farmers really effective on health in the process of Chinese rapid urbanization? A study on the effect of social security policies for Chinese landless farmers on their health-related quality of life [J]. International Journal for Equity in Health, 2014, 13 (1): 5.

[68] MICHAEL BITTMAN. Social Participation and Family Welfare: The Money and Time Costs of Leisure [J]. Social Policy & Administration, 1999, 36 (4): 408-425.

[69] ROBEYNS I. Valuing freedoms: Sen's Capability Approach and Poverty Reduction [J]. Economics & Philosophy, 2003, 19 (2): 371-377.

[70] STENMAN O, CARLSSON F, DARUVALA D. Measuring Future Grandparents' Preferences for Equality and Relative Standing [J]. Economic Journal, 2002 (479): 362-383.

[71] SUDIPTA, BHATTACHARYYA. Capitalist development, peasant differentiation and the state: Survey findings from West Bengal [J]. Journal of Peasant Studies, 2001, 28 (4): 95-126.

[72] VEENHOVEN R. Well-Being in the Welfare State: Level Not Higher, Distribution Not More Equitable [J]. Journal of Comparative Policy Analysis, 2000, 2 (1): 91-125.

[73] WOO M. RAMESH M. HOWLETT. Legitimation capacity: System-level re-

sources and political skills in public policy [J]. Policy and Society, 2015, 34 (3-4): 271-283.

[74] 阿玛蒂亚·森. 以自由看待发展 [M]. 任赜, 于真, 译. 北京: 中国人民大学出版社, 2013.

[75] 毕天云. 论我国城乡居民最低生活保障制度的整合 [J]. 天津师范大学学报 (社科版), 2017 (2): 66-71.

[76] 蔡银莺, 王亚运, 朱兰兰. 城市边缘区农户耕地利用功能对土地转出的影响: 武汉、成都、苏州 1022 户农民的典型实证 [J]. 自然资源学报, 2016, 31 (10): 1648-1661.

[77] 曹雷. 供需均衡视角下的失地农民社会养老保险制度研究 [J]. 湖南社会科学, 2013 (1): 108-111.

[78] 柴国俊, 陈艳. 征地补偿的多与寡: 公平与效率视角 [J]. 农业经济问题, 2017 (2): 16-22.

[80] 陈飞, 翟伟娟. 农户行为视角下农地流转诱因及其福利效应研究 [J]. 经济研究, 2015 (10): 163-177.

[81] 陈国富, 卿志琼. 财政幻觉下的中国土地财政: 一个法经济学视角 [J]. 南开学报 (哲学社会科学版), 2009 (1): 69-78.

[82] 陈浩, 葛亚赛. 基于可行能力的失地农民市民化测度及其影响因素研究 [J]. 华中农业大学学报 (社会科学版), 2016 (6): 17-25.

[83] 陈浩天. 农户个体差异与国家惠农政策嵌入的相关性研究: 以 20 省 "新农保" 政策的执行效果为表达对象 [J]. 农村经济, 2014 (3): 14-18.

[84] 陈会广. 农民家庭内部分工及其专业化演进对农村土地制度变迁的影响研究 [M]. 上海: 上海人民出版社, 2010.

[85] 陈利根, 王琴, 龙开胜. 农民宅基地福利水平影响因素的理论分析 [J]. 农村经济, 2011 (12): 13-16.

[86] 陈美球, 李志朋, 刘桃菊, 等. 失地农民市民化现状剖析与对策探索:基

于南昌市红谷滩新区沙井街道的调研［J］. 中国土地科学，2013（11）：31-38.

［87］陈美球，肖鹤亮，何维佳，等. 耕地流转农户行为影响因素的实证分析：基于江西省 1396 户农户耕地流转行为现状的调研［J］. 自然资源学报，2008，23（3）：369-374.

［88］陈锡文. 中国农村制度变迁 60 年［M］. 北京：人民出版社，2009.

［89］陈心颖. 人口集聚对区域劳动生产率的异质性影响［J］. 人口研究，2015，39（1）：85-95.

［90］陈莹，王瑞芹. 基于农民福利视角的征地补偿安置政策绩效评价：武汉市江夏区和杭州市西湖区的实证［J］. 华中科技大学学报（社会科学版），2015（5）：71-79.

［91］陈志，丁士军. 新农保实施前后农民养老期望变化研究：基于 2009 年和 2014 年农户调查数据的对比分析［J］. 中国行政管理，2016（7）：83-89.

［92］慈勤英，兰剑."福利"与"反福利依赖"：基于城市低保群体的失业与再就业行为分析［J］. 武汉大学学报（哲学社会科学版），2015，68（4）：111-119.

［93］崔宝玉，谢煜. 失地农户养老保障对劳动供给的影响：农村土地的社会保障功能［J］. 中国人口·资源与环境，2015，25（12）：154-165.

［94］戴媛媛，何立胜. 被征地意愿、程序公正与福利改善：基于六省市的问卷调查［J］. 社会科学战线，2016（8）：68-73.

［95］党国英. 关于土地制度改革若干难题的讨论［J］. 中国经贸导刊，2010（12）：4-7.

［96］邓大松，王曾. 城市化进程中失地农民福利水平的调查［J］. 经济纵横，2012（5）：53-57.

［97］丁士军，张银银，马志雄. 被征地农户生计能力变化研究：基于可持续生计框架的改进［J］. 农业经济问题，2016（6）：25-34.

[98] 段美枝．社会救助制度变革方向［J］．北京行政学院学报，2010（5）：94-97.

[99] 范辉，刘卫东，张恒义．基于利益相关者理论的失地农民土地权益保护研究［J］．地域研究与开发，2016，35（4）：137-142.

[100] 范辉．征地完全补偿制度初探［J］．农村经济，2009（11）：34-37.

[101] 方福前，吕文慧．中国城镇居民福利水平影响因素分析：基于阿马蒂亚·森的能力方法和结构方程模型［J］．管理世界，2009（4）：17-26.

[102] 傅蔚冈．农地征收中的财产和福利［J］．浙江学刊，2008（4）：145-152.

[103] 伽红凯，王树进．集中居住前后农户的福利变化及其影响因素分析：基于对江苏省农户的调查［J］．中国农村观察，2014（1）：26-39.

[104] 高进云，乔荣锋．农地城市流转前后农户福利变化差异分析［J］．中国人口·资源与环境，2011，21（1）：99-105.

[105] 高新才，李笑含．浅析新型城镇化下失地农民补偿安置问题［J］．西北师范大学学报（自然科学版），2016，52（3）：118-122.

[106] 高远东，花拥军．异质型人力资本对经济增长作用的空间计量实证分析［J］．经济科学，2012，34（1）：39-50.

[107] 关江华，黄朝禧，胡银根．不同生计资产配置的农户宅基地流转家庭福利变化研究［J］．中国人口·资源与环境，2014，24（10）：135-142.

[108] 郭玲霞，高贵现，彭开丽．基于 Logistic 模型的失地农民土地征收意愿影响因素研究［J］．资源科学，2012，34（8）：1484-1492.

[109] 郭庆海．我国农村家庭经营的分化与发展［J］．农业经济问题，2000，21（5）：33-37.

[110] 郭万侦，徐静．水电移民逐年货币补偿安置方式优劣分析［J］．水力发电学报，2014，33（3）：324-330.

[111] 韩俊．中国农村土地问题调查［M］．上海：上海远东出版社，2009.
[112] 郝金磊，贾金荣．西部地区农民新农保参与意愿研究［J］．西北人口，2011，32（2）：107-110.
[113] 何旭开，董捷．农村土地保障模式创新：保障与效率共赢［J］．经济体制改革，2008（2）：93-96.
[114] 贺书霞．土地保障与农民社会保障：冲突与协调［J］．中州学刊，2013（2）：31-35.
[115] 贺雪峰．地权的逻辑Ⅱ·地权变革的真相与谬误［M］．北京：东方出版社，2013.
[116] 侯东民，王德文，白南生，等．从“民工荒”到“返乡潮”：中国的刘易斯拐点到来了吗？［J］．人口研究，2009（2）：32-47.
[117] 胡宝柱，周金存．水库移民长期补偿安置实施方式与效果分析［J］．人民长江，2011，42（7）：95-98.
[118] 胡初枝，黄贤金，陈志刚，等．被征地农民可持续性生计评价初步研究［J］．中国土地科学，2008（8）：43-48+5.
[119] 胡思洋．最低生活保障制度的功能定位、实践错位及政策优化［J］．公共行政评论，2017，10（3）：209-212.
[120] 黄东东．征地补偿、制度变迁与交易成本［M］．北京：法律出版社，2016.
[121] 黄蕾，江黎，彭培好．土地整理农户福利测度：基于森的可行能力福利理论［J］．社会科学家，2016（2）：70-74.
[122] 黄少安，刘明宇．公平与效率的冲突：承包制的困境与出路：《农村土地承包法》的法经济学解释［J］．经济社会体制比较，2008（2）：52-58.
[123] 黄小虎．我国土地制度和土地政策的走向：从土地财政和土地金融说起［J］．中州学刊，2012（2）：23-28.
[124] 黄贻芳，钟涨宝．不同类型农户对宅基地退出的响应：以重庆梁平县为例［J］．长江流域资源与环境，2013，22（7）：852-857.

［125］贾燕，李钢，朱新华，等．农民集中居住前后福利状况变化研究：基于森的“可行能力”视角［J］．农业经济问题，2009（2）：92-96.
［126］金慎．对现行征地程序的几点看法［J］．中国土地，2016（8）：47-48.
［127］晋洪涛，史清华，俞宁．谈判权、程序公平与征地制度改革［J］．中国农村经济，2010（12）：4-16.
［128］靳相木，陈箫．土地征收“公正补偿”内涵及其实现：基于域外经验与本土观的比较［J］．农业经济问题，2014，35（2）：45-53.
［130］孔祥智，顾洪明，韩纪江．失地农民“受偿意愿”影响因素的实证分析［J］．山西财经大学学报，2007，29（6）：14-19.
［131］李海燕，蔡银莺．生计多样性对农户参与农田生态补偿政策响应状态的影响：以上海闵行区、苏州张家港市发达地区为例［J］．自然资源学报，2014，29（10）：1696-1708.
［132］李红波，李柏霖，李素敏．西部多民族地区征地冲突治理机制［J］．中国土地科学，2013（3）：17-23.
［133］李乐为，王丽华．就业激励和援助：贫困救助制度演进和优化的基本取向［J］．甘肃社会科学，2011（3）：138-141.
［134］李明贤，周蓉．异质性社员参与农村资金互助业务的博弈分析［J］．农业经济问题，2016（2）：77-82.
［135］李倩，张开云．广州市新农保与被征地农民养老保险制度的衔接问题探讨［J］．广东社会科学，2011（5）：210-217.
［136］李宪宝，高强．行为逻辑、分化结果与发展前景：对1978年以来我国农户分化行为的考察［J］．农业经济问题，2013（2）：56-65.
［137］李逸波，彭建强．农民职业分化的微观影响因素实证分析——基于分化程度与城乡选择的二重角度［J］．中国农村观察，2014（3）：42-51.
［138］李永安．农村从土地保障向社会保障转型要突破认识障碍［J］．现代经济探讨，2013（12）：49-53.
［139］李增刚．前提、标准和程序：中国土地征收补偿制度完善的方向［J］．

学术月刊，2015（1）：24-30.

[140] 李珍贵．缩小征地范围改革难点与建议［J］．中国土地，2012（8）：48-50.

[141] 李振刚．我国农村最低生活保障制度目标定位机制的反思：从家计调查到类别身份［J］．广东社会科学，2016（2）：194-205.

[142] 林乐芬，金媛．征地补偿政策效应影响因素分析：基于江苏省镇江市40个村1703户农户调查数据［J］．中国农村经济，2012（6）：20-30.

[143] 林依标．福建省被征地农民留地安置的实践探索及政策建议［J］．农业经济问题，2014，35（8）：74-77.

[144] 刘辉煌，吴伟．我国农户借贷状况及其收入效应研究［J］．上海经济研究，2014（8）：27-33.

[145] 刘兰勇，王震．“暴力征地”现象的产权经济学解释［J］．当代经济管理，2014，36（2）：1-4.

[146] 刘灵辉．农村土地内部产权关系解构下的征地补偿标准研究［J］．国土资源科技管理，2012，29（4）：101-107.

[147] 刘璐，韩浩．效用货币化的农业保险补贴机制研究：基于补偿变化与等价变化的消费者剩余理论［J］．农业经济问题，2015（7）：102-109.

[148] 刘茜，黄锡生．我国生态福利制度探析［J］．河北大学学报（哲学社会科学版），2013，38（6）：147-151.

[149] 刘守英．直面中国土地问题［M］．北京：中国发展出版社，2014.

[150] 刘守英．中国城乡二元土地制度的特征、问题与改革［J］．国际经济评论，2014（3）：9-25.

[151] 刘同山，牛立腾．农户分化、土地退出意愿与农民的选择偏好［J］．中国人口·资源与环境，2014，24（6）：114-120.

[152] 刘祥琪，陈钊，赵阳．程序公正先于货币补偿：农民征地满意度的决定［J］．管理世界，2012（2）：44-51.

［153］刘向南，吕图，严思齐．征地过程中程序性权利保障与农民满意度研究：基于辽宁省6市30村的调研［J］．中国土地科学，2016，30（5）：21-28.

［154］柳建平．中国农村土地制度及改革研究：基于当前土地功能变化视角的分析［J］．经济体制改革，2012（1）：75-79.

［155］龙立荣，邱功英．基于员工偏好的福利分类及其影响因素研究［J］．管理学报，2013，10（1）：84-90.

［156］楼培敏．中国城市化过程中被征地农民生活状况实证研究：以上海浦东、浙江温州和四川广元为例［J］．中国农村经济，2005（12）：35-45.

［157］卢洪友，刘丹．贫困地区农民真的从“新农合”中受益了吗［J］．中国人口·资源与环境，2016，26（2）：68-75.

［158］罗文春，李世平．农民被征地的意愿与影响因素：陕西462个样本［J］．改革，2011（1）：129-133.

［160］马贤磊，孙晓中．不同经济发展水平下农民集中居住后的福利变化研究：基于江苏省高淳县和盱眙县的比较分析［J］．南京农业大学学报（社会科学版），2012，12（2）：8-15.

［161］米强，李永乐，吴群，等．土地征收的社会效率阶段性比较研究：以南京市为例［J］．中国土地科学，2015（12）：26-33.

［162］牟少岩，杨学成．农民职业分化微观影响因素的实证研究：以青岛为例［J］．农业经济问题，2008（11）：90-95.

［163］乜琪．土地与农民福利：制度变迁的视角［M］．北京：社会科学文献出版社，2016.

［164］聂飞．家庭发展的困境与政策调适：基于可行能力的视角［J］．求实，2015（6）：56-63.

［165］聂建亮，钟涨宝．农户分化程度对农地流转行为及规模的影响［J］．资源科学，2014，36（4）：749-757.

[166] 聂鑫．农地城市流转中失地农民福利问题研究［M］．北京：人民出版社，2014.

[167] 宁光杰．自选择与农村剩余劳动力非农就业的地区收入差异：兼论刘易斯转折点是否到来［J］．经济研究，2012（s2）：42-55.

[168] 宁亚芳．民族地区农村最低生活保障制度缓贫效应分析：来自云南的证据［J］．中州学刊，2015（2）：77-81.

[169] 牛晓冬，罗剑朝，牛晓琴．农户分化、农地经营权抵押融资与农户福利:基于陕西与宁夏农户调查数据验证［J］．财贸研究，2017，28（7）：21-35.

[170] 欧胜彬，陈利根．被征地农民社会保障制度创新研究：以南宁市为例［J］．学术论坛，2016，39（6）：126-130.

[171] 欧阳君君．完善征地制度需改革征地权的纵向配置模式［J］．法学，2016（5）：152-160.

[172] 彭小霞．农村征地生态补偿法律机制构建研究［J］．广西社会科学，2017（3）：99-102.

[173] 彭长生．农民分化对农村宅基地退出补偿模式选择的影响分析：基于安徽省的农户调查数据［J］．经济社会体制比较，2013（6）：133-146.

[174] 戚晓明．人力资本、家庭禀赋与被征地农民就业：基于CFPS2014数据的分析［J］．南京农业大学学报（社会科学版），2017（5）：59-67.

[175] 齐睿，李珍贵，王斯亮，等．中国被征地农民安置制度变迁分析［J］．中国土地科学，2013（10）：24-30.

[176] 钱龙，钱文荣，陈方丽．农户分化、产权预期与宅基地流转：温州试验区的调查与实证［J］．中国土地科学，2015，29（9）：19-26.

[177] 钱忠好，肖屹，曲福田．农民土地产权认知、土地征用意愿与征地制度改革：基于江西省鹰潭市的实证研究［J］．中国农村经济，2007（1）：28-35.

［178］邱幼云．从耕地抛荒看土地保障功能的弱化：以闽西 L 村为个案［J］．理论月刊，2014（12）：124-128.

［179］施国庆，周潇君．农民接受行蓄洪区土地征收与利用方式的意愿及影响因素研究：以淮河干流行蓄洪区为例［J］．江淮论坛，2016（5）：58-64.

［180］施雯，宋德群，周艳波．农户福利研究述评［J］．农业经济，2015（9）：113-114.

［181］史清华，晋洪涛，卓建伟．征地一定降低农民收入吗？上海 7 村调查：兼论现行征地制度的缺陷与改革［J］．管理世界，2011（3）：77-82.

［182］史耀波，温军．农村公共物品对农户福利影响理论研究综述［J］．经济纵横，2009（6）：122-124.

［183］宋明岷．论我国失地农民社会养老保险制度的差异性［J］．农村经济，2010（7）：91-94.

［184］苏海涛，陶然．失地农民被征地意愿影响因素的实证研究［J］．统计与决策，2013（21）：94-98.

［185］苏群，汪霏菲，陈杰．农户分化与土地流转行为［J］．资源科学，2016，38（3）：377-386.

［186］孙文华．农户分化 微观机理与实证分析：基于苏中三个样本村 705 个农户的调查［J］．江海学刊，2008（4）：114-119.

［187］谭术魁，张南．地方政府防范征地冲突群体性事件话语研究［J］．中国土地科学，2016，30（9）：4-11.

［188］唐健，李珍贵，王庆宾，等．留地安置：征地补偿方式的探索之路［J］．中国土地，2014（3）：6-13.

［189］汪晖，黄祖辉．公共利益、征地范围与公平补偿：从两个土地投机案例谈起［J］．经济学，2004，4（1）：249-262.

［190］汪晖，陶然．论征地制度的系统性改革与突破［J］．东南学术，2009（6）：10-15.

[191] 王华华．中国城镇化进程中土地征收模式转型研究：从保障农民生活到保护农民权益［J］．西部论坛，2017，27（1）：18-29.

[192] 王良健，吴佳灏，李辉．农户土地征收意愿及其影响因素的区域比较分析［J］．中国农村观察，2013（1）：11-20.

[193] 王敏，诸培新，张建．农地流转对农户宅基地退出意愿影响研究：基于江苏省 855 户农户的调查结果分析［J］．南京农业大学学报（社会科学版），2016，16（4）：81-89.

[194] 王瑞民，陶然．“城市户口”还是土地保障：流动人口户籍改革意愿研究［J］．人口与发展，2016，22（4）：19-28.

[195] 王瑞雪，颜廷武．现行征地补偿标准不合理性分析：基于资源环境经济学视角［J］．中国土地科学，2007，21（6）：47-51.

[196] 王珊，张安录，张叶生．农地城市流转的农户福利效应测度［J］．中国人口·资源与环境，2014，24（3）：108-115.

[197] 王团真，李洁，陈治淇，等．农户分化对林地流出意愿与流出行为影响研究：以福建省为例［J］．林业经济问题，2017，37（2）：28-34.

[198] 王伟，马超．基于可行能力理论的失地农民福利水平研究：以江苏省宜兴市和太仓市为例［J］．农业技术经济，2013（6）：20-31.

[199] 王伟林，黄贤金，陈志刚．发达地区农户被征地意愿及其影响因素：基于苏州农户调查的实证研究［J］．中国土地科学，2009，23（4）：76-80.

[200] 王湘红．相对收入与个人效用：来自中国的证据［J］．经济理论与经济管理，2012，32（5）：36-46.

[201] 王小映．土地征收公正补偿与市场开放［J］．中国农村观察，2007（5）：22-31.

[202] 王新军，郑超．医疗保险对老年人医疗支出与健康的影响［J］．财经研究，2014，40（12），65-75.

[203] 王永礼，林本喜，郑传芳．新农保制度下农民参保行为影响因素分析：

对福建656户农民的实证研究［J］. 福建论坛（人文社会科学版），2012（6）：141-146.

［204］王增文，邓大松．倾向度匹配、救助依赖与瞄准机制：基于社会救助制度实施效应的经验分析［J］. 公共管理学报，2012，9（2）：83-88.

［205］魏凤，金华旺．农民视角下新农合保障能力及影响因素评估：基于宝鸡市421户参合农民的调研［J］. 人口与经济，2012（4）：94-100.

［206］温海红，亢平，吴丹．失地农民参加社会养老保险的影响因素分析：基于西安市调查数据分析［J］. 西北人口，2013（4）：90-94.

［207］温乐平．江西省失地农民养老保险制度的现状、问题与对策：基于制度设计与政府职能视角［J］. 江西社会科学，2010（4）：214-218.

［208］温铁军，郎晓娟，郑风田．中国农村社会稳定状况及其特征：基于100村1765户的调查分析［J］. 管理世界，2011（3）：66-76.

［209］吴建，夏卫生．城乡结合部被征地农民生活水平分析：以长沙市坪塘镇为例［J］. 湖南师范大学自然科学学报，2017，40（1）：26-30.

［210］吴强华，张毅．多元保障启航：征地补偿安置方式改革实践与思考［J］. 中国土地，2014（3）：14-17.

［211］武心天．浅析失地农民养老保险问题及对策［J］. 中国劳动关系学院学报，2011，25（2）：98-100.

［212］冼青华．论商业型的失地农民养老保险模式：以福建省为例［J］. 学术论坛，2011，34（5）：135-139.

［213］肖屹，曲福田，钱忠好，等．土地征用中农民土地权益受损程度研究：以江苏省为例［J］. 农业经济问题，2008，29（3）：77-83.

［214］谢晋，蔡银莺．创新实践地区农户参与农田保护补偿政策成效的生计禀赋影响：苏州及成都的实证比较［J］. 资源科学，2016，38（11）：2082-2094.

［215］谢琼．福利、福利制度与福利权［J］. 中国行政管理，2013（4）：58-61.

[216] 徐烽烽，李放，唐焱．苏南农户土地承包经营权置换城镇社会保障前后福利变化的模糊评价：基于森的可行能力视角［J］．中国农村经济，2010（8）：67-79.

[217] 徐济益，黄涛珍，徐桂林．农地征收补偿方式的递度演进与推进路径［J］．经济体制改革，2014（4）：85-89.

[218] 徐珍源，孔祥智．改革开放 30 年来农村宅基地制度变迁、评价及展望［J］．价格月刊，2009（8）：3-5.

[219] 许恒周，郭玉燕．不同发展水平地区农民被征地意愿及影响因素：基于南京市、鹰潭市的实证研究［J］．中国人口·资源与环境，2011，21（1）：106-109.

[220] 许恒周，郭忠兴．农村土地流转影响因素的理论与实证研究：基于农民阶层分化与产权偏好的视角［J］．中国人口·资源与环境，2011，21（3）：98-102.

[221] 薛惠元，曹立前．农户视角下的新农保政策效果及其影响因素分析：基于湖北省 605 份问卷的调查分析［J］．保险研究，2012，33（6）：119-127.

[222] 杨涛，石艳红，刘建华．基于可行能力理论的失地移民权益问题分析［J］．农村经济，2010（8）：80-83.

[223] 杨应杰．农户分化对农村宅基地使用权流转意愿的影响分析：基于结构方程模型（SEM）的估计［J］．经济经纬，2014，31（1）：38-43.

[224] 姚从容．失地农民的征地补偿与就业安置及社会福利政策趋向［J］．贵州社会科学，2008（9）：91-93.

[225] 姚如青．农村土地非农开发和集体经济组织重构：基于浙江两种留地安置模式的比较［J］．中国经济问题，2015（6）：37-48.

[226] 姚旭兵，罗光强，吴振顺，等．城镇化对城乡收入差距影响的区域异质性研究［J］．经济体制改革，2016（1）：63-69.

[227] 叶红玲．征地制度改革冲击波：从七城市试点看“缩小征地范围”的

改革前景［J］. 中国土地，2014（4）：6-13.

［228］叶剑平，丰雷，蒋妍，等. 2008 年中国农村土地使用权调查研究：17 省份调查结果及政策建议［J］. 管理世界，2010，196（1）：64-73.

［229］殷俊，李晓鹤. 中国失地农民养老保障实践模式的公平性探析［J］. 经济问题，2009，360（8）：58-60.

［230］尹奇，马璐璐，王庆日. 基于森的功能和能力福利理论的失地农民福利水平评价［J］. 中国土地科学，2010，24（7）：41-46.

［231］袁铖. 城乡一体化进程中农地非农化问题研究［J］. 农业经济问题，2011，13（7）：31-35.

［232］袁铖. 主要功能变迁视角下的中国农村土地制度创新［J］. 中南财经政法大学学报，2009，177（6）：125-129.

［233］袁方，蔡银莺. 城市近郊被征地农民的福利变化及个体差异：以江夏区五里界镇为实证［J］. 公共管理学报，2012，9（2）：76-82.

［234］苑韶峰，杨丽霞，王庆日. 慈溪市四镇农地转用过程中农户福利变化的定量测度［J］. 中国土地科学，2012，26（10）：82-90.

［235］詹国辉，张新文. "救困"抑或"帮富"：扶贫对象的精准识别与适应性治理：基于苏北 R 县 X 村扶贫案例的田野考察［J］. 现代经济探讨，2017（6）：95-103.

［236］张超，王春杨. 我国劳动力供给的"刘易斯拐点"争论研究［J］. 经济问题探索，2013（5）：21-26.

［237］张飞，孔伟. 基于生态系统服务价值的扬州市农地非农化生态效应测评［J］. 资源与产业，2010，12（6）：173-178.

［238］张红旗，许尔琪，朱会义. 中国"三生用地"分类及其空间格局［J］. 资源科学，2015，37（07）：1332-1338.

［239］张兰，冯淑怡，陆华良，等. 农地不同流转去向对转出户收入的影响：来自江苏省的证据［J］. 中国农村观察，2017（5）：116-129.

［240］张良悦. 农地功能、制度变革与产权完善［J］. 改革，2008（1）：

114-119.
[241] 张微宇，乐章．新农合政策效果评价及其解释：基于2014年农户调查数据实证分析［J］．西北人口，2015（3）：81-85.
[242] 张五常．经济解释［M］．北京：中信出版社，2014.
[243] 张学敏．离农分化、效用差序与承包地退出：基于豫、湘、渝886户农户调查的实证分析［J］．农业技术经济，2013（5）：44-52.
[244] 章惠琴．完善新型农村社会养老保险制度：基于上海的实践研究［J］．社会保障研究，2013（4）：26-33.
[245] 郑风田，阮荣平．农村居民文化福利以及文化需求分析：基于河南嵩县的实地调查［J］．天津商业大学学报，2010，30（3）：3-7.
[246] 郑振源．征地制度需要改革［J］．中国土地，2000（10）：24-25.
[247] 钟涨宝，聂建亮．新农保制度的可持续性探讨：基于农民参保行为选择的视角［J］．中国农村观察，2013（6）：60-70.
[248] 钟涨宝，韦宏耀．国家与农民：新农保推行的"过程互动模型"［J］．西北农林科技大学学报（社会科学版），2014，14（2）：25-31.
[249] 周晨虹．农村公共政策执行中的农民参与研究［J］．山东社会科学，2011（10）：35-38.
[250] 周建再，代宝珍．发达地区失地农民养老保障制度建设：基于对江阴市的调研数据［J］．现代经济探讨，2016（8）：68-72.
[251] 周义，李梦玄．失地冲击下农民福利的改变和分化［J］．农业技术经济，2014（1）：73-80.
[252] 朱凤凯，张凤荣．城市化背景下宅基地利用的租值消散与农户行为研究:以北京市朝阳区下辛堡村为例［J］．自然资源学报，2016，31（6）：936-947.
[253] 朱明仕．社会政策的有效性分析：利益表达与公众参与［J］．社会科学战线，2017（5）：183-188.
[254] 朱余斌，葛水林．农民参与公共政策制定的障碍因素及其路径研究

［J］. 农村经济，2010（9）：30-32.

［255］诸培新，叶琦 . 农户分化下农民宅基地退出意愿差异性研究：基于江苏省 886 个样本数据［J］. 农林经济管理学报，2015（3）：279-288.

［256］祝天智 . 纠纷化解机制构建与征地程序改革［J］. 华南农业大学学报（社会科学版），2014（2）：8-15.

［257］邹伟，王子坤，徐博，等 . 农户分化对农村宅基地退出行为影响研究：基于江苏省 1456 个农户的调查［J］. 中国土地科学，2017，31（5）：31-37.

［258］邹宝玲，仇童伟，罗必良，等 . 农地福利保障如何影响农地转出：基于制度保障与社区保障调节效应的分析［J］. 上海财经大学学报，2017，19（3）：68-80.

［259］鲍海君，方妍，雷佩 . 征地利益冲突：地方政府与失地农民的行为选择机制及其实证证据［J］. 中国土地科学，2016，30（8）：21-27.

［260］卜芳，肖立国 . 收入差距、社会保障支出与农村居民幸福感［J］. 科学决策，2017（3）：19-34.

［261］蔡瑜，徐涛，赵敏娟 . 农户分化视角的杂粮生产效率研究：以陕北定边县为例［J］. 农业经济与管理，2019（5）：74-85.

［262］曹淑英，徐秀英，吴伟光 . 农户分化背景下浙江山区不同类型农户生计状况比较分析［J］. 浙江农林大学学报，2017，34（1）：161-169.

［263］曾庆敏，陈利根，龙开胜 . 土地征收对农户收入的影响效应分析：基于倾向得分匹配模型的实证［J］. 农业现代化研究，2019，40（2）：253-263.

［264］陈浩，陈雪春，谢勇 . 城镇化进程中失地农民职业分化及其影响因素研究［J］. 中国人口·资源与环境，2013，23（6）：72-79.

［265］陈美球，袁东波，邝佛缘，等 . 农户分化、代际差异对生态耕种采纳度的影响［J］. 中国人口·资源与环境，2019，29（2）：79-86.

［266］陈起风 . 从社会主要矛盾转化看基本养老保障制度改革：契机与路径

[J]. 华中农业大学学报（社科），2019（6）：130-138.
[267] 陈茜，田治威，段伟．禀赋异质性对农户风险偏好影响的实证检验[J]. 统计与决策，2019，35（8）：104-107.
[268] 陈琼，蔡运龙．经济欠发达地区农户对耕地非农转换的价值感知：西宁市郊区案例研究［J]. 地理研究，2013，32（2）：203-213.
[269] 陈秋萍，陈金龙．基于福利经济学的员工心理福利诉求研究［J]. 华侨大学学报（哲学社会科学版），2015（4）：68-75.
[270] 陈小君．《土地管理法》修法与新一轮土地改革［J]. 中国法律评论，2019（5）：55-64.
[271] 陈中伟．中国农民职业分化与农地适度规模经营：理论综述、发展历程、困境与耦合发展机制［J]. 兰州学刊，2018（7）：199-208.
[272] 楚德江．城市化进程中的农村征地冲突：治理困境与政策选择［J]. 团结，2013（3）：39-42.
[273] 戴逸茹，李岩梅．居住流动性对心理行为的影响［J]. 2018，41（5）：1185-1191.
[274] 单阿丽，吴克宁，冯喆，等．基于效果模式的定州市土地征收制度改革绩效评估［J]. 中国农业资源与区划，2018，39（9）：239-245.
[275] 邓大松，丁怡．失地农民被征地满意度的主要因素及政策建议：基于调研湖北省宜昌市 227 个农户的实证分析［J]. 理论月刊，2014（10）：162-165.
[276] 丁琳琳，吴群，李永乐．新型城镇化背景下失地农民福利变化研究[J]. 中国人口·资源与环境，2017，27（3）：163-169.
[277] 丁琳琳，吴群，李永乐．土地征收中农户福利变化及其影响因素：基于江苏省不同地区的农户问卷调查［J]. 经济地理，2016，36（12）：154-161.
[278] 方涧．我国土地征收补偿标准实证差异与完善进路［J]. 中国法律评论，2019（5）：76-86.

［279］冯晓平，江立华．“社会中的国家”理论视角下国家基层治理实践困境分析：以征地中的治理为例［J］．理论月刊，2019（3）：86-92.

［280］冯晓平，江立华．阶层分化下的失地农民风险研究［J］．中州学刊，2011（5）：85-88.

［281］高进云，乔荣锋．土地征收前后农民福利变化测度与可行能力培养：基于天津市 4 区调查数据的实证研究［J］．中国人口·资源与环境，2016（2）：158-161.

［282］谷中原，尹婷．中国失地农民生活保障问题及其应对：基于征地补偿和安置视角的分析［J］．湖南农业大学学报（社会科学版），2018，19（2）：30-35.

［283］顾大松，王蕾．征地审批还是征地决定？兼议《土地管理法》第 45 条、第 46 条之修改［J］．法律适用，2019（7）：36-47.

［284］郭劲光，俎邵静，邓韬．发展型福利理念下支出型贫困的范畴解读与治理路径［J］．兰州学刊，2019（7）：169-181.

［285］郭燕茹．新型农村社区建设中失地林农权益保障问题研究：以青岛市为例［J］．林业经济，2015，37（5）：19-23.

［286］韩啸，张安录，朱巧娴．不同类型农户城乡建设用地增减挂钩政策实施阶段参与程度影响因素研究［J］．农业现代化研究，2017，38（1）：67-73.

［287］郝丹，陈晓东．人口老龄化背景下失地农民养老保障制度研究［J］．兰州学刊，2017（11）：189-195.

［288］郝海波．序数效用论的缺陷与不足：一个文献综述［J］．山东社会科学，2011（4）：141-144+169.

［289］郝晓薇，兰婷．土地发展权视角下的农民征地价值补偿研究［J］．理论探讨，2018（6）：115-121.

［290］贺鲲鹏．我国失地农民社会保障的困境与对策分析［J］．辽宁行政学院学报，2016（10）：53-56.

[291] 贺雪峰．如何理解征地冲突：兼论《土地管理法》的修改［J］．思想战线，2018，44（3）：111-117.
[292] 侯广红，汪栋．集体土地征收补偿中公众参与问题的探究：基于山东省S村的调研［J］．青岛农业大学学报（社会科学版），2017，29（2）：1-5.
[293] 胡清华，伍国勇，宋珂，等．农村土地征收对被征地农户福利的影响评价：基于阿马蒂亚·森的可行能力理论［J］．经济地理，2019，39（12）：187-194.
[294] 胡新艳，陈小知，米运生．农地整合确权政策对农业规模经营发展的影响评估：来自准自然实验的证据［J］．中国农村经济，2018（12）：83-102.
[295] 华生．破解土地财政，变征地为分地：东亚地区城市化用地制度的启示［J］．国家行政学院学报，2015（3）：13-17.
[296] 黄宏伟，胡浩钰．新农保对农村居民自我养老保障的替代效应：基于家庭土地经营面积变化视角的分析［J］．社会保障研究，2019（6）：65-72.
[297] 黄厅，张希斌．西北地区被征地农民社保问题调查［J］．中国土地，2017（3）：45-47.
[298] 黄婷．社会保障城乡统筹发展、地方政策革新与农民社会公民权演进：以基本养老保险制度变迁为例［J］．社会保障研究，2017（1）：3-13.
[299] 黄鑫，程文仕，焦利民．土地利用生态效率测度、时空异质性及优化配置［J］．生态学杂志，2018，37（12）：3809-3816.
[300] 冀县卿，钱忠好，葛轶凡．如何发挥农业补贴促进农户参与农地流转的靶向作用：基于江苏、广西、湖北、黑龙江的调查数据［J］．农业经济问题，2015，36（5）：48-55+110-111.
[301] 贾甜甜．征地后失地农民就业问题［J］．中国集体经济，2016（16）：105-106.

［302］江维国，李立清，周贤君．社会主要矛盾转变背景下被征地农民社会保障供给优化研究［J］．当代经济管理，2019，41（7）：38-43.

［303］江维国，李立清．被征地农民发展不充分与美好生活需要矛盾研究［J］．兰州学刊，2019，（5）：176-183.

［304］姜海，陈乐宾．土地增值收益分配公平群体共识及其增进路径［J］．中国土地科学，2019，33（2）：33-40.

［305］姜海，张倩倩，雷昊，等．征地制度变迁与交易成本分析［J］．中国集体经济，2018（33）：3-5.

［306］靳永爱，周峰，翟振武．居住方式对老年人心理健康的影响：社区环境的调节作用［J］．人口学刊，2017，39（3）：66-77.

［307］黎翠梅，柯炼．农户分化与农地经营权资本化选择［J］．华南农业大学学报（社会科学版），2018，17（3）：10-19.

［308］黎洁，陆昕，李树茁，等．小流域治理后农户福利变化与差异的研究：以陕西省安康市为例［J］．西安交通大学学报：社会科学版，2014，34（2）：68-73.

［309］李欢，张安录．农村宅基地退出前后农户福利测度及其动态变化：以浙江省德清县 201 户农户为例［J］．农业技术经济，2019（7）：79-90.

［310］李立娜，何仁伟，李平，等．典型山区农户生计脆弱性及其空间差异：以四川凉山彝族自治州为例［J］．山地学报，2018，36（5）：792-805.

［311］李琴，杨松涛，张同龙．社会保障能够替代土地保障吗？基于新农保对土地租出意愿租金的影响研究［J］．经济理论与经济管理，2019（7）：61-74.

［312］李荣耀，叶兴庆．农户分化、土地流转与承包权退出［J］．改革，2019（2）：17-26.

［313］李霄，卢圣华，汪晖．征地对农户收入的影响及其空间分异性研究：基于 CHFS 数据的倍差法分析［J］．中国土地科学，2019，33（10）：102-110.

[314] 李晓园，陈颖．基于模糊综合评价法的易地扶贫搬迁绩效评价及政策建议：以修水县“进城入园”扶贫搬迁工程为例［J］．江西师范大学学报：哲学社会科学版，2019，(3)：130-137.

[315] 李益敏，段亚苹，蒋德明，等．人类活动条件下兰坪县土地利用景观格局及生态系统服务价值［J］．水土保持研究，2019，(1)：293-300.

[316] 李梓旗，陈新岗．土地征收进程中不同参与主体行为研究［J］．沈阳工业大学学报（社会科学版），2017，10（6）：542-546.

[317] 厉以宁．福利水平高低具有相对性［J］．江苏对外经贸论坛，2009（3）：109-110.

[318] 廖沛玲，赵健，夏显力．农地转出前后农户福利变化及差异研究：以关天经济区政府主导型农地流转为例［J］．资源科学，2018，40（7）：1354-1364.

[319] 林青宁，毛世平．协同创新模式与涉农企业科技成果转化效率：研发禀赋结构的双门槛效应［J］．科技进步与对策，2019，36（3）：32-38.

[320] 刘畅．基于健康路径选择视角的我国农民福利效应研究［J］．农业经济问题，2018（9）：96-107.

[321] 刘欢．社会保障支出地区差异与老龄人口生活质量［J］．宏观质量研究，2018，21（2）：78-91.

[322] 刘可，刘鸿渊，赵彬茹．增加农民财产性收入改革的四川实践与对策［J］．农村经济，2016（6）：65-70.

[323] 刘灵辉．农地产权制度与征地补偿制度关联互动改革［J］．西北农林科技大学学报（社会科学版），2018，18（1）：27-33.

[324] 刘魏，王小华．农地流转的多维减贫效应及其异质性研究［J］．宏观质量研究，2019，7（3）：51-65.

[325] 刘向南，袁虞欣．程序性权利与被征地农民公平感知问题研究综述［J］．农村经济与科技，2019，30（7）：201-205.

[326] 刘晓慧．基层治理中公共政策执行问题研究［J］．中国经贸导刊

（中），2019（8）：107-108.

［327］刘旭华．浅析土地征收合法性认定程序的设计路径［J］．中国土地，2017（1）：37-39.

［328］刘燕斌．就业是最大的民生［J］．中国人力资源社会保障，2017（11）：28-30.

［329］刘应元，冯中朝．农业生态福利水平对农业发展的影响［J］．社会科学家，2016（2）：55-58.

［330］罗婷婷，邹学荣，陆林．确立主体地位与被征地农民多元保障机制完善路径思考［J］．中国农业资源与区划，2017，38（10）：144-151.

［331］罗宇．水库移民可行能力短缺及其构建策略研究［J］．水力发电，2014，40（8）：95-97，132.

［332］吕图，刘向南，刘鹏．程序公正与征地补偿：基于程序性权利保障的影响分析［J］．资源科学，2018，40（9）：1742-1751.

［333］马睿，周伟，黄保华．城乡结合部农地非农转换价值感知研究：以西宁市郊区农户调查为例［J］．资源科学，2016，38（12）：2392-2405.

［334］马雯秋，何新，姜广辉，等．基于土地功能的农村居民点内部用地结构分类［J］．农业工程学报，2018，34（4）：269-277.

［335］毛加强，贾蕙宇．农地流转对农民福利的影响研究：基于一般化加速模型（GBM）的倾向评分加权法与 PSM 的实证检验［J］．农林经济管理学报，2018，17（6）：82-91.

［336］孟存鸽．农民公平分享征地增值收益的制度保障研究［J］．理论导刊，2019（6）：80-85.

［337］明亮．土地流转背景下的农村劳动力就业状况调查：以川西平原 W 区 H 村土地流转实践为例［J］．农村经济，2018（1）：123-128.

［338］莫荣．就业是最大的民生［J］．中国就业，2019（4）：8.

［339］楠顶，甘月文．公共政策视域下内蒙古“兴边富民行动”政策执行探析［J］．内蒙古农业大学学报（社会科学版），2019，21（2）：10-15.

[340] 欧胜彬，苏雪晨．城镇化进程中的土地财政：两难困境与破解对策［J］．中农业大学学报（社会科学版），2014（3）：12-16.

[341] 欧阳君君．论我国分批次建设用地征地模式的形成机理、影响及其改革［J］．苏州大学学报（哲学社会科学版），2019，40（4）：63-71.

[342] 彭斌．认真对待权力：关于权力的正当性与权力运用方式的合理性的思考［J］．学海，2011（5）：119-125.

[343] 彭小霞．农村征地冲突法治化治理的问题与策略［J］．湖南农业大学学报（社会科学版），2018，19（5）：74-79.

[344] 戚晓明．人力资本、家庭禀赋与被征地农民就业：基于 CFPS2014 数据的分析［J］．南京农业大学学报（社会科学版），2017，17（5）：59-67+152.

[345] 钱瑛瑛，孙思竹．土地征收前后农民福利水平变化研究：以上海市嘉定区安亭镇的两个小区为例［J］．中国房地产，2016，（18）：52-64.

[346] 钱忠好，牟燕．中国农地非农化市场化改革为何举步维艰：基于地方政府土地财政依赖视角的分析［J］．农业技术经济，2017（1）：18-27.

[347] 秦昌才．新农保对家庭养老的替代效应：基于 CFPS 的微观证据［J］．东岳论丛，2019，40（6）：87-95+192.

[348] 秦立建，陈波，蒋中一．我国城市化征地对农民健康的影响［J］．管理世界，2012（9）：82-88.

[349] 曲福田，诸培新．土地经济学［M］．北京：中国农业出版社，2018.

[350] 苏昕，赵琨．发展性福利视域下中国贫困的可持续治理［J］．山西大学学报：哲学社会科学版，2019（6）：73-79.

[351] 孙海兵，赵旭．基于结构方程模型的征地对移民福利影响分析［J］．人民长江，2017，48（14）：89-92.

[352] 孙小宇，林丽梅，许佳贤．农地依赖、农地流转行为与农户分化：基于福建省 209 个农户的调查数据分析［J］．农村经济，2019（6）：22-31.

[353] 孙秀林，周飞舟．土地财政与分税制：一个实证解释［J］．中国社会

科学，2013（4）：41-60+206.
［354］汤希，任志江．“民工荒”与我国“刘易斯拐点”问题［J］．西北农林科技大学学报（社会科学版），2018，18（2）：101-107.
［355］唐欣瑜，唐俐．我国农民集体土地收益分配权探究［J］．农业经济，2015（2）：107-109.
［356］童馨乐，胡迪，杨向阳．粮食最低收购价政策效应评估：以小麦为例［J］．农业经济问题，2019（9）：85-95.
［357］汪三贵，曾小溪．从区域扶贫开发到精准扶贫：改革开放40年中国扶贫政策的演进及脱贫攻坚的难点和对策［J］．农业经济问题，2018（8）：40-50.
［358］汪险生，郭忠兴，李宁，等．土地征收对农户就业及福利的影响：基于CHIP数据的实证分析［J］．公共管理学报，2019，16（1）：158-173+181.
［359］王常伟，顾海英．城镇住房、农地依赖与农户承包权退出［J］．管理世界，2016（9）：55-69+187-188.
［360］王克强．土地对农民基本生活保障效用的实证研究：以江苏省为例［J］．四川大学学报：哲学社会科学版，2005（3）：6-12.
［361］王万茂．人均耕地0.8亩警戒线透视［J］．中国土地，2001（10）：32-33.
［362］王小映，王得坤．不在村农户与承包地政策的完善［J］．农村经济，2019（11）：1-7.
［363］王亚坤，赵珩，PETER HO. 农民权益保障视角下的土地征用程序研究：以河北省5个建设项目为例［J］．中国农业资源与区划，2019，40（4）：161-171.
［364］王延中，龙玉其，江翠萍，等．中国社会保障收入再分配效应研究：以社会保险为例［J］．经济研究，2016（2）：4-15.
［365］王义博．关于吉林省农村土地确权工作的思考［J］．吉林农业，2019

(10)：43.
[366] 王铁，詹鹏，姜竹．城镇化进程中失地农民与城镇居民和未失地农民收入差距研究：基于北京地区的调查数据［J］．中国农村经济，2018(4)：121-139.
[367] 王园园，刘思慧，田远方，等．城镇职工参加商业养老保险意愿及影响因素的调查研究：以北京市为例［J］．劳动保障世界，2016（9Z)：13-14.
[368] 王云华．我国城郊农村土地征用后失地农民的社会保险问题：以湖南省宁乡市 A 乡 B 村及 C 社区为例［J］．中南林业科技大学学报（社会科学版），2019，13（1)：59-68.
[369] 王子坤，邹伟，王雪琪．农户宅基地退出的行为与意愿悖离研究［J］．中国土地科学，2018，32（7)：29-35.
[370] 韦嘉燕，乐永兴．征地补偿安置款份额分配的宪法审查：以《土地管理法（修订案）》征求意见稿为背景［J］．甘肃理论学刊，2018，247(3)：94-98.
[371] 魏浩宇，朱喜．新农保对农村老人预期退休行为的影响［J］．上海管理科学，2019（3)：96-102.
[372] 吴春林．把握时代主题，突出最大民生：无锡市奋力推进就业创业高质量发展［J］．中国就业，2019（2)：36-37.
[373] 吴岩，董秀茹，王秋兵，等．失地农民生活水平评价体系构建［J］．中国土地科学，2011，25（5)：23-28.
[374] 吴郁玲，石汇，王梅，等．农村异质性资源禀赋、宅基地使用权确权与农户宅基地流转：理论与来自湖北省的经验［J］．中国农村经济，2018（5)：52-67.
[375] 向玉琼．走向合作行动：公共政策的演进［J］．天津社会科学，2016(5)：79-83.
[376] 肖峰，陈前利．浅谈新疆土地利用/覆被变化对生态环境的影响［J］.

农村经济与科技，2016，27（7）：42-43.

［377］谢致红，王秀兰，梅昀，等．市场主导型增减挂钩项目区农户福利变化及其影响因素研究［J］．农业现代化研究，2018，39（5）：798-807.

［378］辛波，孙腾云．对中国经济的一个乱象：土地财政的剖析［J］．山东工商学院学报，2011，25（2）：62-66.

［379］徐济益，马晨，许诺．城乡结合部被征地农民多维福利测度［J］．经济体制改革，2018（3）：59-66.

［380］徐济益，马晨．被征地农民安置模式比较的机理分析与政策进路［J］．行政论坛，2018，25（2）：100-106.

［381］徐一丹，姜海．不同征地合作模式社会成本分析［J］．中国土地科学，2016，30（8）：12-20.

［382］徐志刚，宁可，钟甫宁，等．新农保与农地转出：制度性养老能替代土地养老吗？基于家庭人口结构和流动性约束的视角［J］．管理世界，2018，34（5）：86-97+180.

［383］许恒周，田浩辰．农户生计多样化视角下农地确权政策实施效果评估：基于1254份农户问卷的实证研究［J］．干旱区资源与环境，2018，32（2）：30-36.

［384］许庆，陆钰凤．非农就业、土地的社会保障功能与农地流转［J］．中国人口科学，2018（5）：30-41.

［385］许兴龙，周绿林，陈羲．城镇化背景下失地农民社会资本异质性与其健康状况［J］．中国农村观察，2017（5）：74-86.

［386］晏志谦，孙锦杨，李建强．农户分化视角下宅基地退出方式选择影响因素分析［J］．中国农业资源与区划，2018（6）：171-177.

［387］杨丹．市场竞争结构、农业社会化服务供给与农户福利改善［J］．经济学动态，2019（4）：63-79.

［388］杨晶，丁士军，邓大松．人力资本、社会资本对失地农民个体收入不平等的影响研究［J］．中国人口·资源与环境，2019，29（3）：148-158.

[389] 杨璐璐．征地补偿政策背景的收益差异与现实取向 [J]．江西财经大学学报，2015 (4)：81-91.

[390] 杨穗，高琴．最低生活保障对收入贫困和消费支出的影响 [J]．社会保障研究，2019 (5)：63-78.

[391] 姚大志．论福利机会的平等 [J]．学术月刊，2015，47 (2)：23-29.

[392] 姚洋．中国农地制度：一个分析框架 [J]．中国社会科学，2000 (2)：54-65.

[393] 殷俊，陈天红．武汉失地农民养老保障问题研究 [J]．湖北经济学院学报，2014，12 (3)：88-92.

[394] 游和远，吴次芳，鲍海君．农地流转、非农就业与农地转出户福利：来自黔浙鲁农户的证据 [J]．农业经济问题，2013 (3)：16-25.

[395] 于宏，周升起．社会资本对失地农民市民化进程的影响 [J]．城市问题，2016 (7)：4-11.

[396] 岳经纶，张虎平．收入不平等感知、预期与幸福感：基于2017年广东省福利态度调查数据的实证研究 [J]．公共行政评论，2018，11 (3)：100-119.

[397] 早川和男．居住福利论：居住环境在社会福利和人类幸福中的意义 [M]．李桓，译．北京：中国建筑工业出版社，2005.

[398] 展胜，沈红玲，王友军，等．甘肃省某贫困村健康素养水平及健康干预效果 [J]．疾病预防控制通报，2019，34 (1)：86-87.

[399] 张琛，彭超，孔祥智．农户分化的演化逻辑、历史演变与未来展望 [J]．改革，2019，300 (2)：5-16.

[400] 张行，陈海，耿甜伟，等．黄土丘陵沟壑区农户生计恢复力空间分异及影响因素：以陕北米脂县石沟镇为例 [J]．地理与地理信息科学，2020，36 (1)：100-106.

[401] 张家豪，黄勇文．水利水电工程长期补偿安置资金有关问题探讨 [J]．广西水利水电，2019 (4)：105-109.

[402] 张建杰，张改清．优质小麦种植户麦作经营行为研究：基于对河南省

试点县的调查［J］. 经济经纬，2019，36（3）：25-32.

［403］张锦华，刘进，许庆．新型农村合作医疗制度、土地流转与农地滞留［J］. 管理世界，2016（1）：99-109.

［404］张晶渝，杨庆媛．不同生计资产配置的休耕农户福利变化研究：云南省休耕试点区实证［J］. 中国土地科学，2019，33（2）：25-32.

［405］张垒磊．土地财政的演进：从征地过渡到征税吗？基于法经济学的分析［J］. 经济问题探索，2019（7）：130-139+161.

［406］张梦琳．农村宅基地流转前后农户福利差异及其影响因素分析：以河南四市为例［J］. 南京农业大学学报（社会科学版），2017，17（2）：92-101+152-153.

［407］张鸣鸣．新型农村社区建设对农民福利影响研究：基于河南省的调查分析［J］. 农村经济，2014（8）：7-11.

［408］张学英．可持续生计视域下的被征地农民就业问题研究［J］. 贵州社会科学，2010（4）：86-91.

［409］张晔，程令国，刘志彪．“新农保”对农村居民养老质量的影响研究［J］. 经济学（季刊），2018，15（2）：817-844.

［410］赵丹丹，周宏．农户分化背景下种植结构变动研究：来自全国 31 省农村固定观察点的证据［J］．资源科学，2018，40（1）：64-73.

［411］赵定东，李冬梅．中国社区福利的逻辑及实践问题［J］. 社会科学战线，2012（12）：177-183.

［412］赵一墨，甘勇．新农合对农村居民医疗支出的效果评价研究［J］. 中国社会医学杂志，2019（4）：411-415.

［413］郑伟然，许月卿，黄安，等．张家口市土地利用多功能性动态评价［J］. 中国农业大学学报，2018，23（3）：84-94.

［414］周谨平．基于机会公平的社会福利分配［J］. 湖南社会科学，2009（5）：203-206.

［415］周其仁．农地产权与征地制度：中国城市化面临的重大选择［J］. 经济学（季刊），2004，4（1）：193-210.

[416] 周其仁．也谈“土地的社会保障功能”[J]. 中国土地，2013（7）：6.

[417] 周文兴，王肖健．关于被征地农民基本生活保障参保人数核定工作的思考：以丽水市莲都区为例 [J]. 浙江国土资源，2017（4）：32-34.

[418] 朱德富．以多层嵌入式设计确保公共政策有效执行 [J]. 人民论坛，2014（20）：57-59.

[419] 朱介鸣．制度转型中土地租金在建构城市空间中的作用：对城市更新的影响 [J]. 城市规划学刊，2016（2）：28-34.

[420] 朱延逵，许红军．让就业成为民生最大福祉 [J]. 中国就业，2015（4）：44-45.

[421] 朱要龙．政策认同、非农化能力与农户“两地”退出意愿：兼析土地功能分异的影响及退地方式的认同序列 [J]. 西部论坛，2018，28（4）：35-44.

[422] 朱雨桐，郑宇．镇江市土地流转问题研究 [J]. 中国集体经济，2019（34）：14-16.

[423] 朱月季，许海平，刘玲．土地征收对农户生活消费与人力资本投资的影响研究 [J]. 华中农业大学学报（社会科学版），2018（5）：151-159+168.

[424] 诸培新，唐鹏．农地征收与供应中的土地增值收益分配机制创新：基于江苏省的实证分析 [J]. 南京农业大学学报：社会科学版，2013（1）：71-77.

[425] 祝天智．退出成本视角下征地冲突的爆发机制及其消解 [J]. 兰州学刊，2019（6）：127-135.

[426] 邹宝玲，罗必良．农地功能的再认识：保障、福利及其转化 [J]. 天津社会科学，2019（6）：90-97.

[427] 邹伟，王子坤，徐博，等．农户分化对农村宅基地退出行为影响研究：基于江苏省 1456 个农户的调查 [J]. 中国土地科学，2017，31（5）：31-37.

重要术语索引表